专科层次小学教师培养规划教材　　总主编　蒋　蓉
教育部卓越教师培养计划改革项目“基于实践取向的卓越小学教师培养”成果

小学科学课程与教学

主　编　蒲远波　袁聿军
副主编　黄　磊　何万佑　昝　彪
　　　　李雪峰
参　编（排名不分先后）
　　　　李景珠　王　静　张晓燕
　　　　李振良　周　璞
主　审　陈　莉

湖南大学出版社　·长沙

内容简介

本书共分九章，依次介绍了小学科学课程与教学的背景、标准、要求、路径和方法。主要内容有：科学与科学教育、小学科学课程标准、小学科学教师、小学科学教材、小学科学教学模式、小学科学教学设计、小学科学课堂教学、小学科学活动、小学科学学习评价等。

本书视角新颖，内容翔实，有“情景导入”“教学片段”“拓展阅读”“知识结构导图”“知识点检测”等栏目，信息量大、操作性强，是集理论性、实践性和科学性为一体的教材。

本书主要用作三年制高专和五年制高专小学科学教育专业教材，也可作为小学教育专业教材和小学科学教师教学指导参考书。

图书在版编目（CIP）数据

小学科学课程与教学/蒲远波，袁聿军主编．—长沙：湖南大学出版社，2020.9（2022.2 重印）

专科层次小学教师培养规划教材/蒋蓉主编

ISBN 978-7-5667-1985-0

Ⅰ.①小… Ⅱ.①蒲… ②袁… Ⅲ.①科学知识—教学研究—小学—高等职业教育—教材 Ⅳ.①G623.62

中国版本图书馆 CIP 数据核字（2020）第 139346 号

小学科学课程与教学

XIAOXUE KEXUE KECHENG YU JIAOXUE

主　　编： 蒲远波　袁聿军
丛书策划： 刘　锋　罗红红
责任编辑： 邹丽红
印　　装： 湖南省众鑫印务有限公司
开　　本： 787 mm×1092 mm　1/16　**印　张：** 12.75　**字　数：** 270 千字
版　　次： 2020 年 9 月第 1 版　**印　次：** 2022 年 2 月第 3 次印刷
书　　号： ISBN 978-7-5667-1985-0
定　　价： 38.00 元

出 版 人： 李文邦
出版发行： 湖南大学出版社
社　　址： 湖南·长沙·岳麓山　**邮　　编：** 410082
电　　话： 0731-88822559（营销部），88822264（编辑室），88821006（出版部）
传　　真： 0731-88822264（总编室）
网　　址： http://www.hnupress.com
电子邮箱： 408703860@qq.com

专科层次小学教师培养规划教材
编　委　会

序

2018年1月中共中央、国务院印发了《关于全面深化新时代教师队伍建设改革的意见》（以下简称《意见》）。这是新中国成立以来党中央出台的第一个专门面向教师队伍建设的文件，具有重要的战略意义。这是在习近平新时代中国特色社会主义思想指导下，贯彻落实十九大精神，深化教育改革的重大战略决策。

当前，中国特色社会主义进入了新时代，开启了全面建设社会主义现代化新征程。面对新方位新征程新使命，教师的思想政治素质和师德水平需要提升，专业化水平需要提高。为此，《意见》中提出要培养造就"高素质专业化创新型"教师。所谓"高素质"，就如习近平总书记所讲的，教师要"有理想信念""有道德情操""有扎实学识""有仁爱之心"；所谓"专业化"，就是要求教师掌握教育规律和青少年儿童成长发展规律，因材施教，为学生提供适合的教育；所谓"创新型"，就是要求教师有创新精神，勇于改革，在教育教学改革中积累新的经验，培养创新人才。

培养"高素质专业化创新型"教师，无疑是师范院校的任务。改革开放四十多年来，我国的师范教育的规模由小到大，为我国基础教育培养了大批合格教师，现在在岗的1400余万中小学教师基本上是改革开放以来培养起来的。但是，随着时代的发展，教师教育也需要改革创新。但不得不说，有一段时间，师范院校在改革大潮中迷失了方向，师范教育走过了一段弯路。1999年6月，中共中央、国务院发布的《关于深化教育改革全面推进素质教育的决定》提出："鼓励综合性高等学校和非师范类高等学校参与培养、培训中小学教师的工作，探索在有条件的综合性高等学校中试办师范学院。"目的是通过高水平综合性大学和非师范类高等学校的参与来提高教师队伍的建设水平。但是，这次尝试并没有让师范教育加强，反而削弱了，因为非师范类高等学校除了培养少量教育专业硕士外，几乎没有参与其他层次的教师培养。失误在于：一是一千多所中师被撤销，小学教师的学历提高了，但适合小学教育的能力却降低了；二是许多师专纷纷扩展为综合性高校，热衷于升格，不关心教师的培养，极大地削弱了师范教育；三是许多师范院校为了挤入名牌高校发展为综合大学，热衷于扩充非师范专业，甚至抽调师范专业的教师去充实其他新建立的学科，这必然削弱了师范专业。这些做法与改革的宗旨背道而驰。

《意见》中提出，要大力振兴教师教育，要加强师范院校建设，并对各级各类教师提出了高标准新要求。我国的国情是人口多，学生多，区域间教育发展不均衡，师范院校在一个较长的历史时期还是教师教育的主体。师范院校要认真学习习近平总书记教育思想，认真贯彻《意见》提出的改革要求，加强教师教育专业训练，夯实教育实践环节，把学校真正办成培养“高素质专业化创新型”教师的基地。

当前教师队伍建设，短板在农村。长期以来，贫困乡村，特别是边远山区，由于地理条件的制约，教育很不发达。为了改变农村教育的落后面貌，十八大以来，党和政府采取了多种措施来提升农村的教育水平。比如，实施了“公费师范生”“特岗教师计划”“乡村教师支持计划”等政策，大幅扩大了中西部地区和乡村的教师规模，提高了教师队伍的素质。但是由于东中西部经济发展差距、城乡发展差距尚未得到根本解决，农村基础教育，尤其是中西部贫困地区的农村基础教育，仍然面临着许多困难，最主要的困难是师资匮乏、教育观念落后、人才培养模式错位等等。近几年来，国家教育咨询委员会素质组走访了几个省的农村，发现那里学校的办学条件逐年有所改善，孩子也十分活泼可爱，但课堂教学却不如人意，有些地方课程还开不齐全，有些教师的教学水平不高，照本宣科，甚至于概念都讲不清楚。因此，加强乡村教师队伍建设是当前实现教育现代化必须解决的问题。

加强乡村教师队伍建设，我们要改变一些思路。高质量并非高学历。过去为片面追求高学历，将小学教师学历一下子提高到本科水平，许多学校办起了本科层次的小学教育专业。这确实对提高小学教师队伍整体质量起了一定的作用，特别是对城市小学而言。但从现实情况来看，这些本科师范毕业生不愿去农村，小学教师还是以专科师范毕业生为主。目前进行专科层次小学教师培养的学校有 300 多所，年培养毕业生近 10 万人。由于大部分学生生在乡村、长在乡村，更熟悉和热爱乡村，对乡村有天然的情感，他们扎根乡村的意志更坚定，专业情意更浓，可以“下得去、留得住”。因此，加强高等师范专科学校的建设，应该成为当前小学教师培养工作的重点。

培养专科层次的师范生，需要有一套适合于他们的教材。但是，目前还没有一套专门针对农村小学教师培养的专科层次的教材。湖南大学出版社秉承岳麓书院传统，重视农村文化教育建设，以教育部卓越教师培养计划改革项目“基于实践取向的卓越小学教师培养”为依托，组织全国 20 多所多年从事小学教师培养的专科学校，共同编写了本套教材，填补了当前专科层次小学教师培养教材短缺的空白。这套教材具有以下一些特点：

一是针对性。针对学生的文化基础、地区差异和培养目标的需要，教材力求符合学生的认知规律和能力培养规律，注重与学生已有的知识、经验与环境的联系。在注重知识传授的同时，强调学生教学能力、特别是学习能力的培养，为学生毕业后从事教学和专业发展做好充分的准备。

二是科学性。这套教材是在精心研究大纲的基础上编写的，力求培养基础知识宽厚、专业知识扎实、综合素养高，具有推进基础教育新课程改革能力的小学教师队伍。在教材内容的选择上，既考虑学科的系统性和完整性，更注重学生必需的知识。

三是时代性。教材重视“课程思政”，着重强调社会主义核心价值观与师德教育；引入课程改革和教育研究最新成果以及优秀小学乡土教育教学案例。与教材配套的音频、视频、课件、阅读资料等教学资源都数字化后以二维码方式呈现，做到纸质文本与数字资源相结合、线下学习与线上面授相结合。

四是实践性。这套教材注重学生实践能力的培养，增加了小学教师职业道德与法律法规、小学教育实践、小学生班级管理、小学教育科学研究方法等课程，加强了见习和实习环节。

这套教材立意高远、特色鲜明，既有传承性，更有开拓性，对于快速提高农村小学教师培养质量、全面提升农村小学教育水平以及有序推进新课程改革，都有重大的意义。

2020 年 8 月 15 日

序

科技的进步、社会的发展以及基础教育新课程改革的不断推进，对教师的知识、能力和素质提出了新的要求，而当前的小学教师队伍，尤其是广大乡村地区的小学教师队伍建设，不同程度存在师德弱化、年龄老化、结构失衡、素质不高、流失严重、补充不畅等一系列问题。

党中央和国务院高度重视乡村教师队伍建设，出台了一系列政策和措施。《中共中央 国务院关于全面深化新时代教师队伍建设改革的意见》要求“采取到岗退费或公费培养、定向培养等方式，吸引优秀青年踊跃报考师范院校和师范专业”。《教师教育振兴行动计划（2018—2022 年）》提出：“推进本土化培养，面向师资补充困难地区逐步扩大乡村教师公费定向培养规模，为乡村学校培养‘下得去、留得住、教得好、有发展’的合格教师。”

为增加乡村教师培养数量，提高培养质量，促进城乡义务教育均衡发展，湖南省从 2006 年开始在全国率先启动实施了乡村教师公费定向培养计划。在培养五年制公费定向乡村小学教师方面，制订了《湖南省五年制专科层次小学教师培养课程方案（试行）》，并组织省内师范院校编写了五年制专科层次小学教师培养教材。“公费定向培养计划”实施十多年来，吸引了一大批优秀初中毕业生顺利完成五年学业，走向小学教师岗位，其中，很多毕业生迅速成为学校的教学骨干或者管理骨干，在很大程度上缓解了湖南乡村小学教师队伍人才短缺的问题。同时，该培养计划也得到了教育部的高度肯定，很多兄弟省份纷纷来湘考察学习。

“五年制大专层次小学教师培养教材”自 2006 年出版以来，在学校教育教学、小学教师培养等方面发挥了积极作用，但由于课程体系、教材内容、呈现方式久未更新，已经不符合当下小学教育教学的实际。鉴于此，在湖南省教育厅的规划和指导下，湖南大学出版社组织省内所有承担五年制专科层次小学教师培养的学校及省外的部分师范学校，以教育部卓越教师培养计划改革项目“基于实践取向的卓越小学教师培养”为依托，在教育部高等学校小学教师培养教学指导委员会的指导下，编写了这套“专科层次小学教师培养规划教材”。从总体上来看，看，这套教材有如下鲜明特点：

一是倡导以学生为中心，创新教材体系。严格按照小学教师专业标准、小学教师教育课程标准、师范专业认证标准的要求构建教材体系和内容，给学生提供未来进行小学教育教学所需要的基本理论、方法、规律，使学生能运用理论知识和科学方法探寻和剖析小学教学中诸多问题，并能举一反三。

二是凸显产出导向，注重能力培养。教材品种、内容选择完全覆盖毕业生核心能力素质要求的各项指标。每种课程教材都与小学教师培养目标及毕业生要求相对应，从而实现学习效果良好、切实提高人才培养质量的目的。根据小学教育专业认证的新要求，除了开发传统文化课、教育理论课和实践课，还增加了四门课程，分别是践行师德的课程——小学教师职业道德与法律法规、学会教学的课程——小学教育实践、学会育人的课程——小学生班级管理、学会发展的课程——小学教育科学研究方法。

三是强化知行合一，坚持实践育人。这套教材由全国各地多年从事小学教师培养学校的一线教师编写，充分考虑了当地学生的文化基础水平与接受水平，注重学生实践能力的培养，体现小学教育的科学性、时代性、针对性、实用性，强化课程思政，强化社会主义核心价值观与师德教育；充分吸收学科前沿知识，引入课程改革和教育研究最新成果以及优秀小学乡土教育教学案例，并根据教学要求及时更新，以满足专业教学不断改进的需要。

四是顺应数字时代需求，推进教材融媒体化。这套教材除了纸质教材采用双色印刷、体例上大胆创新采用章节体与模块化结合外，还将与教材配套的音频、视频、课件、阅读资料等教学资源数字化后以二维码方式呈现，做到纸质文本与数字资源相结合，线下学习与线上面授相结合，极大地方便教师教学，提高学生的学习兴趣和主动性。

这套教材的编写坚持立德树人的指导思想，以学生的需要为出发点，以学生的专业发展为目的，注重学生教学能力、育人能力和研究能力的培养，必然能够充分调动学生学习的积极性、主动性、创造性，对顺利达成专科层次小学教师培养的预期目标、有效促进基础教育教学改革，将发挥重要作用。

王玉清

2020 年 8 月

目 次

CONTENTS

第一章

科学与科学教育

科学尊重事实，服从真理，而不会屈服于任何压力。

——童第周

学习目标

- 掌握科学的本质。
- 了解科学与社会、生活的关系。
- 了解科学的发展史及科学教育的发展史。
- 了解科学教育的内涵及意义。
- 掌握儿童认知发展与科学学习的关系。

情景导入

“太阳为什么是东升西落？一天为什么是24个小时？一小时为什么是60分钟？树木为什么有高有矮？树木为什么要落叶？花儿为什么那么鲜艳？……”进入小学以后，我们会发现孩子们对周围的事物总有问不完的问题，似乎对任何事情都要刨根问底，不弄明白不放手。其实这是孩子们在随着年龄的增长，对外界事物越发好奇的一种自然表现，即对科学越来越感兴趣。这是一种好的兆头，我们应该表扬孩子们这种爱提问的精神，鼓励他们这种热爱科学的热情，更要引导他们学习科学知识，对他们进行正确的科学教育。

第一节 科学的本质

一 科学的定义

提起科学，人们自然会想到科学概念、科学定律、科学理论和科学技术。多数人视科学为关于自然现象的有条理、系统化的知识体系，或者说是对于表达自然现象的各种概念之间关系的理性研究。事实上，知识本身并不等于科学的全部。爱因斯坦曾把科学定义为一种“探求意义的经历”①。《现代科学技术概论》指出：“科学指的就是分科而学，将各种知识通过细化分类（如数学、物理、化学等）研究，形成逐渐完整的知识体系，它是关于探索自然规律的学问，是人类探索研究感悟宇宙万物变化规律的知识体系的总称。”②

（一）科学是一个知识体系

科学是分科建构的真理性知识体系以及人们追求真理的实践活动。科学一词和哲学一词一样，都是日本人创造的。日本人觉得近代 science 的特点是分门别类地研究客观事物，于是将其翻译为“科学”。科学的原意是“分科之学”，“分科”研究学问是为了更好地获得真理。后来，科学成为真理体系的代名词。20 世纪 80 年代以前，学术界一般把科学分为自然科学和社会科学两大类；20 世纪 80 年代以后，从社会科学中分裂出人文科学，三者的定义、关系如表 1-1 所示。

表 1-1 自然科学、社会科学和人文科学的定义及关系

定义	关系
自然科学是关于自然现象的各门具体学科，它研究自然界的本质和规律。包括数学、物理学、化学、天文学、地理学、生物学等。 社会科学是关于社会现象的各门具体学科，它力求揭示社会的本质和规律。包括经济学、政治学、军事学、社会学、管理学、教育学等。 人文科学是关于人类文化现象的各门具体学科，它力求揭示社会文化领域的本质和规律。包括语言学、历史学、考古学、伦理学、美学、宗教学等。	自然科学、社会科学及人文科学三者之间的关系是既有区别又有联系。 三者之间的区别是研究对象不同，科学性（真理性）不同。自然科学的真理性最强，社会科学次之，人文科学最弱。 三者之间的联系是互有包含，相互涉及。特别是社会科学和人文科学两者都是关于人的科学，在内容上难以明确切割，极少有人能够对二者进行符合逻辑的划分。

① 《简明社会科学词典》编辑委员会. 简明社会科学词典［M］. 上海：辞书出版社. 1982：2.
② 刘金寿. 现代科学技术概论［M］. 北京：高等教育出版社，2008：3.

（二）科学是一种方法

自然界中存在各种现象，有自然现象，也有社会现象，要正确地解释这些现象，找出其中的原因、规律，解决其中的问题，就要应用相应的科学方法。科学方法使用可再现的方法解释自然现象，从预测当中提出实验或假设。科学研究者提出假说来解释自然现象，然后设计实验来检验这些假说，这种实验需要在可控条件下模拟自然现象。整体而言，科学方法可以解决极度创新的问题而又不受主观偏见的影响。经典的科学方法有两大类：归纳法和演绎法。

拓展阅读

1. 归纳法。归纳法是将特殊陈述上升为一般陈述（或公理、定律、定理、原理）的方法。经验科学来源于观察和实验，把大量的原始记录归并为少量的定律、定理，形成秩序井然的知识体系，这就是经验科学形成的过程。怎样的归纳是有效的、可靠的，这是经验科学研究的最重要问题。自严格意义上的科学诞生以来，从未停止过这方面的探索和争论。

2. 演绎法。演绎法是应用一般陈述（或公理、定律、定理、原理）导出特殊陈述或从一种陈述导出另一种陈述的方法。在演绎论证中，普遍性结论是依据，而个别性结论是论点。演绎推理与归纳推理相反，它反映了论据与论点之间由一般到个别的逻辑关系。演绎推理的主要形式是三段论，即大前提、小前提和结论。大前提是一般事理，小前提是论证的个别事物，结论就是论点。用演绎法进行论证，必须符合演绎推理的形式。

（三）科学是一个探究过程

科学探究是指人们为了能积极主动地获取科学知识、领悟科学研究方法而进行的各种活动。科学探究要求我们发现问题，主动地寻找答案，而不是被动地接受知识。科学探究重在探索的过程，而不只是注重答案本身。

1. 科学探究的一般过程

（1）提出问题。从生活、实践及学习中发现问题；表述上述问题；根据已知科学知识揭示矛盾。

（2）作出假设。根据已知科学知识对问题提出假设；判断假设的可检验性。

（3）制订计划。拟订计划；根据拟订的计划，列出所需材料和用具；选出控制变量；设计对照组。

（4）实施计划。采用多种途径实施计划；记录现象、数据；评价现象、数据的可靠性。

（5）得出结论。描述现象；处理数据；分析得出结论。

（6）表达和交流。撰写探究报告；交流探究过程和结论并完善。

2. 探究实验遵循的一般原则

（1）单一变量原则。单一变量原则是指在探究实验中，保持其他因素不变，只改变其中一个因素（要研究的因素），观察其对实验结果的影响。遵循单一变量原则，既便于对实验结果进行科学的分析，又能增强实验结果的可信度和说服力。

（2）对照原则。通常一个实验分为实验组和对照组。实验组是指接受实验变量处理的对象组。对照组，也称控制组，是指不接受实验变量处理的对象组。从理论上说，由于无关变量对实验组与对照组的影响是相等的，因此实验组与对照组之间的差异，可认定为来自实验变量的效果，这样的实验结果是可信的。

探究实验设计的思路：操纵实验变量，即在实验中由实验者设定的变量；控制实验变量，即由实验者控制实验中的变量变化趋势；捕获反应变量，即在实验中实验者实时获取到的结果。

实验变量又称自变量，是指实验中由实验者操纵的因素或条件，例如温度、湿度、压力等；反应变量又称因变量，是由实验变量而引起的变化结果，例如给试管加热，试管中的温度、湿度、压力都会改变；无关变量是实验中除实验变量外的影响实验结果与现象的因素或条件，例如试管的洁净程度、实验的时间长短等；额外变量是由无关变量引起的变化结果。

需要注意的是，并不是所有的问题通过一次探究就能得到正确的结论。有时，由于探究的方法不够完善，也可能得出错误的结论。因此，在得出结论后，还需对整个探究过程进行反思。在科学探究中要坚持实事求是的科学态度，既要以一定的科学知识为基础，又不能被原有的知识所束缚。当科学探究的结论与原有的知识发生矛盾时，应大胆地修正原有的知识。

3. 科学探究的基本方法

（1）观察法。观察法是指在自然状态下，研究者按照目的和计划用自己的感官或借助辅助工具，对客观事物进行系统的感知和描述，以发现和验证科学结论。

观察的类型：①直接观察，即用肉眼观察；②间接观察，即借助放大镜、显微镜等仪器或照相机、摄像机等工具进行观察。

科学观察的特点：观察目的要明确；观察方法要正确，即从宏观到微观、从整体到局部；观察时要全面、细致和实事求是；观察记录要及时。

（2）调查法。调查法是指调查者以正确的理论与思想做指导，通过访谈、问卷、测验等手段，了解、掌握相关材料和数据，在此基础上进行分析、综合并得出结论。

科学调查的步骤：①明确调查的目的和调查对象，制订合理有序的调查方案；②实施调查方案，并如实做好记录；③对调查情况和结果进行整理和分析；④写出调查报告。

需要注意的是，在调查活动中务必尊重和保持原有客观环境，以获取更为有效和准确的材料和数据。

（3）实验法。实验法是指利用特定的器具和材料，通过有目的、有步骤的实验操作和观察，记录、分析、发现或验证科学结论。实验法采用特定的器具和材料测试、记录实验数据，这些数据有较高的准确度和可信度；同时，便于严格控制各种因素，探索自变量和因变量之间的关系。

科学探究是人们认知世界的主要方法，适用于自然科学、社会科学及人文科学的各个领域。一般而言，认知事物的形态、行为主要采用观察法；认知事物之间的联系和规律主要采用调查法；认知事物的结构、生理主要采用实验法。

在小学阶段，学生对周围世界与生俱来的探究兴趣和需要是学习的良好动力，他们乐于动手操作具体形象的物体，这一时期是培养科学兴趣、体验科学过程、发展科学精神的重要时期。

二　科学的本质

科学的本质是真理体系，是认识世界的实践方法。科学就是通过人类意识工具化的经验类认知，而科学理论是经验类认知工具。发现科学理论的过程，就是经验类认知的意识工具化。科学的两个关键点是经验和意识工具化。古代的中医、天象学是人类的一种经验类认知，但是还没有实现意识工具化，还不属于近现代意义上的科学。近现代科学也是一种经验类认知，同时是科学中的意识工具化。科学也是使主观认识与客观实际实现具体统一的实践活动，是通往预期目标的桥梁，是连接现实与理想的纽带。也可以说科学是使主观认识符合客观实际和创造符合主观认识的客观实际的实践活动。

三　科学的意义

科学是人们探索世界、获取知识的过程。学、用科学的过程，可以培养人们的探索精神、创新能力、科学思想。儿童早期教育研究表明，小学阶段是对儿童进行科学启蒙教育的最佳时期，在小学期间开设学习科学的课程意义重大。

首先，小学科学课有利于学生科学精神的培养。科学探究以及实验活动，能够培养学生尊重事实、勇于探索、敢于质疑的优秀品质，学会根据所学知识大胆猜想并用实践检验。

其次，小学科学课可以促进师生交流，培养学生的团队合作意识。科学课中涉及很多研究性学习的内容，需要学生组成小组互相配合才能完成，这有助于学生团队精神的培养。而在学习过程中，教师需要经常对学生进行指导和解答问题，这有助于促进师生交流。

最后，小学科学课程的学习有助于促进其他课程的学习。例如，通过科学课的学习，小学生可以丰富词汇的储备，提高语言的准确性和精炼性，锻炼理解能力和表达能力，这对于小学生学习语文等学科有明显的促进作用。科学课中所提倡的逻辑和因果关系，也有利于小学生理解和学习数学课程。

总之，小学科学课不仅是开发学生智力、培养学生科学精神的有益课程，还是能够促进学生全面发展的重要的素质教育课程。教师应当树立科学精神，努力在教育教学的过程中注重对学生科学素养的培养。

四 科学的发展史

回顾人类的历史，科学技术占据着不可或缺的地位，从某种程度上来说，人类发展的历史其实就是科学发展的历史。

科学既是历史发展过程的产物，又是推动人类社会发展的动力。科学的发展改变着人们对自然界各种事物的认识，但现代科学研究的领域是有限的，科学发展到今天，还基本上处于不断提高人类认识物质世界的层次上。

现代科学产生于四百年前，在发展的过程中，不断有新的假说、新的学科产生，并不断更新、淘汰原有的理论。但其基本假设一直未变，即物质世界是客观的、无意识的，自然规律不受人的主观意志影响。四百年来，伴随着人类社会发展，科学研究的对象越来越复杂，研究的层次不断提升，伴随其产生的科研管理和组织方式也在逐步演变。

科学研究是一个渐进发展的过程，对应的研究手段也在不断变化。早期的科学研究主要是科学家的个人探索爱好，以认识研究物体的机械运动规律为主，即在理论指导下，主要利用数学知识分析推算，并辅之以实验验证。科学研究进一步发展，从研究物体的运动规律发展到物质的分子结构层次。化学研究主要是在理论指导下的试验验证，从化学分析研究又逐渐产生了化学工程研究。今天人类生存的世界，充满了化学工程的研究成果，这些成果给人类带来了方便，也产生了一些不利的后果。科学研究发展到今天，进入复杂研究阶段，涉及物体存在状态、物质结构变化、相互作用关系等。复杂科学研究的对象，比如大型工程结构、气象、核能、环境保护等，一般难以给出数学上的分析解答。复杂的工程科学主要靠模拟计算和模型试验，计算机的诞生，使得科学研究迈上新的台阶。

科学发展到今天，人们正在试图开始认识自身。生命科学以认识物质的经验和方法来认识生命，目前还处于起步阶段，主要是靠实验、统计分析和经验的积累，可靠的理论并不多，仅仅取得了一些简单的认识，与复杂的生命认知相距甚远。

现在，科学研究也开展了人的行为科学研究。研究人类的行为比认识人类生命更复杂。今天我们称之为科学的人文学科和社会学科，在很大程度上属于经验积累、案例分析和总结，并从中抽象出一些概念，并不是真正意义上的科学，或许我们可以称之为“准科学”。涉及人类行为的科学研究，目前还处在经验积累和猜想阶段，所谓的理论只不过是对具体案例或组织形式的解释而已，还没有发现行之有效的理论。行为科学问题的关键在于人的行为受影响的因素多，目前还没有发现其客观规律。随着互联网、大数据和人工智能的发展，依靠随机过程跟踪、概率统计分析、大数据挖掘等排除人为意识的影响，为人类行为科学研究带来曙光，可以使行为科学从“准科学”发展成真正的科学。

科学是人们对于这个世界的认知，而认知来源于实践，又作用于实践。因此，科学的发展与人类生产、生活的进步和发展息息相关。

第二节　科学教育

科学教育是一种以传授基本科学知识为手段，以素质教育为依托，体验科学思维方法和科学探究方法，培养科学精神与科学态度，建立完整的科学知识观与价值观，进行科研基础能力训练和科学技术应用的教育。

一　科学教育的内涵与目标

科学教育的内涵与人们对“科学”内涵的理解紧密相关，从科学教育的发展历史可以看到这一变化。19 世纪中叶，斯宾塞的《什么知识最有价值》一书最早系统阐述了科学教育思想，突出了科学知识的价值。同时，著名科学家赫胥黎也尖锐地批评传统的古典教育，强调科学知识的教育。

科学教育的目标可以分为促进人发展的目标和促进社会发展的目标。前者是科学教育本体功能的体现，后者是科学教育外在职能的体现。随着对科学本质的认识越来越清晰和全面，人们对科学价值的认识也日益深刻，科学教育目标也不断发展。

科学教育内涵与科学教育育人目标的发展是一致的。从最初的注重知识、技能，到关注方法与过程，关注科学、技术与社会关系，把握科学本质，科学教育育人目标的重心在发生着摇摆和震荡，并不断寻找着平衡与融合。这种平衡与融合集中反映在当代“科学素养”理念的提出与发展，也表现在我国新课程标准中提出的科学知识与技能、科学方法与过程、情感态度与价值观三位一体的全面科学教育目标。

科学教育内涵包括科学教育促进社会发展的目标。科学教育促进社会发展的目标就是要通过培养科技人才，发展科学技术，推动社会进步。我国提出的科教兴国战略就是一个典型例证。科学教育促进社会发展的目标也是随着社会实践和对科学本质的逐渐认识而发展的，是一个不断反思与进步的过程。这种反思与进步表现在以下四个方面。

（1）人们最初把科学技术作为一种满足人类社会征服和改造自然的工具，整个社会崇尚科学知识，培根的“知识就是力量”成为近现代科学教育的旗帜。后来，人们逐渐发现了科学技术带来的负面效应，提出了“科学技术是柄双刃剑”的观点。现在，人们开始重新思考科学给人类带来的变化，基于尊重自然、保护生存环境的需要，提出了“可持续发展观”。

（2）从只把科学技术作为发展物质文明的手段，神化科学，造成信仰危机、拜金主义，到批判科学主义，挖掘科学中的人文精神，再到提倡科学教育中科学精神与人文精神结合的发展过程。

（3）从面向少数人的精英科学教育，到大众的科学教育，再到大众教育与精英教育结合的发展趋势。

（4）表现在科学文化领域，从近现代西方科学文化传统的霸权，到后现代主义对近现代科学的批判，再到多元科学文化教育的理念。

这些过程充分展示了人们对科学技术与社会发展的理解在不断深化。当今科学教育的社会功能目标取向已经突破了“工具理性”，更加关注科学教育应该体现的人文关怀和改善社会文化的功能。

科学教育与人的发展和社会发展的关系是科学教育的基本问题。作为本体目标和外在目标的相互关系及相对地位在不同的历史时期和不同文化背景下存在不同的状态，科学教育的目标也就在人与社会取向之间震荡，大部分时候两个目标是统一的，处于均衡水平，且往往共同出现在国家教育行政部门文件上。也有一些时候，其中的一个目标会凸现出来。譬如，在当代，“科学素养”无疑是科学教育的主旋律。强调科学素养是对的，但我们也不能忽略科学教育的社会功能，我国的科学教育改革正是在“科教兴国”的国策下才飞速发展。

二 科学教育的发展

（一）萌芽期

19 世纪初，裴斯泰洛齐就倡导在小学进行实物教学。随着裴斯泰洛齐的教育思想在欧美各国逐渐传播，以及初等义务教育在这些国家的实施，实物教学形态的科学启蒙教育开始在工业化国家得到推广。例如，19 世纪 50 年代，在美国教育协会发起和支持的澳滋威格计划（Oswego Pian）推动下，美国小学开始盛行实物教学。

实物教学的主要做法是教儿童详细描述各种动物、植物和矿物，使其观察和学习自然现象。通过实物教学，希望儿童学会观察和交流——两种“研究”科学的基本能力。但在当时的实际教学过程中，由于绝大多数小学科学教师缺乏科学训练，实物教学多为对实物的机械描述和记忆。

（二）发展期

到 19 世纪末期，实物教学法在美国便不再流行了。19 世纪 90 年代至 20 世纪前十年，美国教育开始摆脱欧洲教育传统的影响，进入教育理论和实践的创新时期。当时，美国著名心理学家霍尔（S. Hall）的儿童研究和杜威的实用主义教育思想开始对美国教育产生影响。此后，小学科学教育发生了较大的变化。

首先是学科名称上的改变，即以“自然学习”（nature study）取代了实物教学。其次是教学内容上的变化，这个时期的科学启蒙教育注重儿童自身的需要，将健康和卫生加入小学科学教育的内容当中。杜威认为，科学方法的训练与获得实际科学知识至少同样重要。在奉行杜威实用主义教育哲学的学校里，科学教学还注重解决实际问题。这一时期，美国科学教育研究工作在一些大学里开展起来。如，1927 年哥伦比亚大学克雷格的博士论文被公认为是小学科学教育发展中里程碑式的著作。克雷格指出了科学在卫生和安全等方面的实用价值，并认为科学对于一个公民的普通教育也是至关重要的。

（三）成熟期

20 世纪 90 年代以来，小学科学教育尤为引人注目。英国学者歌特认为“英国国家课程最主要和最令人兴奋的地方，是它对小学科学教学的影响”，因为小学科学教育不再像以前那样可有可无了，“科学已经成为英国每一所小学课程中稳固的一部分，并且被人们普遍接受”。在英国 11 年义务教育中，各个年级都进行科学教育，中小学科学教育完全统一起来。在美国，虽然没有全国统一的科学课程，但 1996 年出台了具有深远意义的《美国国家科学教育标准》，它规定了从幼儿园到高中各个年级科学教育的教学目标、教学内容和评价标准等。英美两国科学教育改革的一个共同点，是彻底改变了以前小学科学教育与中学科学教育互不衔接的局面，把小学科学教育作为整个科学教育的一个组成部分。

近年来，小学科学教育逐渐既注重科学教育的普及，又强调科学教育质量的提高。一位加拿大科学教育专家坦率地写道：“自从 20 世纪 60 年代初期以来，发达国家科学教育的主要目标是培养未来的科学家。虽然表面上对每个学生进行科学教育，但内在的目标不过是培养科学家而已。”如美国 20 世纪 60 年代新编写的现代化科学课程只适合约 20% 的尖子学生学习，具有明显的精英性质。美国 20 世纪 80 年代的调查表明，90% 的美国人都是科盲。可见，学校的科学教育尽管培养出了成千上万的科学家和工程师，但绝大多数人仍然缺乏科学素养。然而，在一个科学技术高度发达且迅猛发展的时代，科学技术的普及教育是必需的。鉴于此，近年来，许多科学教育专家和国家政府部门都提出了普及科学和提高科学教育质量的主张和措施。

如英国政府把科学作为义务教育期间三门核心课程之一，美国制定了全国科学课程标准，等等。

综观国际小学科学教育的改革和发展趋势，我们应该提高小学科学教育的地位，重新认识小学科学教育的作用，把中小学科学教育在学制、目标、内容上统一起来。

三 儿童科学教育的意义

儿童科学教育在现代社会发展的大趋势下具有十分重要的意义，受到学校、家长甚至全社会的广泛重视。每一个小学教师都应该正确认识和理解儿童科学教育的意义和价值。

（一）儿童科学教育与社会发展

随着科学技术的迅猛发展，人类社会进入了现代科技时代，科学技术日益渗透于经济发展和社会生活的各个领域。

1. 科学技术是推动现代生产力发展最活跃的因素

科学技术推动了生产、发展了技术、繁荣了社会，无论是经济发达国家，还是发展中国家，都越来越意识到国家财富的增长、社会的繁荣对科学技术的依赖性。现代国际的竞争，关键是科学技术的竞争。邓小平同志敏锐地洞察这一历史大趋势，鲜明地提出了“科学技术是第一生产力”的科学论断。

2. 儿童科学教育是培养科技人才的前提和基础

当前，国际科学技术竞争非常激烈，随着尖端科学新的突破，必将促进社会生产力的高速发展，促进生产工具、手段和工艺的巨大变革，社会劳动力将不断智力化和科学化。科技时代除了要普及科学教育，培养智能型的劳动者之外，还需要培养大批的科学研究人才。

儿童科学教育是小学教育的一个重要组成部分，儿童科学教育虽然不能直接培养出儿童科学家，但往往会对儿童有某种潜在的影响和作用。科学史上许多科学家的成长经历说明，正是一些有趣的自然现象，以及某项科普活动或某种科普读物，从孩童时代就激发了他们对科学的向往之情，使他们从小就热爱科学、喜欢科学，后来走上了科学研究的道路。

（二）儿童科学教育与个体发展

儿童科学教育把儿童探究自身和周围世界的自发需要纳入有目的、有计划的教育程序中，它保证了儿童认知、情感、态度、技能的协调发展，是全面发展教育不可缺少的一个部分，能对儿童的一生产生深远影响。

1. 满足儿童好奇、好问、好探索的天性

有的儿童喜欢蹲在地上看蚂蚁，一个多小时动也不动；有的儿童看见毛毛虫，就用手去抓，一点也不害怕；有的儿童喜欢搜集各种自然物，将石头、树叶、树籽等看成是宝贝，十分

感兴趣。儿童这种对自然界自发的、好奇的探索行为是儿童对科学求知欲的萌芽，对儿童进行科学教育正是儿童自身发展的需求。

2. 是促进儿童思维发展的“实验室”

在科学教育中，儿童通过直接探索这个世界，获得丰富的知识经验。这些经验在他的头脑中并不是杂乱无章的，而是组成了一定的认知结构。儿童组织经验的过程，就是在经验与经验之间形成关系的过程。通过对这些经验的比较、概括，儿童逐渐认识到世界的多样性和共同性。随着概括能力的增强，儿童开始在各种关系之间建立新的关系。可以说，儿童科学教育就是儿童思维的“实验室”，它反映了儿童思维发展的轨迹。

3. 促进儿童的全面发展

科学教育的价值不单单在认知方面，它还能使儿童的各个方面都获得全面和谐的发展：激发儿童的好奇心、科学兴趣和对周围世界的积极态度；丰富和积累儿童的科学知识和经验；发展儿童的科学技能，教给儿童学习科学的方法；培养儿童的主动性、积极性、独立性、创造性、自信心等良好个性品质。

总之，小学科学教育作为小学课程体系的一个重要组成部分，既反映了儿童自身发展的需要，也反映了社会发展的需要，对于儿童的身心发展具有特殊的意义。

第三节　儿童认知发展与科学学习

儿童时期正是一个人对科学充满好奇，对一切科学知识都想探求的时期。要引导好儿童学习科学，打好科学基础，培养科学精神，就有必要了解儿童认知发展规律与科学学习之间的关系。

一　儿童认知发展学说

瑞士儿童心理学家皮亚杰提出了著名的认知发展理论。他认为，一味强调孩子的天性和环境的影响是没有意义的，一个人的智力发展是儿童与环境的动态的和持续的相互作用的结果。在智力发育上，皮亚杰将儿童的认知发展分为四个阶段，分别为感觉运动阶段、前运算阶段、具体运算阶段和形式运算阶段。

（一）感觉运动阶段（从出生到 2 岁）

这一阶段的孩子不是通过内在思维来操纵物体，而是靠吸吮、触摸、抓握和咬等感官动作来学习和理解他们身处的环境。对于这个年龄段的孩子来说，任何事物都是转瞬即逝的感觉印象，看过之后就会立刻忘掉。只有到了这一阶段的后期，事物才能在孩子脑海中形成相对应的表征符号。

（二）前运算阶段（2~7 岁）

这一时期孩子的认知能力有了很大的变化，逐渐学会对事物进行符号思维，看到一个词或一个物品就能联想到与之对应的表征符号。不再停留在吸吮、扔东西等感觉运动层面的活动，已经学会想象活动，能在脑海中再现看到或听到的事物并进行思考。但这一时期的孩子在思维方面仍有很多局限性，他们的思维通常以自我为中心，到这个阶段的后期，才会去考虑别人的观点。

（三）具体运算阶段（7~11 岁）

到了 7 岁左右，孩子的智力发展明显有了质的飞跃，从依赖于感官知觉转变为依赖于逻辑推理。主要表现为孩子不再被事物发生在外界的方式所束缚，思维方式变得更灵活，具备了一定的排序、归类和理解数字的能力。

（四）形式运算阶段（11 岁以后）

大约 11 岁以后，孩子开始进入思维的高级阶段，这一时期的孩子能够处理纯假设和抽象的概念，进行逻辑推理等一系列的智力活动，其思维方式变得理性化、系统化和抽象化，能够应对各种情境，能想出一定的方案去解决问题。

皮亚杰的认知发展理论表明，儿童的认知能力是可持续发展的，而智力是对环境的适应。从出生起，孩子就对周围环境充满了好奇，想迫不及待地去探究，进而不断地尝试丰富自身经验，然后把现有的经验纳入已有的理解方式。但是，由于个体之间存在差异性，只有部分孩子的智力能达到最高水平，很大一部分孩子智力停留在一般的水平。

二 儿童的科学学习

小学生对于物质世界的认识始于感知，只有有了充分的感知才能形成表象。感知得越充分越具体，形成的表象就越准确、越精细。由于小学生在感知事物时往往是从兴趣出发，具有笼统性、不精细的特点，抓不住事物的主要特征，也不了解事物之间的相互联系这些特点，因此，小学生对自然事物并不一定能形成清晰的表象。例如，小学生对花的理解。有的小学生把美丽的花瓣作为花的主要特征，对于有些没有花瓣的花，像柳树的花就不容易辨认，甚至不认为是花；有的小朋友把花蕊作为整体来看，不分雄蕊、雌蕊，只知道那是花蕊；有的小朋友往往对于花萼、花托没有注意到。因此，小学生如果没有学习花，不了解花的基本知识，他们的头脑中关于花的表象就是笼统的、残缺不全的，反映不了花的全貌和丰富多彩，更不能反映花的本质特征。这就需要科学老师指导他们对典型的完全花和不完全花从结构上进行细致的、解剖性的认识，才能使他们形成较为清晰和完整的关于花的表象。

表象仅仅反映事物的外部形象，不能反映事物的本质属性。学习科学不能仅仅停留在表象认识上，还必须进一步了解事物的本质特征和规律。小学生的思维是以具体形象思维为主，只有通过大量的感知使头脑中储存的信息形成丰富的表象，才能为学生认识的进一步发展奠定基础。头脑中储存了丰富表象的学生，必须在老师的指导下运用分析、综合、比较、抽象、概括等一系列思维活动，才能把握事物的本质特征，才能形成简单的科学概念和科学规律，认识才能得到发展。比如，对两栖动物的概念的理解。学生充分感知了青蛙、蟾蜍的外观、生活习性等有关表象之后，很容易将两栖动物简单理解为“既能在水中生活、又能在陆地上生活的动物就叫两栖动物”。这种简单的理解把两栖动物非本质的属性作为概括的基础了，既不能反映两栖动物的本来面貌，也不能帮助儿童获得正确的科学知识。通过教师的指导，小学生把青蛙、蟾蜍跟他们已经学过的其他动物，特别是那些既能在水中生活、又能在陆地上生活的动物加以比较、共同研究后，就会逐步抽象、概括出两栖动物的本质特征。在形成结论之后，认知过程并没有完结，还必须到实验当中去检验、去应用。

科学课中的结论，是小学生在直接感知了一些具体的自然事物以后，经过教师的指导，经过一系列的思维活动而获得的，通常是有具体内容的。由于在教学过程中所采用的材料典型有限，小学生经验又少，认识事物的能力有限，他们得出来的结论不丰富，理解也不深刻，所以必须强调他们在实践中进一步检验和应用结论。比如认识磁铁，小学生通过进一步在生活中检验和运用磁铁知识，强化对磁铁的认识，加深对磁铁知识的理解。比如热胀冷缩实验，学生通过实验了解了热胀冷缩的基本原理，在教师的指导下，观察生活中常见的水泥路中的伸缩缝、乒乓球热水复原等现象，相互交流，相互补充，热胀冷缩的概念在学生的头脑当中才会变得更加丰富起来，才会加深他们对热胀冷缩的理解，才有利于他们的记忆。需要说明的是，不仅仅是因为加深理解有利于记忆，更因为具体的形象反复出现和结论的反复运用，可以促使大脑多次进行这样的思维活动，并加深对概念的理解。

当然，对小学生来讲，对任何概念和规律的认识都不可能一次性完成，都是呈螺旋式上升状态，他们每一次形成的结论，还会随着科学学习的深化和发展逐步提高、逐步完善、逐步加深。从小学生的认知过程来看，教师的指导作用是非常重要的。教师的指导作用，主要是激发学生的认知兴趣和求知欲，提供给学生认识的材料，引导学生充分地感知，指导学生正确地思维，引导学生检验和应用相关知识。

三　儿童认知发展与科学学习

儿童学习科学的特点与其认知发展是密切相关的，儿童学习科学的年龄特点之间既有阶段性又有一定程度的交叉重叠，有的特点在整个儿童阶段都相当明显。

（一）6~7 岁儿童学习科学的特点

这一时期，儿童逐渐学会对事物进行符号思维，看到一个词或一个物品就能联想到与之对应的表征符号。但这一时期的孩子在思维方面仍有很多局限性，他们的思维通常以自我为中心，到这个阶段的后期，才会去考虑别人的观点。因此，他们在学习科学的过程中表现出以下一些特点。

1. 认识处于不分化的混沌状态

在刚入小学的儿童头脑中，复杂多变、形形色色的客观世界往往是一片不分化的混沌状态，他们对一些物体常常分不清，经常“指鹿为马”。如有的儿童把月季花叫成玫瑰花，有的儿童把驴认作马，等等。因此，他们常常向教师提问“这是什么”“那是为什么”，比较好奇。

2. 认识带有模仿性，缺乏有意性

这一时期的儿童不仅不会有意识地围绕一定的目的去认识某一事物，而且也不善于根据自己的所见、所闻、所知来表达自己的认识，而是模仿别人的言行。别人说这是柳树，他也说是柳树；别人摘花，他也跟着去摘。

3. 认识带有明显的拟人化倾向

由于这一时期儿童感知受自我中心的影响，常以自身的结构去理解科学物体的结构，以自己的生活体验去解释科学现象，对有生命的物体和无生命的物体常常辨识不清，认识带有明显的拟人化现象。如，看见四条腿的动物，他们说：“它有两只手，两只脚。”

（二）7~9 岁儿童学习科学的特点

瑞士儿童心理学家皮亚杰指出，这一时期儿童的智力发展明显有了质的飞跃，从感官知觉逐步转变为逻辑推理。主要表现为孩子不再被事物的外部因素所影响，思维方式变得更灵活，具备了一定的排序、归类和理解数字的能力。而且经过一年科学学习，他们对科学的兴趣明显加强。这一时期，儿童以具体形象性思维为主。他们在学习科学的过程中表现出以下特点。

1. 更加好奇好问

这一时期儿童显得更加活泼，更加好奇好问，对大自然发生浓厚的兴趣，什么都想去看看、摸摸。在向教师的提问中，不但喜欢问“是什么”，而且还爱问“为什么”。如，“为什么鸟会飞”“为什么洗衣机会转”。

2. 初步理解科学现象中表面的和简单的因果关系

他们已能从直接感知到的自然现象中理解一些表面的和简单的因果关系。如，知道了“种了花，不浇水，花就会死”“因为鸟有翅膀，所以它能飞”。但是他们还难以理解科学现象中内在的和隐蔽的因果关系。如，他们认为“因为树在摇，所以刮风了”，而不是“因为刮风

了，所以树在摇”。

3. 开始根据事物的表面属性、功能和情境进行概括分类

其分类的根据主要是具体事物的表面属性（如颜色、形状）、功能或情境。如，将球、盘、珠子归为一类，认为它们是“圆的”；将苹果、梨、桃归为一类，认为它们是“能吃的”；将玉米、香蕉、小麦归为一类，认为它们是“黄色的”。可见这一时期儿童对事物的概括分类，具有明显的形象性和情绪性的特点。因为他们还不能在内在的和本质的属性上进行抽象概括，所以也就不能正确地按客观事物的分类标准进行分类。

（三）9 岁以后的儿童学习科学的特点

这一时期儿童的抽象思维开始萌芽，他们在学习科学的过程中表现出以下特点。

1. 有积极的求知欲望

他们对周围世界有着积极的求知探索态度，不但爱问“是什么”“为什么”，而且还想知道“怎么来的”“怎么做的”。往往可以听到他们提出这样一类问题，如“为什么月亮会跟着我走”“鱼儿为什么能在水里游”“电视机里的人怎么会走路和说话”等。他们在做实验时能够想出不同的方法去探求实验的结果，对自然现象的起源和机械运动的原理等开始感兴趣，渴望得到科学的答案。

2. 初步理解科学现象中内在的、隐蔽的因果关系

这一时期儿童已经开始能够从内在的、隐蔽的原因来理解科学现象的产生。如，在解释乒乓球从斜面上滚落时说：“乒乓球是圆的，斜面是倾斜的，球放上去就会滚。”说明他们已能从物体的形状与物体的位置之间的关系，即“圆”与“斜”的关系中寻找乒乓球滚落的原因。但由于科学现象中的因果关系比较复杂，即使到了这一时期，儿童对不同科学现象中因果关系的理解水平也可能不一致，而且对日常生活中所不熟悉的复杂的因果关系也还很难理解。

3. 根据事物的本质属性进行初步概括分类

随着抽象逻辑思维的发展，这一时期的儿童开始能够根据事物的本质属性，按照客观事物的分类标准进行初步的概括分类。如，把有坚硬的嘴、柔软的羽毛、一对翅膀和两条腿的鸡、鸭、鹅归为家禽，把身上有皮毛、四条腿的猫、兔、猪归为家畜类。这一阶段，儿童由于受知识、语言、抽象概括水平的制约，对类概念的掌握比较初级和简单，不能掌握概念的精确含义，缺乏掌握高层次类概念所需要的、在概括基础上进行高一级抽象概括的能力。因此，到了这一阶段，儿童仍然不可避免地会出现一些概念外延上的错误。如，有的儿童把家畜、家禽概括为动物，而把昆虫排除在动物之外。

总的来说，儿童的思维特点是以具体形象思维为主，所以，教师应注重引导儿童通过直接感知、亲身体验和实际操作进行科学学习，不应为追求知识和技能的掌握，对儿童进行灌输和强化训练。理解儿童学习科学的独特性，有助于我们对儿童进行科学教育。

本章知识结构导图

- 科学与科学教育
  - 科学的本质
    - 科学的定义
    - 科学的本质
    - 科学的意义
    - 科学的发展史
  - 科学教育
    - 科学教育的内涵与目标
    - 科学教育的发展
    - 儿童科学教育的意义
  - 儿童认知发展与科学学习
    - 儿童认知发展学说
    - 儿童的科学学习
    - 儿童认知发展与科学学习

知识点检测

参考答案

一、填空题

1. 通常我们把科学分为________、________、________三类。

2. 科学教育是一种以传授基本________为手段，以________为依托，体验科学思维方法和科学探究方法，培养________与________，建立完整的科学知识观与价值观，进行科研基础能力训练和科学技术应用的教育。

二、简答题

1. 简述科学探究的实现途径。

2. 请描述科学探究活动过程。

三、案例分析

1. 对于下述课堂上的师生对话，你有何感想？

小学科学课上，老师在介绍木星时，按照教材指出它有 13 颗卫星。突然，有个学生否定了老师的说法："不，老师，应该是 15 颗。"另一个学生马上补充："不，是 16 颗。"老师亲切地问第一个学生："你怎么知道是 15 颗？"学生答："我在一本科普读物上看到的。"老师接着又问另一个学生，他回答："最近一期杂志上说是 16 颗。"这位老师听了，高兴地对同学们说："你们真了不起！课本上有些知识范围确实陈旧过时了，老师好像落后了。木星的卫星究竟有多少颗，课后我们再研究、核实，好吗？"（说明：答题时可根据自己的实践经验、学得的理念及独特的感受，发表自己的感想。）

2. 在《沉与浮》一课教学时，老师发现有些学生是先放盐，后加水，再放土豆。而另一些同学先放水，后放土豆，再加盐。两者都能使土豆浮起来。你如何看待学生这一实验步骤？为什么学生需要规范的实验程序？

四、实操训练

谈谈科学技术与生活的关系。

第二章

小学科学课程标准

科学就是整理事实，以便从中得出普遍的规律或结论。

——达尔文

学习目标

✦ 掌握教育部2017年印发的《义务教育小学科学课程标准》（以下简称《小学科学课程标准》）的主要内容

✦ 了解《小学科学课程标准》对小学科学教学的指导作用。

✦ 分析《小学科学课程标准》四大领域知识内容之间的关联。

✦ 结合实践对《小学科学课程标准》进行解读。

情景导入

科学教育是提升科学素质、建设创新型国家的基础

衡量一个国家是否进入创新型国家行列的一个重要标准是，公众具有较高科学素养的比例达到10%。2019年世界公众科学素质促进大会10月16日至17日在北京举行，中国科协党组书记、常务副主席怀进鹏院士在大会上做主旨报告时透露，中国用20多年时间把公民科学素养水平从1992年的0.2%提升到2018年的8.47%，提升幅度达40多倍，但是这个数据距离发达国家公民科学素养水平还有一定差距。公民科学素养提升的基础是学生科学素养水平的提高。梁启超曾说“少年强则国强”，小学生是国家的未来、民族的希望，青少年科学素质的培养直接决定着国家未来的发展方向，从小培养他们的科学素养是我国基础教育的一项十分重要而艰巨的战略任务，完成这一艰巨任务的基础是提升小学科学教师的科学素养。教育部为保障全民科学素质行动在基础教育领域的顺利进行并以此推动小学科学教育的深入发展，重新修订并完善了《小学科学课程标准》，并于2017年秋季开始实施。

第一节 小学科学课程标准的整体设计思路与结构

一 《小学科学课程标准》的研制背景

（一）新中国小学科学课程标准的发展

1949 年 11 月 8 日，中央人民政府教育部第一次部务会决定，根据《中国人民政治协商会议共同纲领》规定的教育方针和任务，研制新的课程标准。1950 年，教育部印发草拟的《小学课程暂行标准初稿》，其中包括《小学暂行规程初稿》和 12 个学科的暂行标准初稿。1952 年颁布中小学暂行规程草案，初小有《常识》，高小有《自然》，中学有《物理》《化学》《生物》《达尔文学说基础》，等等。在学习苏联的基础上，1956 年教育部制定了新中国第一个自然教学大纲《小学自然教学大纲（草案）》，规定从一年级开始进行系统的自然教学，1~4 年级语文设自然专课，结合语文学科学习"生物界自然"，使学生有机会从事与自然科学学习有关的实践活动。

1963 年颁布的《全日制小学暂行工作条例（草案）》，第二个自然教学大纲只规定了高小的自然教学任务，初小的自然课被删除。

1978 年，颁布第三个全国通用的《全日制十年制学校小学自然常识教学大纲（试行草案）》，扭转了十多年来小学自然教学的混乱局面。规定小学 4~5 年级设自然常识课，而低年级的科学课仍然空缺。同时，为了"适应现代化的需要"，增加了许多当代先进科学技术的内容。

20 世纪 80 年代，以空间技术、生物科学技术、能源科学技术、环境科学技术为代表的先进科学技术快速发展，人类进入到"知识爆炸"的时代。1981 年，教育部颁布了《全日制五年制小学教学计划（修订草案）》，指出必须加强小学自然科学的教学，并把原来在小学最后两年开设的自然课增加为三年。同时，教育部发出《全日制小学自然教学大纲（征求意见稿）》，第一次明确提出自然课不但要对学生进行科学启蒙教育，还要发展儿童爱科学、学科学、用科学的志趣和能力。小学自然课不再是单纯的"知识性"学科，逐渐向"教育性"转变。

1986 年 4 月，第六届全国人民代表大会第四次会议通过《义务教育法》，我国开始实行九年义务教育。1988 年颁布《九年义务教育全日制小学自然教学大纲（初审稿）》，规定小学自然从一年级开始，各年级都开设。初审稿审议通过后成为《九年义务教育全日制小学自然教学大纲》。

在20世纪的最后十年，我们总结近一个世纪的科学课程改革经验与教训，把激发学生爱科学、学科学、用科学的志趣，培养学生勤于思考、敢于提问、不惧权威、勇于创新的科学精神作为小学科学教育的总目标。为了迎接21世纪的各种挑战，教育部加大了中小学课程的改革力度，各学科研发新的课程标准。2001年《小学科学课程标准》出台，小学的科学教学从三年级起始。2017年2月最新版《义务教育小学科学课程标准》颁布，小学科学教学从一年级起始。从2017年9月开始，全国小学从一年级起开设科学课。这不是简单的课程编排变化，而是要从小培养孩子的科学素养，积极倡导学生亲身经历以探究为主的学习活动，培养他们的好奇心和探究欲望，发展学生对科学本质的理解，为今后培育创新型人才打下基础。

随着科技的飞跃和教育理论的科学化发展，科学课程体系更加完善，在课程内容无法容纳大量积累的科学知识时，培养科学素养成为科学教育的总目标，科学探究式教学受到推崇。20世纪以来科学与技术的发展推动社会的全面进步。科学让我们永无休止地求索和认识世界，对世界做出解释和预言；技术则使世界在人的手中得到重新安排，人们生活的世界日益技术化。每一个生活在科学技术高速发展时代的人，必须具有科学素质。因此，科学素质的培养必须从小抓起。小学科学课程承担了培养小学生科学素质的责任。通过小学科学这门课程的学习，能够使小学生保持与生俱来的好奇心，发展学习科学的潜力，为他们成为具有创新精神和实践能力的新一代打下良好的基础。

（二）《小学科学课程标准》研制的必要性

1. 知识经济与信息技术对人才的要求

在知识经济与信息技术高度发达的今天，我们要实现科教兴国的战略，培养和造就创新人才、科技人才，就必须重视和加强科学教育。习近平总书记提出，即将出现的新一轮科技革命和产业变革与我国加快转变经济发展方式形成历史性交汇，为我们实施创新驱动发展战略提供了难得的重大机遇。全党全社会都要充分认识科技创新的巨大作用，把握世界科技创新发展趋势，紧紧抓住和用好新一轮科技革命和产业变革的机遇，把创新驱动发展作为面向未来的一项重大战略实施好。

2. 国家对教育的新要求：学生发展核心素养

核心素养是在一定时期内，帮助个体实现自我价值、独立生活与融入社会的最关键和最重要的知识、能力与态度，是指学生应具备的适应终身发展和社会发展需要的必备品格和关键能力。突出强调个人修养、社会关爱、家国情怀，更加注重自主发展、合作参与、创新实践。

正式发布的“中国学生发展核心素养”（图2-1）一共分为文化基础、自主发展、社会参与 3 个方面，综合表现为人文底蕴、科学精神、学会学习、健康生活、责任担当、实践创新 6 大素养，具体细化为国家认同等 18 个基本要点。

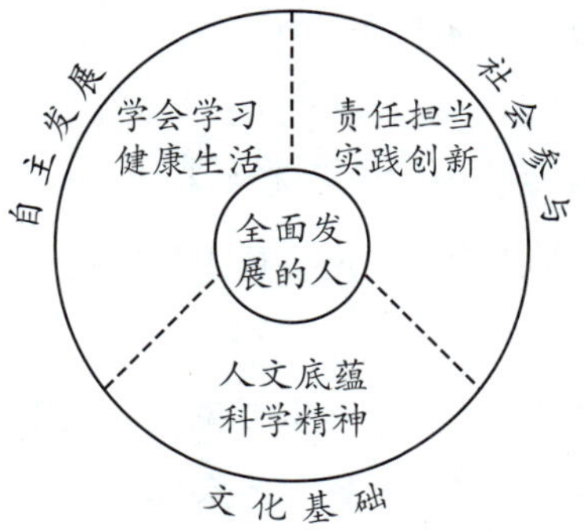

图 2-1　中国学生发展核心素养

3. 国际科学教育的新趋势

（1）从客观主义到建构主义。

建构主义作为学习理论从行为主义发展到认知主义后的进一步发展，与客观主义相对立。建构主义认为，意义不是独立于我们而存在的，事物的感觉刺激（信息）本身并没有意义，意义是由人建构起来的，它取决于我们原来的知识经验背景，是主客体相互作用的结果。建构主义非常强调学习过程中动态的、非结构的、具体情境的特征，强调学习者对意义的主动建构以及对知识经验的重组改造，而不是客观的知识结构本身。

建构主义学习观具有以下几个方面的特征：认为知识具有动态发展性；肯定知识具有情境性；强调学习者的主体地位；重视学习者已有知识经验的作用；强调学习的建构性；注重学习的社会互动性。

（2）STEAM 融入科学课程。

STEAM 的内涵是将科学、技术、工程、艺术和数学进行整合，提高学生探究、创新和解决问题的能力，培养学生的科学、技术、工程、艺术和数学素养，是一种具有国际影响力的教育理念。小学科学是一门面向全体学生、引导学生进行科学探究的活动课程，注重学生求知欲的激发和科学兴趣的培养，引导学生通过亲身探究和积极实践，增强创新精神，提高实践能力。

STEAM 教育理念和小学科学课程的融合超越了传统的课堂教学模式。在课堂教学过程中，教师围绕一个真实的科学问题展开，学生动手操作实践，利用小学科学课程中的科学知识和资源平台，共同搜集学习材料，运用数学知识分析数据和工程思想建立模型，把握 STEAM 教育理念中的各学科之间的相互联系，在讨论和交流中激发创造灵感，最终解决科学问题并分享活动成果，体验科学探究的乐趣。在此过程中，STEAM 教育理念与小学科学实现了教学实践的重组，两者相辅相成，一个作为理论基础，一个运用于实践，在提高学生问题解决能力的同时，共同促进小学科学课程教学设计模式的创新与完善。

（3）科学探究与工程实践并重。

工程实践与科学探究已成为小学科学教学中的两面大旗，2017 年的《小学科学课程标准》新增了“技术与工程领域”的学习内容。科学的进步离不开工程的发展。没有航空航天工程就无法探索宇宙空间，没有高科技显微技术就不能发现非洲猪瘟病毒的结构。科学离不开工程，工程离不开科学。同理，科学教育中也应渗透工程问题，工程实践还能进一步激发孩子的学习热情与兴趣。

推进科学教育任重道远。全国人大代表沙宝琴说：“我们必须转变传统教育的观念，以提高自身的文化素养为前提、培养学生的科学素养为宗旨、培养学生的创新能力为根本，以全新的姿态迎接新时期的新挑战。”

二 《小学科学课程标准》的结构与内容

（一）《小学科学课程标准》的结构

《小学科学课程标准》共分五个部分：第一部分为前言，叙述科学课程的性质、基本理念和设计思路；第二部分为课程目标，叙述科学课程的总目标和四个分目标——科学知识目标，科学探究目标，科学态度目标，科学、技术、社会与环境目标；第三部分为科学课程的内容，从物质科学领域、生命科学领域、地球与宇宙科学领域、技术与工程领域四个方面进行内容标注及活动建议；第四部分为实施建议，由教学建议、评价建议、教材编写建议、课程资源开发与利用建议四个部分组成；第五部分为附录，包含六个教学案例。

（二）《小学科学课程标准》的内容

1. 课程性质

小学科学是以培养科学素养为宗旨的科学启蒙课程。在《小学科学课程标准》中这样定义科学素养：科学素养是指了解必要的科学技术知识及其对社会与个人的影响，知道基本的科学方法，认识科学本质，树立科学思想，崇尚科学精神，并具备一定的运用它们处理实际问题、参与公共事务的能力。小学科学课程是一门基础性课程、实践性课程、综合性课程。

2. 课程基本理念

《小学科学课程标准》提出了“面向全体学生”“倡导探究式学习”“保护学生的好奇心和求知欲”“突出学生的主体地位”的课程理念。

3. 课程设计思路

《小学科学课程标准》对知识体系进行了重新梳理，把小学科学课程划分为 1~2 年级、

3~4 年级、5~6 年级三个学段，以结构图的形式给出了各目标领域知识展开的主要线索与相互关系，便于教师从整体上把握知识结构以及知识与知识之间的相互联系，加强对知识之间的相互渗透与综合性的认识，便于教材编写者与教师按不同的主线或思路实际，设计与编排教学内容，并根据教学内容使用适合的教学手段，充分利用教学资源。

4. 课程目标

小学科学课程的总目标是培养学生的科学素养，并为他们继续学习、成为合格公民和终身发展奠定良好的基础。学生通过科学课程的学习，保持和发展对自然的好奇心和探究热情；了解与认知水平相适应的科学知识；体验科学探究的基本过程，培养良好的学习习惯，发展科学探究能力；发展学习能力、思维能力、实践能力和创新能力，以及用科学语言与他人交流和沟通的能力；形成尊重事实、乐于探究、与他人合作的科学态度；了解科学、技术、社会和环境的关系，具有创新意识、保护环境的意识和社会责任感。新课程标准分别从“科学知识”“科学探究”“科学态度”“科学、技术、社会与环境”四个方面阐述具体目标。

5. 课程内容

小学科学课程内容包含物质科学、生命科学、地球与宇宙科学、技术与工程四个领域。从这四个领域中选择适合小学生学习的 18 个主要概念。其中，物质科学领域 6 个，生命科学领域 6 个，地球与宇宙科学领域 3 个，技术与工程领域 3 个。通过以上课程内容的学习，可以为小学生科学素养的初步培养和持续发展奠定良好的基础。

6. 课程实施建议

在《小学科学课程标准》的课程实施建议中，对教学建议、评价建议、教材编写建议、课程资源开发与利用四个方面提出了切实可行的建议。对教师的教学准备、教学过程、教学评价起到了切实有效的指导作用。

三 《小学科学课程标准》的主要特点

（一）体现核心素养的要求

核心素养是本次课改的关键词，也是实现立德树人的重要途径。在《中国学生发展核心素养》的报告中，把学生发展核心素养界定为：主要指学生应具备的，能够适应终身发展和社会发展需要的必备品格和关键能力。报告中的六大核心素养都跟小学科学教学有关，其中关系特别紧密的是科学精神和实践创新两大素养。科学精神，主要是个体在学习、理解、运用科学知识和技能等方面所形成的价值标准、思维方式和行为规范，主要包括三个方面：理性思维、批判质疑、勇于探究。实践创新主要是问题解决和技术应用方面，跟科学教学密切相关。

（二）以“大概念”统领内容标准

大概念可以理解为学科思想，指本学科最高位的思想观念。2017 版《小学科学课程标准》的内容标准，以大概念为统领进行组织和呈现。在大概念之下，以小学阶段的学生要求为基础，梳理和选取了适合小学生学习的 18 个主要概念，再把每一个主要概念分解为若干学习内容，每一个学习内容分解为不同学段的学习目标。用这样的方式，体现指向大概念的教学。概念是儿童建构复杂能力的基石，学生可以运用掌握的主要概念，扩大到探究其他问题上，触类旁通地解决学习和生活中遇到的问题。围绕科学概念组织教学，可以提高学生的学习效率，培养他们的动手能力和创新能力，促进他们终身学习能力的发展。

（三）技术与工程成为独立的学习领域

将技术与工程以独立学科的方式进入科学课程，这在我国科学教育发展中是第一次。2013 年颁布的美国科学教育标准（NGSS）中，用科学与工程实践、跨学科概念和学科核心概念三个维度，来表述课程目标和构建课程，通过在科学课程中整合工程设计实践的方式，组织和实施基础工程教育，这是一项重要的科学教育变革和创新。科学课程中凸显技术与工程，成为世界各国的共识。

2017 版《小学科学课程标准》把技术与工程单独设立学习领域，顺应了国际科学教育发展的趋势，体现了我国科学教育发展的需要。让小学生学习技术和工程，不仅可以促进他们对科学、数学的学习和理解，也为学生认识人工世界、参与动手实践、发展创新能力提供了良好的平台。

（四）以学习进阶思想进行分段设计

学习进阶是基于教学理论、实证研究和教学经验而提出的针对学生特定年级认知发展的学业要求，这些要求以科学课的内容主题为线索，描绘了随着学生年龄增长在学习内容上由浅入深、循序渐进的学业范围和深度，为教师有效教学提供了直接的依据。

2017 版《小学科学课程标准》把小学阶段的学习，划分为三个阶段，即低段 1~2 年级，中段 3~4 年级，高段 5~6 年级，相应的内容标准与之相匹配。学习内容的呈现，融入了学习进阶的理念和成果，使得学生的科学学习呈现螺旋式上升的趋势。

（五）恢复一二年级单独开设科学课程

小学科学课程是一门基础性课程，也是一门实践性和综合性的课程，在小学阶段应该充分体现科学课程的性质。2017 版《小学科学课程标准》明确提出恢复低年级单独开设科学课程，既符合世界科学教育发展的趋势，也符合我国重视科学教育的现状。

第二节 小学科学课程标准的指导意义

一 对小学科学课程目标的指导

《小学科学课程标准》的总目标是培养学生的科学素养，并为他们继续学习、成为合格公民和终身发展奠定良好的基础。学生通过科学课程的学习，保持和发展对自然的好奇心和探究热情；了解与认知水平相适应的科学知识；体验科学探究的基本过程，培养良好的学习习惯，发展科学探究能力；发展学习能力、思维能力、实践能力和创新能力，以及用科学语言与他人交流和沟通的能力；形成尊重事实、乐于探究、与他人合作的科学态度；了解科学、技术、社会和环境的关系，具有创新意识、保护环境的意识和社会责任感。

（一）科学知识目标

了解物质的基本性质和基本运动形式，认识物体的运动、力的作用、能量、能量的不同形式及其相互转换；了解生物体的主要特征，知道生物体的生命活动和生命周期；认识人体和健康，以及生物体与环境的相互作用；了解太阳系和一些星座；认识地球的面貌，了解地球的运动；认识人类与环境的关系，知道地球是人类应当珍惜的家园；了解技术是人类能力的延伸，技术是改变世界的力量，技术推动着人类社会的发展和文明进程。

（二）科学探究目标

了解科学探究是获取科学知识的主要途径，是通过多种方法寻找证据、运用创造性思维和逻辑推理解决问题，并通过评价与交流等方式达成共识的过程；知道科学探究需要围绕已提出和聚焦的问题设计研究方案，通过收集和分析信息获取证据，经过推理得出结论，并通过有效表达与他人交流自己的探究结果和观点；能运用科学探究方法解决比较简单的日常生活问题；初步了解分析、综合、比较、分类、抽象、概括、推理、类比等思维方法，发展学习能力、思维能力、实践能力和创新能力，以及运用科学语言与他人交流和沟通的能力；初步了解通过科学探究达成共识的科学知识在一定阶段是正确的，但是随着新证据的增加，会不断完善和深入，甚至会发生变化。

（三）科学态度目标

对自然现象保持好奇心和探究热情，乐于参加观察、实验、制作、调查等科学活动，并能在活动中克服困难，完成预定的任务；具有基于证据和推理发表自己见解的意识；乐于倾听不同的意见和理解别人的想法，不迷信权威；实事求是，勇于修正与完善自己的观点；在科学学习中运用批判性思维大胆质疑，善于从不同角度思考问题，追求创新；在科学探究活动中主动与他人合作，积极参与交流和讨论，尊重他人的情感和态度。

（四）科学、技术、社会与环境目标

初步了解所学的科学知识在日常生活中的应用；初步了解人类活动对自然环境、生活条件及社会变迁的影响；了解社会需求是推动科学技术发展的动力；了解科学技术已成为社会与经济发展的重要推动力量；初步了解在科学技术的研究与应用中，需要考虑伦理和道德的价值取向；热爱自然、珍爱生命、具有保护环境的意识和社会责任感。

二 对小学科学课程内容的指导

《小学科学课程标准》指出，小学科学课程内容主要包含物质科学、生命科学、地球与宇宙科学、技术与工程四个领域，并从中选取适合小学生学习的主要概念总计 18 个。其中，物质科学领域和生命科学领域的主要概念数量相同，均为 6 个；地球与宇宙科学领域和技术与工程领域的主要概念数量相同，均为 3 个。不同领域的内容在学生的学习与生活中所具有的作用与价值各不相同。世界是物质的，物质是运动的。使学生体会到物质科学对推动社会进步、提高人类生活水平的重要意义，是小学科学课程的主要任务。

（一）科学知识

物质科学领域——物质世界中的各种现象和过程，都有着内在的规律性。物质科学就是研究物质及其运动和变化规律的基础自然科学。本领域内容的学习将有助于增强学生探究物质世界奥秘的好奇心，形成“世界是物质的、物质是运动的”的观点，使学生感受到物质科学对促进社会进步、提高人类生活质量的重要作用，帮助学生初步养成乐于观察、注重事实、勇于探索的科学品质。物质科学领域知识点结构见图 2-2。

生命科学领域——生物之间，以及生物与环境之间相互依赖和相互影响，它们组成一个有机的整体。本领域内容的学习，有助于激发学生了解和认识自然界的兴趣，帮助学生初步形成生物体的结构与功能、局部与整体、多样性与共同性相统一的观点，形成热爱大自然、爱护生物的情感。生命科学领域知识点结构见图 2-3。

地球与宇宙科学领域——地球与宇宙中的有关现象、事物和规律，具有时间和空间的复杂性，需要对它们运用实地观察、长期观测、建构模型、模拟实验、逻辑推理等方法进行研究。本领域内容的学习，将有助于激发学生对地球和宇宙的探究热情，发展空间想象、模型思维、逻辑推理等能力，初步建立科学的宇宙观和自然观，以及人地协调的可持续发展观。地球与宇宙科学领域知识点结构见图 2-4。

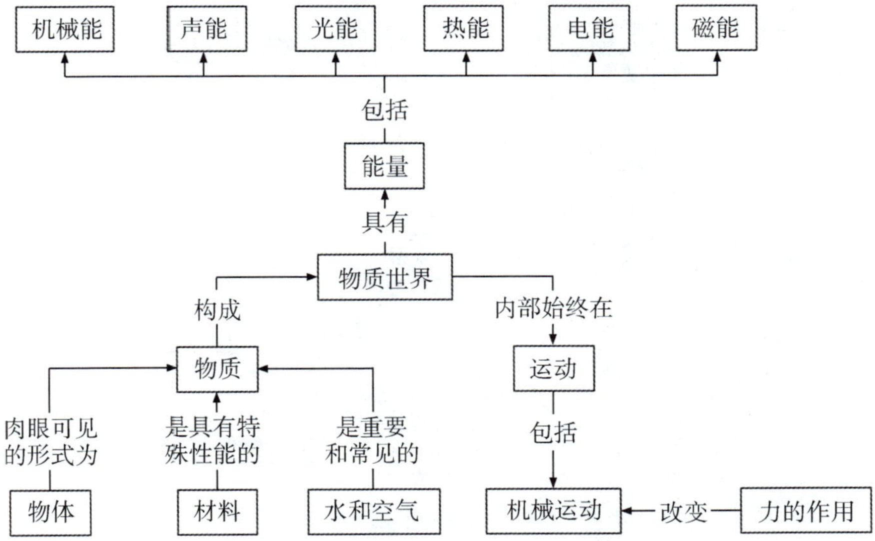

图 2-2　物质科学领域知识点结构

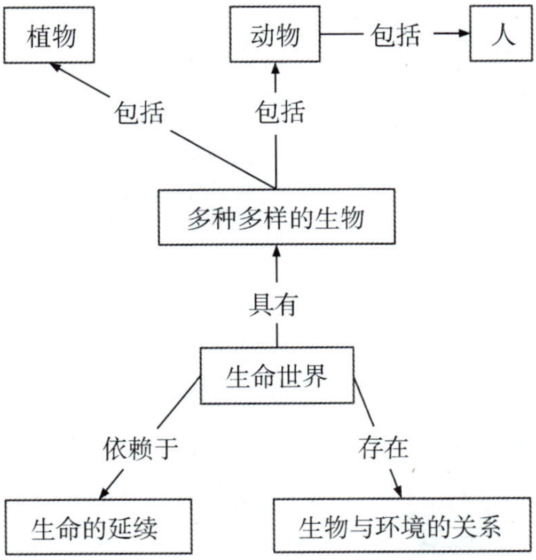

图 2-3　生命科学领域知识点结构

技术与工程领域——人类观察自然、研究各种现象产生和变化的原因而产生科学，对科学加以巧妙运用以适应环境、改善生活而产生技术，技术的核心是发明；人类为实现自己的需要，对已有的物质材料和生活环境加以系统性的开发、生产、加工、建造等，这便是工程，工程的核心是建造。运用科学、技术和工程，人类创造了丰富多彩的人工世界。技术与工程领域的学习可以使学生有机会综合所学的各方面知识，体验科学技术对个人生活和社会发展的影响。技术与工程实践活动可以使学生体会到“做”的成功和乐趣，并养成通过“动手做”解决问题的习惯。技术与工程领域知识点结构见图 2-5。

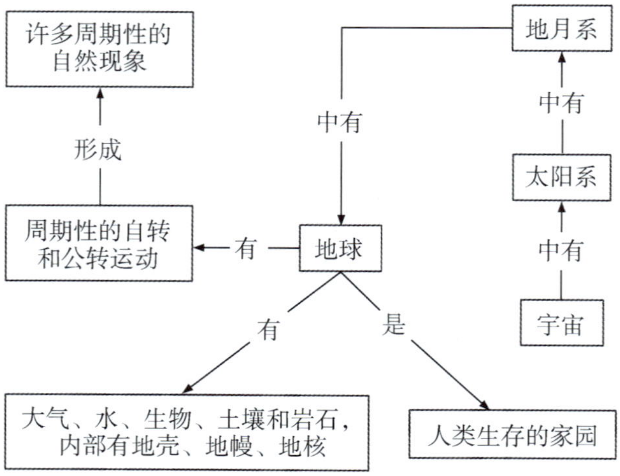

图 2-4　地球与宇宙科学领域知识点结构

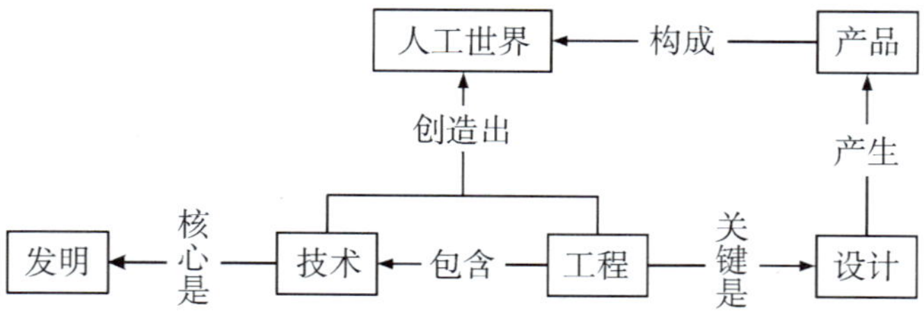

图 2-5　技术与工程领域知识点结构

（二）科学探究

科学探究是科学学习的中心环节。科学探究不仅可以使小学生体验到探究的乐趣，获得自信，形成正确的思维方式，而且可以使他们辨别什么是科学，什么不是科学。科学探究能力的形成依赖于学生的学习和探究活动，必须紧密结合科学知识的学习，通过动手动脑、亲自实践，在感知、体验的基础上，内化形成，而不能简单地通过讲授教给学生。在小学阶段，对科学探究能力的要求不能过高，必须符合小学生的年龄特点，由扶到放，逐步培养。科学探究是小学科学课程的重要组成部分。科学不仅包括知识，还包括获取知识的过程与方法。在学习内容中列出了科学探究的七个要素，并对这些要素进行了分解和举例说明，供学生在学习过程中通过实践来体验和了解。

（三）科学态度

从小学开始培养学生的科学态度，通过系统合理的科学教育教学让学生懂得科学的真谛，支持和启发学生热爱科学技术，让他们学会用科学合理的思考问题的方式来解决当下的问题，这也是当今社会发展的必然趋势。对自然现象保持好奇心和探究热情，在科学学习中运用批判性思维大胆质疑，善于从不同角度思考问题，追求创新。在科学探究活动中主动与他人合作，积极参与交流和讨论，尊重他人的情感和态度。

（四）科学技术社会与环境

主要包含科学技术与日常生活的联系、科学技术与社会发展的联系，人类与自然和谐相处。通过小学生对科学技术社会与环境相互关系的了解，培养小学生热爱自然、珍爱生命、保护环境的意识和社会责任感。

三　对小学科学课程教学的作用

2017 版《小学科学课程标准》不仅强调科学学习的结果，更强调学习过程（科学探究）的重要性。《小学科学课程标准》强调让小学生在实践活动中，通过探索与研究的过程，培养对科学现象的好奇、兴趣，增强理解力。鼓励和提高孩子们观察科学现象、发现科学问题、大胆预测、用科学的方法解决问题的意识和能力。这一目的的实现，有赖于教师教学过程的改进，因此《小学科学课程标准》对教师的课堂教学提出了一些建议。

（一）动手动脑做科学

学生常常依靠动手操作来认识和理解世界。教学方法要富有情趣和符合儿童的认知规律；尽量少用或不用专业术语和抽象定义，尤其要避免在教学过程的初始阶段把结论告诉儿童；尊重儿童在科学学习中所表现出来的个别差异，根据他们的兴趣爱好、情感态度、知识能力等方面的特点，因材施教。

（二）开展探究式学习

科学探究活动要给学生一个由生疏到熟悉的过程，不应要求一步到位。在教学实施中，科学探究活动可以是全过程的，也可以是部分地进行。如，某些课侧重提出问题，进行猜想、假设和预测的训练；某些课则侧重制订计划和搜集信息的训练。

在探究教学过程中要注意以下几个方面。

（1）重视探究活动的各个要素。

（2）精心设计探究问题。探究问题可以来自学生也可以来自他人。

（3）处理好探究式学习中学生自主和教师指导的关系。

（4）不要把探究式学习作为唯一的科学学习方式。

（三）突出学生的主体地位

教学过程中要突出学生的主体地位，具体体现在以下几个方面。

（1）要注意对学生进行提出问题的训练，尤其在探究活动的起始阶段。

（2）鼓励学生大胆猜想，对一个问题的结果做多种假设和预测。

（3）教育学生在着手解决问题前，先考虑行动计划，包括制订具体步骤、选择适当方法和设想安全措施。

（4）注意搜集资料，教会学生观察、测量、实验、记录、统计与做统计图表的方法。

（5）注意指导学生自己得出结论，教师不要把自己的意见强加给学生。

（6）组织好探究活动后期的研讨，引导学生认真倾听别人的意见。

（四）跨学科学习方式

小学科学教学首次加入学科关联建议，提出科学学科要与小学其他学科密切关联的观点，尤其是数学、语文、综合实践活动等课程。倡导运用 STEAM 教育体系将科学、技术、工程、艺术和数学有机地融合在一起，有助于学生科学素养的培养。

四 对教材与课程资源开发的作用

（一）对教材编写的作用

小学科学教材包括教科书、学生活动手册、教学具和教师教学用书等。小学科学教材的编写与开发要全面落实《小学科学课程标准》所提出的课程理念和课程目标。

1. 教科书编写

教科书是课程内容的载体，它系统地呈现了科学学习的内容。教科书也是学生学习所必需的材料和工具，对学生的科学学习过程起着指引作用。教科书还是开展教学活动的基本依据，是师生在课堂上开展对话和互动的平台。教科书的编写应以学生的学习为指向，从内容的选择和编排到呈现方式上，要力求体现以学生为本，而不是单纯呈现课程内容。

教科书内容的选择，应该按照课程目标的要求，体现学生科学素养的培养，体现科学知识、科学探究和科学态度的统一。教科书应精选科学探究主题，引导学生通过探究活动学习科学。所选择的探究主题应对应《小学科学课程标准》中的主要概念，并是小学生可以通过探究进行学习的内容，同时要紧密联系小学生的生活经验，让学生能在实际生活中加以应用。

教科书的内容应能引导学生将课内的学习与课外实践、课外阅读结合起来，引导学生通过各种途径拓展知识、开展更多的探究活动，并运用知识解决力所能及的问题。

教科书的内容应具有一定的弹性，既满足不同学生的需要，也便于教师在教学中发挥创造性。

教科书内容的编排应遵循一定的逻辑，以便使学生形成对所学内容的完整认识。具体的编排方式可以多种多样，如以科学概念的学习进阶为主线，以探究能力的培养为主线，以学生生活经验的扩展为主线，以季节的变化为主线，以统一的概念与过程为主线。

教科书内容的呈现方式，应当考虑小学生的心理特点，体现活动性、生动性和开放性。

要以小学生观察世界的角度和自主学习活动的方式来表述，而不是以成人的角度和传授知识的方式来表述。一般不以结论加验证的方式呈现课程内容，而要尽可能通过设计相应的活动引导小学生通过探究得出结论，给学生的自主学习留有充分的空间。对于不同类型的探究活动，如指导性探究、引导性探究和自主性探究，在呈现方式上应有所区别，以体现教师指导程度上的不同。

教科书的形式力求图文并茂，尤其是要精选生动反映自然界事物的图片，提升学生的学习兴趣。提倡开发电子教科书，将图片、视频等更为生动的内容呈现形式引入到教科书中。

2. 学生活动手册编写

学生活动手册是教材的必要组成部分。活动手册不是练习册、作业本，也不是课外阅读材料，而是对学生探究活动的具体指导及学生探究活动的真实记录，它是将探究式学习方式落实于课堂的基本保证。学生活动手册应与教材配套发行。

3. 教学具开发

教学具是教学活动中供教师演示和学生操作所用的材料。科学探究离不开物质材料的支持。精心设计的教学具可以帮助学生更好地理解抽象、难懂的科学知识，体验科学探究过程，并能激发学生的学习兴趣，启迪思维，培养动手能力。编写人员在编写教科书的同时，还应该设计相应的教学具与之配套。

（二）对课程资源开发的作用

小学科学课程资源是指有助于进行科学教学活动的各种资源。教学过程中合理使用课程资源，会在很大程度上提高学生学习科学的兴趣和质量，也会提高教学活动的水平。教材编写者、教学研究人员、教师和有关人员应依据本标准，有意识、有目的地开发和利用各种小学科学课程资源。开发和利用课程资源要注意资源的思想性、科学性、适宜性和经济性。

1. 科学实验室

开展观察、实验活动，是小学生学习科学的主要学习方式。实验室是学生科学学习最重要的资源，也是主要的学习场所，它对学生科学素养的形成具有不可替代的作用。

每所学校必须建立科学实验室和仪器室，并按国家有关标准配备相应的仪器设备，不断提高实验室的信息化水平。同时，学校还应为教师自制教具与学具提供物质保障。

科学教师要充分发挥实验室的功能，恰当布置实验室及周边环境，积极开展实验教学，为学生的科学学习提供良好的环境。科学教师要充分利用实验室进行教学，让实验室成为学生学习科学的主要场所，成为学生特别喜爱的学习场所，让实验室成为培养学生科学素养的重要场所。学校可在保证完成实验教学基本任务的基础上，扩大科学实验室的功能，使其能为课堂外的科学探究和实践应用服务。有条件的学校，可以在科学实验室中增设科学图书角、材料角、工具角、实践角、创客空间、成果展示角和专题研究中心等，使实验室发挥更多的学习功能。

2. 校园资源的开发与利用

校园环境和学校的一些活动场所、设施等都是实施科学课程的有效资源。学校和教师应当充分利用校园环境中与科学有关的资源，让校园成为科学学习的大课堂。同时，可合理规划、利用各类资源，建立校园科学学习中心，如校园气象站、校园种植园、校园养殖场、校园科普宣传区、校园科学活动区、校园探索实验区等，让这些资源为学生理解科学概念、进行科学探究和运用知识解决实际问题服务。

3. 校外资源的开发与利用

科学课程的社会资源十分丰富，应当积极开发、利用社会教育资源。各地有专业的科技工作者，应充分发挥科技工作者对科学教育的重要作用，可聘请科学技术领域的有关专家做科学技术报告，参与教师培训和课堂教学活动，也可以直接针对学生进行科普教育活动。要发挥各类科普场馆的作用，因地制宜设立定点、定时、定人的科学教育基地，便于学生在课程实施过程中参观和学习。还要利用学校周围的自然资源和社会资源，如公园、田野、山林、自然水域、矿山等，以补充校内资源的不足。报纸杂志、电视广播和网络等媒体，常常可以提供很多贴近时代、贴近生活、有意义的科学议题，教师要利用好社会媒体，将这些科学议题作为科学学习的重要资源。

亲近大自然本是人类的天性，小学生应该多跟自然接触，在大自然中成长。作为小学科学教师，不应该只局限于课堂上的日常教学，只有标本、教具、PPT 的教学是不够的。科学教师要引导孩子走出教室，走进大自然，到大自然中去学习科学，让他们亲身感受到大自然的神奇魅力，学会主动观察、主动思考，发挥他们的想象力和创造力。

4. 网络资源的开发与利用

互联网已经深入到日常生活的各个方面，网络资源以其信息的丰富性、生动性和便捷性很好地弥补了现实教学的一些不足。利用和开发能促进小学生科学学习的网络资源，成为当前科学教师的重要技能。

教师要充分利用网络资源，运用合适的方法（如在线学习、专题研讨、微课、资料查询等）促进学生的科学学习，为教学服务，可以把网络资源作为教师教学研究的重要资源，也可以利用网络技术开展学习评价。

教师要积极参与网络资源建设，为科学教学提供更多的优质资源。网络资源的积累、共享有赖于全体科学教师的参与和贡献，如建立专门的学生科学学习网站、资源库等；运用各种网络工具（如资源网站、论坛、博客、QQ 群、微信等）促进教师开展网络研修活动，提高教师的专业水平。

本章知识结构导图

- 小学科学课程标准
  - 小学科学课程标准的整体设计思路与结构
    - 《小学科学课程标准》的研制背景
    - 《小学科学课程标准》的结构与内容
    - 《小学科学课程标准》的主要特点
  - 小学科学课程标准的指导意义
    - 对小学科学课程目标的指导
    - 对小学科学课程内容的指导
    - 对小学科学课程教学的作用
    - 对教材与课程资源开发的作用

知识点检测

参考答案

一、填空题

1. 小学科学课程是以培养________为宗旨的________课程。

2. 科学课程内容标准所涉及的三个领域是__________、__________和__________。

3. 小学科学课程内容主要包含__________、__________、__________、__________四个领域。

4.《小学科学课程标准》提出了“________”“________”“________”“________”的课程理念。

二、阅读以下材料，回答问题。

水是一种常见而重要的单一物质

学习内容	学习目标		
	1~2 年级	3~4 年级	5~6 年级
2.1 水在自然状态下有三种存在状态。	观察并描述水的颜色、状态、气味等特征。	知道冰、水、水蒸气在形状和体积等方面的区别。 观察并描述一般情况下，当温度升高到 100 ℃或降低到 0 ℃时，水会沸腾或结冰。 知道冰、水、水蒸气虽然状态不同，但都是同一种物质。	列举日常生活中水的蒸发和水蒸气凝结成水的实例，如晒衣服、雾、玻璃窗上的水珠等。 知道温度是影响水结冰和水沸腾过程的主要因素。

续表

学习内容	学习目标		
	1~2 年级	3~4 年级	5~6 年级
2.2 有些物质在水里能够溶解，而有些物质在水里很难溶解。	知道有些物质能够溶解在一定量的水里，如食盐和白糖等；有些物质很难溶解在水里，如沙和食用油等。	通过观察，描述一定量的不同物质在一定量水中的溶解情况。通过实验，知道搅拌和温度是影响物质在水中溶解快慢的常见因素。	

1. 请说出上表是哪个领域的课程内容。

2. 请根据上表并结合一年级《科学》上册12课《认识水》一课分析，本课在这个领域里的分段学习目标是什么，本课内容指向的具体概念和核心概念分别是什么。

三、实操训练

1. 谈谈对《小学科学课程标准》的认识。

2. 简述《小学科学课程标准》的特点。

第三章

小学科学教师

发明千千万，起点是一问。智者问得巧，愚者问得笨。

——陶行知

学习目标

✦ 了解新时代小学科学教师学科知识素养、教育教学素养、教学技能素养以及教育研究素养。

✦ 掌握新时代小学科学教师学科知识的积累、教学技能的更新以及教研技能的提高。

✦ 掌握新时代小学科学教师专业发展的途径和方法。

情景导入

一堂小学三年级科学公开课正在有条不紊地进行着，内容是《淀粉的踪迹》，执教的是一位年轻的小学科学教师刘老师。她首先创设了情境：每组桌上有两个纸包，一包淀粉，一包滑石粉。老师一忙，忘了哪一包是淀粉了。请同学帮忙想办法找出哪一包是淀粉。这一情境满足了学生爱表现的欲望，从而激发了学生的探究欲望。

第一节 小学科学教师的素养

2017 年实施《小学科学课程标准》以来，小学科学作为一门新兴学科，其教学内容、过程和方法都发生了深刻的变革。在这种状况下，要提升教育教学质量，促进教育均衡发展，必须把小学科学课程教学落实到位，而上好该课程的关键是培养合格的科学教师。因此，提升小学科学教师的学科知识素养、教育教学素养、教学技能素养、教育研究素养，切实提高小学科学教师队伍的专业能力，显得尤为重要。

一 新时代小学科学教师专业素养

扎实的专业知识和丰富的教育教学知识称为教师的本体性知识，构成了教师个体的基本知识素养，是教师组织教学活动的基石。无论是在教学活动中，还是在教学的最终效果评价中都起到了不可替代的作用。

（一）新时代小学科学教师的学科知识素养

作为新时代小学科学教师，首先应当具备丰富的、扎实的专业知识和技能，这是当好一名小学科学教师的前提条件。具体来说，应当要具备以下相关知识和技能（见表 3-1）。

表 3-1　现代小学科学教师的专业知识

科学基础知识	包括物理、化学、生物、天文、地理等学科知识。
科学基础实验技能	包括物理、化学、生物等基础实验技能。
现代自然科学概论	现代自然科学的前沿及发展趋势，特别是现代的一些重要的科学成果、科学理论及科学思想。

拓展阅读

1. 科学与人类社会关系的知识：帮助我们了解科学发展对人类社会的影响以及对自然环境的影响。

2. 科学方法论的知识：科学教育不光要向学生传授科学结论，更重要的是让学生掌握获取知识的方法，“授之以鱼，不如授之以渔”就是这个道理。

3. 科学史的知识：科学史能够帮助我们掌握科学的内在发展规律，有利于我们客观了解科学，预测和把握科学的未来，同时也可以更好地培养学生的科学精神。

（二）新时代小学科学教师的教育教学素养

苏联著名教育家苏霍姆林斯基曾说过：“同样的知识内容，在一个教师手里能起到教育作用，而在另一个教师手里却起不到教育作用。”① 因此，成为一名合格的科学教师不仅要具备扎实的专业知识，还应具备丰富的教育教学知识。教育教学知识是教师成功地进行教育教学的

① 苏霍姆林斯基. 给教师的建议［M］. 北京：教育科学出版社，2000：98.

条件性知识，作为一名合格的小学科学教师必须掌握以下几个方面的教育教学知识。

1. 教育原理、普通教育学知识

从根本上了解和掌握教育的本质和一般规律、原则，为当好一名小学科学教师打好基础。

2. 普通心理学、教育心理学知识

当好一名小学科学教师，既要了解小学生的普遍心理特征，也要了解特定学生的个别心理特征，这样才能因材施教，有的放矢，教育好每一个学生。

3. 教育统计学、教育测量与评价知识

教育教学效果是建立在统计学、测量与评价基础之上的，通过以上手段的反馈并加以利用，从而不断反思、改进，才能不断促进教育教学效果的提高。

学科知识素养和教育教学素养构成小学科学教师的知识素养，是成为一名合格小学科学教师的基石。

二 新时代小学科学教师的教学技能素养

作为一名小学科学教师，必须具有良好的思维品质、熟练的操作技能以及相应的教学技能。《小学科学课程标准》要求，在科学探究的过程中，教师不再仅仅把科学知识的传授作为自己的教学任务和目的，也不再把主要精力花费在检查学生对知识掌握的程度上，而是要成为学习共同体中的成员。在问题面前，教师要和学生们一起寻找答案，在探究科学的道路上，教师要成为学生们的伙伴和知心朋友。因此，在科学课程中，传统意义上的教师教和学生学，将让位于师生互教互学，彼此形成一个真正的“学习共同体”。

（一）新时代小学科学教师的实践教学技能素养

一名合格的科学教师要能够独立分析教材，根据课程标准和学生实际情况，制定出教学目标；能选择有效的教学方法将科学知识形象、生动、清晰地传授给学生；能够调控教学的进程和教学的气氛；能够准确地对学生的学业进行评价。而这所有的一切都体现在教师的教学能力上。小学科学教师的教学能力具体体现在以下几个方面。

1. 备课技能

根据教学大纲和教材撰写教案，这是上课的依据和前提。备课不仅要备教材，也要备学生，根据不同学生、不同个体因材施教，对于实验课更要注意准备教具，这样才能让教学达到事半功倍的效果。

2. 授课技能

授课技能即课堂教学能力，这是当好一名小学科学教师的关键所在。课堂教学是教师的主阵地，把握好课堂教学也就成功了一大半。

3. 实验技能

小学科学课程是一门实践性比较强的课程，包括许多科学实验，需要让学生在实验中学习科学知识、培养科学兴趣和科学精神。因此，小学科学教师的实验能力尤其重要。

4. 评价技能

要了解学生学习情况，就要对学生进行检测，包括课堂检测，如课堂提问、布置和批改作业；课后检测，如进行单元测试、期中和期末测试；实验检测，如课内和课外实验等。通过这些检测来评价教学效果，进行反思，从而改进教学进度、方式方法，最终提高教学能力。

小学科学教学过程中，教师还要注意把主动权还给学生，特别是在以观察、实验为主的课堂教学中，一般师生占用时间分配大约是各一半，即教师教的时间在 20 分钟左右，学生自主活动的时间也在 20 分钟左右。这就要求教师少讲、精讲，提高指导的效率，把时间的主动权交还给学生，科学课堂上教师满堂灌的做法是万万不可取的。

现在科学课程教学强调从问题入手，探究从问题开始，这是科学课与自然课最重要的区别之一。教师要善于设置问题情景，帮助学生发现问题，并鼓励学生提出问题。让学生对某一问题进行假设时，教师一定要建立在学生已有经验和知识的基础上；培养学生做假设时，一定要符合逻辑，有一定的依据，而不是凭空想象、随意猜测。对学生提出的问题，如果教师一时不太清楚的，应该抱着虚心学习的态度，与学生一起探究、一起提高，切忌信口开河，避免出现科学性错误。在课堂教学中，学生从提出问题到解决问题中间要经过一段过程，没有过程和方法，解决问题也就是一句空话。作为一名科学教师必须教会学生掌握解决问题的方法，在课堂上要注重学生获取知识的过程与方法。

教学片段

学生在进行“用碘酒来鉴别一些食物中是否含有淀粉”这一活动时，一组学生出现了情理之中、意料之外的错误，让我们看看刘老师是如何处理的。

师：我们在吃的米饭中找到了淀粉的踪迹，那其他食物中是否含有淀粉呢？先让我们来预测一下。

生 1：面粉、面包、梨含有淀粉，马铃薯、胡萝卜不含淀粉。

生 2：我有不同意见。梨不含淀粉。

生 3：我认为马铃薯含有淀粉。

师：哦，意见不一致。那，你们打算怎样证明自己的想法？

生：用滴管把碘酒滴上去。如果变成了紫黑色，说明这种食物中就含有淀粉。如果没有变色，就说明这种食物中不含淀粉。

学生实验后交流。

师：你们有什么发现？

生 1：我们发现面粉、面包、马铃薯中都含有淀粉。梨、胡萝卜中不含淀粉。

师：有不同的意见吗？

（教师非常关注学生的真实探究，因此学生敢于说出自己的不同的发现。这样有利于培养学生实事求是的科学态度。）

第四组学生：老师，我们组发现梨也含有淀粉，因为它也变成了紫黑色。

很多学生都说：不可能吧，我们的梨都没有变色。

师：（略带惊奇地走到这一组旁边）这一组的发现怎么不一样？这是怎么一回事？

（教师遇到“意外”时，没有措手不及，说明她在课前已充分估计到这种可能出现的情况，故而能随机应变，因势利导。）

生 3：老师，他们一定看错了。怎么就他们一组不一样，少数服从多数，梨里面肯定不含淀粉。

生 4：（不服气）你才看错了呢！不信你看。（这个学生举起了自己组的梨，果然变色了。）

生 2：他们做实验时可能出错了！

师：（很有兴趣）那可能是什么地方出错呢？

（教师不妄加断言，反而对学生实验的反常现象表示出探索的兴趣，这样更能激励学生将探究进行到底。）

生 4：（皱起了眉头，摸了摸后脑勺）这，我也不知道。

（教室里一片沉默，这时的沉默是学生在积极地思索，老师静静地等待着。过了一会儿，出现了窃窃私语的情景，各组在议论出错的原因。）

生 3：老师，我有一个建议。

师：（满含期待）请说！

生 3：我想问问他们是怎么做的。可以让他们再做一次。

师：我觉得这个建议不错。你们接受吗？

（这一组的学生纷纷点头，向老师要了一片梨，又做起了实验。）

第四组学生：是我们错了，这回没变色。可是第一次我们也是这么做的呀。（几个学生有点自责，显得有点无奈，都垂下了头。）

师：（满含鼓励的目光）实验中出现与别人不一样的现象是难免的。科学家研究时，一个实验也常常反复要做好几次才能成功。失败不可怕，我们要找出原因。

生 4：我还是很纳闷，两次实验做法一样，为什么结果不一样？

师：（有点欣喜）真了不起！会思考自己实验出错的原因。大家帮忙找找原因。

（老师的鼓励使学生积极地展开思维，寻求原因。）

生1：肯定是他们组的那片梨有问题。

生4：（恍然大悟，非常兴奋地叫起来）老师，我明白了！观察好淀粉后，我把弄过淀粉的几根牙签插在了梨上，做实验时又拔了下来。牙签上粘有淀粉，你看，现在还有呢！

（其他学生情不自禁地围上来，有的边观察边笑着说："都怪你，怪不得……"）

这个"惹祸"的学生有点不好意思。

师：刚才，我听到有些人在怪那个同学……

生1：（接上了话茬）他自己不小心乱弄牙签，浪费了这么多时间，这节课肯定上不完了。

（其他学生也纷纷附和。）

师：那，你们真的一点收获也没有吗？

（学生沉思片刻，纷纷举手。）

生4：老师，我们这一组开始实验没有成功，后来成功了，我感到非常高兴！

生2：以后，如果实验失败了，我也不怕。

师：为什么？

生2：重新做，找出原因。

生3：失败乃成功之母。（另一个学生文绉绉地插了一句。）

生4：我明白了做科学实验时，必须非常小心。用过的东西决不能乱放，不然实验就会失败。

生1：我觉得第四组同学非常勇敢。其实我做实验时，发现了梨的颜色也有一点点变紫，大家都说没变色，我想肯定是我错了，也就不敢说了。

师：那你现在明白原因了吗？

生1：明白了！我的手上有点淀粉。（微笑着又有点不好意思地坐下了。）

……

分析与思考：

在这一节课中，当一组学生出现"梨遇到碘酒会变成紫黑色"这一错误的实验结果时，可能有许多老师会发挥权威作用，让这一组学生"少数服从多数"而放弃继续探究。这样虽然可以使教学不偏离预定的教案按部就班地进行，但会遏制孩子们的探究热情，这一组学生对结果可能会不信服。我们欣喜地看到，刘老师处理问题并不是就这样简单，而是及时抓住学生出错这一契机，根据学生学习中的实际情况适时地调整教学，提供了足够的时间和空间让学生自己寻找原因、修正错误，让孩子们在这一过程中亲历知识的生成。预设可能只要1分钟就能解决的问题而刘老师却花了6分钟。在教学片段中，我们发现学生不断地在思考，思维活跃，师生之间、学生之间相互交流，思想相互碰撞，最后终于弄明白了出错的原因。从学生的话语中，我们不难看出学生的探究方法、习惯、科学态度都在不断发展。在这6分钟里，学生竟然有这么多的收获，这6分钟值！

品析以上教学片段，我们可以感受到刘老师具备了相应的科学知识素养、科学教育教学素养，并能在课堂上灵活运用，使科学课焕发出真实的灵性。由此，我们认识到学生在探究活动中出错未尝不是好事，关键是教师能否提供一个让学生自己修正错误的机会，让他们在寻找原因、修正错误的过程中，科学素养得到培养和提升。

培养学生从小具备良好的科学素养非常重要，事关国家和民族未来发展之大计，所以小学科学教师具备相应的科学素养是关键，只有我们的小学科学教师具备良好的科学素养，并在实际教学中灵活运用，才能培养学生从小学科学、用科学、爱科学。

（二）新时代小学科学教师的实践教育研究素养

目前，小学科学教师教育科研理论知识积累不够，研究能力普遍偏低；研究内容“狭窄”化，研究结论“具体”化；胜任教学科研型教师数量太少，研究型团队发展缓慢以及科研素养城乡发展不均衡等问题还比较突出。在新课程标准背景下，工作即学习、教学即研究的工作理念更加凸显出研究能力在教师专业结构中的重要地位。这不仅是教师自身专业成长的需要，而且对教师专业发展具有先导作用。因此，小学科学教师的实践教育研究素养迫切需要提高。小学科学教师的实践教育研究素养主要包括以下三个方面。

1. 设计相关实验报告

小学科学课程少不了实验，做实验就应当有实验报告。很多人认为实验报告是学生做的，其实教师更应当撰写实验报告。通过撰写实验报告，可以提高教师的动手动脑能力，提高实验的准确率，更容易发现问题、解决问题。因此，撰写实验报告是提高小学科学教师教研能力的关键环节。

2. 撰写教研教改论文

论文是对教学过程的记录、反思和总结，是与教学活动紧密联系的。论文的内容来源于教学过程的随笔或记录，撰写教研教改论文对提高教育研究素养有最直接的作用。

3. 开展相应课题研究

课题研究是一项完整的系统的工程，它包括界定课题内容、设计研究方案、实施研究过程，最后还要总结研究成果，写出研究报告，并加以应用，指导实际工作。通过开展课题研究，可以极大地提升小学科学教师科研水平，特别是团队协作研究的能力。

教学与研究是分不开的，研究课题从教学中来，最终还要回到教学中去。小学科学教师要努力提升自己的教育研究素养，做一个研究型教师。

第二节 小学科学教师的专业发展

教师专业发展程度决定了教育的品质，因此教师专业发展研究已成为当下国内外教师教育改革实践中的一个重大课题。小学科学教师专业发展有其自身的特点，它既有专业知识的积累，又有实践能力的提升，还有教育教学技能的发展。

一 新时代小学科学教师专业发展的目标

教师的专业发展是指教师不断接受新知识，增长专业技能，提高职业认知和职业修养，职业情感与职业责任不断向前发展，推动社会进步的过程。小学科学教师专业发展的目的是提高小学科学教师各方面的素养，从而提高其教学能力，更好地培养学生学习科学知识、应用科学知识的能力，培养孩子们的科学兴趣和科学精神。

（一）新时代小学科学教师学科知识的积累

小学科学教师的专业知识包括本体性知识、条件性知识、实践性知识和文化性知识。本体性知识是小学科学教师具有的与专业相关的知识；条件性知识是指小学科学教师所具有的教育教学理论知识、现代教育技术等方面的知识；实践性知识是指小学科学教师灵活完成课堂实践活动所具备的技能技巧知识；文化性知识是指小学科学教师应具备的能满足学生求知欲望的自然科学、人文科学和社会科学知识。科学教师需要不断丰富自己的知识积累，扩展课外阅读，善于总结课内实践经验，从而提高自身学科知识的深度。

（二）新时代小学科学教师教学技能的更新

小学科学教学与语文、数学、英语等工具学科只要有几样必备的器材便可以进行教学活动不同，它以探究为核心，除了需要教室、黑板、粉笔、现代化教学手段、诸多的社会信息外，还需要实验室、与教学内容相关的室外观察场所和活动场地、种类繁多的教具和学具。为了使教学活动能有效开展，教师必须为学生提供或指导学生制作和准备好这些教学资源。

1. 教师教学观念的更新

教学观念的更新关键有三点：其一，教师不是权威，不是传授知识的工具，而是学生学习的伙伴，帮助学生更好地去探究知识的宝库；其二，课堂是学习知识的一个场所，但不是唯一的场所；其三，科学结论不一定非要从课堂上获得，换言之，科学教师不一定非要在课堂上把科学结论硬性灌输给学生。

这就意味着，教师没有必要、也不可能把妙趣横生的科学世界在规定的课时里全部传授给学生。科学教师的作用首先是一个向导，他引领学生学科学、用科学，地点可以是课堂，也可以是校园、家庭、社会和大自然。科学教师不能局限于课堂教学的那些时数，而要重视引导学生课外的学科学、用科学活动。同时，科学教师也是一个学习伙伴，要与学生一起探究、发现问题，提出假设或预测；一起制订计划，搜集证据，验证假设；一起概括探究的结果，得出结论，进行交流。同时，还要善于启发学生拓展信息渠道，善于鼓励学生利用各种资源。

2. 融合教学要素的技能更新

设计教学方案是一个综合性的思维过程，它包含一切与教学和教育有关的因素，可以分析却不可以堆砌，更不可以量化和规定。它只能依靠大脑的功能进行思考，却不能被意识控制。因此，即使完全具备一切可供调用的因素，也未必就能产生令人满意的融合效果。对于一名新教师而言，它是教学设计中的难点。战胜这一难点的途径通常有两条。其一，通过教师个人的不断反思来解决。在设计了教学方案后，从多个影响教学效果的角度反问自己是不是都考虑到了，是不是都考虑充分了，有没有疏忽和遗漏的地方。然后，再审视一些重要环节，看有没有疏忽和能够做得更好的地方。如，问自己“情感态度与价值观的培养考虑了没有”“个别学生的问题考虑了没有”“行为习惯方面考虑了没有”“组织教学的问题考虑了没有”“天气变化的因素考虑了没有”“还有哪些地方可以设计得更好”等。其二，合作备课。用集体的智慧弥补个人的局限，相互补充和提醒，以谋求更优化的设计。

3. 提问的技能更新

提问的技能是教学活动中的基本技能，也是运用最广的教学技能。如，在了解学生的基础时，教师可以提问；在了解学生的想法时，教师可以提问；在征求学生意见时，教师可以提问；在向学生质疑时，教师可以提问；在引发学生展开讨论时，教师可以提问；在启发学生思考时，教师可以提问；在提醒学生注意时，教师可以提问……提问是教师最常用的教学方法和教学组织手段，每个教师必须学会提问，正确掌握提问的方法和时机。我们经常看到，有的教师在教学活动中，很少提问，甚至整节课都没有提问，或者从头问到尾整个教学活动就是教师与学生的问与答，显然这些都是不会提问的表现。教师的提问，应重点从以下三个方面进行考虑。

（1）提问时机。教师的提问要有必要性，在需要问的时候才问，不要把提问变成一种习惯，好像教师提问了，就是在启发学生进行思考。如，教师看到学生已把自带的学具摆放到了桌面上，还要问：“你们准备的材料带来了吗？”这个问题还不如变成：“你们带来的材料摆放得整齐了吗？”提醒学生有序摆放好物品才具有教育意义。

（2）提问价值。教师提出的问题应具有针对性和启发性，能引发学生思考或展开探究行动。教师要多问“是什么”“为什么”“怎么办”之类的思考性问题；少问“是不是”“对不对”这样的判断性问题。

（3）提问形式。教师要尽量做到和蔼可亲，不要把提问变成逼问。另外，教师要掌握好提问的三条原则：教师的提问语言要言简意赅；问题指向要清楚，要具体；提问要贴切不含糊。

4. 处理学生问题的技能更新

小学生本来就好问，而且科学探究需要他们发现问题和提出问题。对他们的问题，教师不可能全部会回答，也不方便在教学的情景下立刻全部回答。怎样处理学生的问题便成了许多教师棘手的难题。从教育的角度出发，教师不一定要立刻回答学生所有的问题。教师要把处理学生的问题变成激发学生继续学习和探究的方法。教师对待学生提出的问题，都要给予赞赏，即使学生提出的问题非常幼稚和荒谬，教师也不要批评他们。小学科学教师处理学生问题的具体方法有四种：及时回答、延后回答、课后回答、让学生自己找答案。

教师可以及时回答的问题必须满足四个条件：教师能一口报出答案、学生在现有水平下能够听得懂、与学生正在进行的学习活动有关、没有必要让学生进行探究。

教师延后回答的问题，应该符合三个标准：教师知道答案、学生暂时无法理解、后续教学活动能解决或与后续的学习活动有关。常用的处理办法是“这个问题在接下来的活动中你们就会明白”“我们过一会儿就来研究这个问题”“我们解决了这个问题后，老师再来回答你”。

教师课后回答的问题，往往有如下几种情况：教师不知道答案，需要在课后寻找答案的问题；提出问题的学生能理解、有兴趣，而其他学生不知所云的问题；与本课教学活动完全无关的问题；问题较为复杂，一两句话解释不清楚；学生异想天开、毫无意义，教师又不方便在课堂上回答的问题。

教师让学生课后自己找答案的问题必须具有三个前提：学生普遍感兴趣；学生课后能探究出来或是能找到相关资料；学生能够利用已有知识进行理解。教师常用的方法是“我相信，大家课后自己就能找到这个问题的答案”“你用某某办法去探究，就一定能找到答案，老师等着你的好消息”等。

5. 组织实验的技能更新

在小学科学教学中，经常需要做实验。根据实验人员的不同，实验可以分为教师演示实验和学生操作实验两种形式。

教师演示实验主要由教师来操作完成，在演示的过程中，教师应该边讲边做，介绍清楚实验的方法、步骤、所用器材和操作注意事项，以便学生看得清楚，听得明白，自己能够按照教师的方法进行操作。

学生操作实验由学生来完成器材安装和设备操作，进行观察、记录和发现。在确定是由教师自己来做演示实验还是让学生来做实验时，都要考虑到学生的实验基础，做到能让学生自己做成功的就尽量让学生自己做，把教师的演示实验当作是在不得已的情况下对学生实验的补充和示范。即使在演示实验中，只要是学生能参与的部分，就应该让学生来参与完成，教师只在关键之处和危险的地方适时进行操作，发挥画龙点睛的作用。这样，可以充分培养学生的动手实验能力，培养学生对实验的兴趣。

学生实验的形式有小组实验和个人独立实验两种。教师在确定采用哪种形式时，要依据四个方面的条件。其一，学生个体能否独立完成。能独立完成，就让学生进行个人独立实验；不能，则进行小组实验。其二，是否在实验中需要较多的研讨。需要，就采用小组实验的形式；不需要，就让学生独立完成。其三，观察、操作是否复杂。一个学生忙不过来，就应进行小组实验。其四，实验器材是否充足。在充足的情况下，可以考虑让学生进行独立实验；若器材不足，就必须安排小组实验。此外，在实验的过程中，如果遇到学生个人无法解决的困难，也可以允许学生临时将个人独立实验调整为小组实验。

（三）新时代小学科学教师教研技能的提高

小学科学教师在教学过程中不仅要将知识传授给学生，让学生掌握学习方法和学习技巧，同时，还要不断学习，吸收新的教学理念，以提高自身的专业能力，并要善于总结以及积极参与到教研活动中去，提高自身教研能力。这些都是新课改对小学科学教师提出的新的要求，也是教师需要达到的目标。小学科学教师教研技能的提高可以从以下几个方面着手。

1. 就近研究原则

研究是小学教师容易忽视的一个话题，很多教师认为小学教育只要打好学生的学习基础就行了，忽视了对学生科研精神的培养。随着新课改的深入，“研究”这个话题已经深入到小学教学当中。教师应该主动关注这个问题，在教学实践中找到需要研究的课题。教育中“教”是小学开展科研活动的条件，如果没有“教”，科研将会失去正确的方向。

首先，很多教师在开展研究活动时，经常会苦恼于没有合适的课题。教师应该从生活和教学实践中寻找问题，通过对教学的思考发现问题。研究的重点思路是找到问题的关键，形成发现问题的意识。教育科研能力来源于平常的教学实践，是通过自身的教学实践理论以及先进的教学手段培养出来的。

其次，科研能力对于教师来讲，是一种新型的教学能力，更加能够适应于新的教学模式。科研能力的培养需要教师有主动学习、主动思考的意识，通过日常的教学实践在找寻问题、发现问题、解决问题中养成科研能力，这是一种动态的认识和优化教育的能力。科研能力的提高需要教师掌握一定的信息技术能力，能够通过信息技术收集和查阅相关的教学材料和文献资料，处理和积累有价值的信息。

2. 实事求是原则

小学科学教师需要在教学实践中认真思考问题，积累教学案例，在得出结论之前进行多次的实践和思考，得出有效的结论。很多教师认为小学教学研究的价值不高，存在不认真、不负责的现象，尤其普遍存在数据真实性不高的情况。这些对教学实际展开方向有很大的影响。因为研究中，数据的真实性非常重要，教师不能因为名誉和私利进行虚假的研究。

3. 教学研究方式方法

小学科学教师在参与科研的方法上主要有调查法和行动研究法。

调查法是指在教学实践中教师以与学生沟通、家访、设计问题、批改作业的形式掌握学生的客观知识，并通过科学有效的方法找到其中的规律。调查法的主要内容包括研究目的、研究对象、研究方式、设计问卷内容、数据收集、总结归纳、写调查报告等。调查法的研究方式更加适合小学教师，应用过程操作简单、数据真实性高，调查结果价值高。

行动研究法需要通过实践得到，研究的真实性来源于实践。因此，教师在做此类研究时，需要以教学理论作为研究思路，在正确的教学理论指导下进行实践。此类研究流程为实践—理论—实践，在教学中开展研究，在研究中得到科研结论，逐渐提升自身的科研能力。

总之，小学科学教师专业能力的提高离不开科学研究。小学科学教师在教学中应该注重自身科研能力的培养，成为一个爱思考、爱研究的教师。

二 新时代小学科学教师专业发展的途径

要成为一名合格的小学科学教师，进而成为一名优秀的小学科学教师，需要不断发展进步。小学科学教师的专业发展要注意途径。

小学科学教师专业发展的途径有很多，主要有从学习中借鉴教育教学经验，反思总结自身的教育教学经验，研究探索教育教学规律这三个方面。

（一）善于学习是教师专业发展的前提

作为一名小学科学教师，在专业成长的道路上善于学习尤为重要，原因有二：其一，学校的教育功能要求教师学会学习；其二，现代社会知识增长迅猛，更新迅速，客观上也要求教师需要不断学习。

在学习中我们还要注意广闻博采。首先，要善于利用书刊、网络广泛浏览收集各类有用的信息，特别是要学会利用网络来浏览获取知识信息，这是一条较好的途径，因为它不仅可以让我们获取知识，同时又能提高我们的信息素养。其次，要重点学习教育理论。现在关于教育的理论非常多，如何选择学习？弄清最基本的，这样才能不犯原则性错误；关注最热门的，才能在当今的教育潮流中不至于落伍；留心本学科的，才能站在本学科的前沿，使自己的教学思想永远不陈旧。我们可以通过做卡片，对收集到的信息进行分类整理，以便把握本学科最前沿的教学方法、教学模式、优秀课堂教学设计的课例与设计思想、培养学生智力因素与非智力因素的科学方法与措施等。

学习名著，吸取精髓，也是发展途径之一。对于小学科学教师，学习中外教育家的一些经典著作，也会使自己专业发展获益匪浅。中外教育家的经典著作中能提供很多很好的教育思想和论理，是指导我们从教的良师益友。

拓展阅读

小学科学教师阅读名著推荐

1.《给教师的建议》——苏霍姆林斯基
2.《中国教育改造》——陶行知
3.《哲学的改造》——杜威
4.《认知心理学》——皮亚杰
5.《反思性教学》——熊川武
6.《学习的革命——通往 21 世纪的个人护照》——珍妮・沃斯、戈凳・德莱顿
7.《走进学习时代丛书》——周南照、孙云晓
8.《学生作为研究者——创建有意义的课堂》——斯坦伯格、金奇洛

另外，注意学习优秀教师的经验，这也有助于提升教育教学能力。向其他教师学习他们教书育人的经验和方法，结合自己的实际巧妙移植，可以避免走弯路或少走弯路。不过，学习别人的经验也是一个很复杂的再创造过程。作为教育舞台上的一名新手，如果没有学习的方法，只是一个挨一个地去听教师的课，那也是很难得到教育教学的技巧与要领的。在向其他教师学习的过程中，我们要学会自我观察、自我分析、自我评析和自我教育，这样才能越来越接近自己教学的理想状态。

（二）勤于思考是教师专业发展的关键

通过零星思考，化解教学、科研难点。在学习书籍、报刊或其他教师的先进经验的同时，我们要坚持零星思考，随时撰写教育教学随笔及科研随笔。它不需要像官方文件那样要有正式的格式，只是一种自己日常的教学教育及科研记录，再加上一些临时的体会和灵感，这些记录是思考和创造的源泉。许多教学与科研上的难题，不是一下子就能形成一定的清晰思路加以解决的。通过记录教育和科研随笔，进行零星思考，逐步化解教育教学及科研难点，这样逐步积累，将有利于提升教育教学能力。

聚合思考，突破教学、科研难题。光有零星思考是不够的，通过一定时间的零星思考，必须对某一问题积累的材料，进行整理，作聚合性思维，以便突破临界状态，使教育教学及科研

进一步深入。

拓展阅读

卢瑟福是一位大科学家，一天他走进实验室，看见他的一个学生正在伏案工作，便走上前去问他："这么晚了，你还在做什么？"学生回答："我在工作。"卢瑟福又问："那你白天在干什么？"学生回答："我在工作。"卢瑟福进一步问："那你早晨也在工作吗？"学生以期待老师赞许的神情说："是的，早上我也在工作。"卢瑟福迟疑了一下，说："那么，这样一来，你用什么时间来思考呢？"是啊，我们每个人都有一个聪明的大脑，如果不充分利用，不能养成勤于思考的习惯，那可以说是最大的资源浪费了。正如古人所云："心，灵物也；用则常存。小用则小成，大用则大成，变用之则至神。"

（三）勇于实践是教师专业发展的核心

"实践是检验真理的唯一标准"，只有教学实践才是教师专业发展的根基，否则教师专业发展只能是"空中楼阁"。大凡有影响的教育家都是很注重实践工作的，我国著名的教育家陶行知先生说："有行动之勇敢，才有真知的收获。"陶行知先生在实践的基础上，将王阳明的思想翻了个个儿，改为"行是知之始，知是行之成"，这也是他的"行以求知知更行"的实践性哲学思想的重要体现。苏联教育家苏霍姆林斯基是一位具有三十多年教育实践经验的教育理论家，他所著的《给教师的建议》一书，被称为教育教学实践研究之"圣经"。由此可见，勇于实践，又在实践中勇于探索，这才是教育科研的根本出路。

有一双洞察教育问题的眼睛，一双敢于在教改中实践的双脚，一双笔耕不辍的双手，加上一个不断思索的头脑，实实在在去实践，点点滴滴去积累，反反复复去思考，勤勤恳恳去写作，你就一定能大有收获。

本章知识结构导图

- 小学科学教师
  - 小学科学教师的素养
    - 新时代小学科学教师专业素养
    - 新时代小学科学教师的教学技能素养
  - 小学科学教师的专业发展
    - 新时代小学科学教师专业发展的目标
    - 新时代小学科学教师专业发展的途径

知识点检测

一、简答题

1. 一节课下来教师不给学生一个肯定的结论，这样好吗？

2. 简述冬季的主要星座和星空特点。

3. 怎样把握开放的教学观念和有限的上课时数之间的关系？

参考答案

二、案例分析

1. 如何准确描述一个物体的运动？

2. 某观测者注意到，这天太阳升起的方位在东北方，且与前几天相比，方位更偏北。请判断这天的大致公历日期。

三、实操训练

在教学中如何引导学生？

第四章

小学科学教材

科学的真理不应该在古代圣人的蒙着灰尘的书上去找，而应该在实验中和以实验为基础的理论中去找。真正的哲学是写在那本经常在我们眼前打开着的最伟大的书里面的，这本书就是宇宙，就是自然界本身，人们必须去读它。

——伽利略

学习目标

- 了解小学科学教材编制的原理。
- 理解科学大概念的定义，知道如何运用科学大概念指导教材使用。
- 理解学习进阶原理，知道如何运用学习进阶进行教学。

情景导入

程东准备买一套小学科学教材，这样就可以更好地了解小学科学课堂教学的具体内容，为以后成为一名合格的小学科学教师做准备。程东上网一看傻眼了，反而增添了更多的困惑。怎么有这么多不同版本的教材？到底该选择哪一个版本？这就涉及教师正确理解教材编制、教材内涵以及在教学中如何使用教材等关键问题。厘清之后，这些问题就迎刃而解了。

第一节 小学科学教材的编制原理

教材是一个不断发展的概念，从内容到形式，从结构到功能，都在不断发展。单从不断丰富的教材类型，我们就不难看出这一点。同时，教材的分类方法也有很多。按照学科分类，可分为语文教材、数学教材、化学教材等；按教育层次分类，可分为小学教材、初中教材、高中教材、专科教材、本科教材、研究生教材等；按载体分类，可分为声音教材、视频教材、文字教材、多媒体教材、信息化教材等。

教材是日常教育教学中不可或缺的重要元素，教师和学生对它都不陌生。

拓展阅读

1.《中国大百科全书》（第二版）是这样定义教材的：教师和学生据以进行教学活动的材料，教学的主要媒体。它是依据国家的教育方针和课程标准，为实现一定的教学目标开发、编写而成。它既包括以教科书为主体的各种文字教材，又包括各种视听教材、电子教材以及来源于生活实践的现实教材等。教材一方面要按照科学系统本身的内在逻辑系统来组织，另一方面又要根据学生认识过程的客观规律来安排。前者是教材的逻辑程序，后者是教材的心理程序。教材的组织要由浅入深，由易到难，从具体到抽象，从简单到复杂，循序渐进，以利于学生融会贯通，形成整体性的知识结构。

2. 日本的欢喜隆司指出，教材，从其总体来说是受学校教育内容所制约的①。它源于实质性的科学、文化、艺术、生活的各个领域，并以计划的形式表现出来。它包括了学生在教师指导下通过活动在心理上和实践上主动地作为普通教养和专门教养的成分加以掌握的物质对象与观念对象。教学论的教材概念包含以下要点。第一，作为学生的知识体系所计划的事实、概念、法则、理论；第二，同知识紧密相关，有助于各种能力与熟练的系统掌握、心理作业与实践作业的各种步骤、作业方式和技术；第三，知识体系同能力体系的密切结合，奠定世界观之基础的表现为信念的、政治世界观的、道德的认识、观念及规范。

3. 范印哲在《教材设计导论》中指出，教材是知识的载体，必须反映知识的一般性质和发展规律；教材是学科知识和技能的体系，必须反映学科的性质和发展规律，即作为专门领域的特殊知识与技能的体系结构和发展规律；教材是课程的具体化形式，必须反映培养目标所要求的专业系统的课程设置、教材系列和教学计划的特征，必须反映一门课程在整个专业课程体系中的地位、作用和与相关课程之间的联系。

从不同理论观点出发，有多种对教材的定义。但是，关于教材的定义都不能脱离了价值、目标、知识、学习者、学科等基本要素。所以，在教材编写和使用过程中，我们也需要对这些基本要素综合考虑，用于各学科教材编写与使用的具体实践。

---

① 欢喜隆司，钟启泉. 关于教材的若干问题与课题［J］. 外国教育资料，1988（03）：35.

一 基于大概念编制小学科学教材

（一）科学大概念的定义

小学科学教学重在从小培养学生的科学素养，帮助学生构建自然科学知识的基本框架。这是一项艰巨的任务，需长期坚持和探索。科学大概念为其提供可供参考的新思路和新理论指引。

李刚博士的《科学大概念的课程转化研究》指出，在教育领域，有关大概念的研究至少可以追溯到布鲁纳对于教育过程的研究①。布鲁纳（Bruin. J. S）强调，无论教师教授哪类学科，一定要使学生理解该学科的基本结构，有助于学生解决课堂内外所遇到的各类问题。

从我国小学科学教育发展来看，将“大概念”理念引入小学科学教育与韦钰博士以及她翻译的温·哈伦主编的《科学教育的原则和大概念》和《以大概念理念进行科学教育》有密切关系。《以大概念理念进行科学教育》一书对科学教育中的 14 个大概念有了新的表述②。

随着科学大概念在科学教育领域的研究不断深入，小学科学课程标准、小学科学教材等都引入了“科学大概念”理念，指导小学科学课程和教学。结合以上内容，我们可以这样对科学大概念定义：科学大概念主要指自然科学和工程领域中抽象出来的基本结构，是该领域将多种知识有意义联结的关键，能帮助学习者掌握和理解该领域知识少数的、可迁移的核心概念。

（二）科学大概念的价值

科学大概念在小学科学教育中有何价值呢？我们可以从以下几个维度来进行探讨。

1. 帮助学习者系统性建构知识和认知结构

传统教学以知识点为基础，大量零散、琐碎的内容分布于不同年级、学科，学习者不容易横向联结意义相关的知识，很难形成系统化、网络化的知识结构。学习到的知识点如单个单元格，不能组织成为一张表，所以很难进行知识的分类整理，给学习者造成一定的学习困难。然而，科学大概念能够帮助学习者围绕核心概念搭建组织框架，能促进学习者将有意义联结的知识、概念纳入框架，增加框架内概念的碰撞，加深学习者对各概念的认知，帮助他们形成脉络清晰、组织结构紧密的整体概念网络。同时，这些以核心概念组织形成的知识框架，对学习者

---

① 李刚．科学大概念的课程转化研究［D］．东北师范大学，2019.

② 温·哈伦．以大概念理念进行科学教育［M］．韦钰，译．北京：科学普及出版社，2016：17-20.

学习其他知识也有促进作用。

2. 推动学生核心素养的持续发展

张华在《论核心素养的内涵》一文指出：素养是人在特定情境中综合运用知识、技能和态度解决问题的高级能力与人性能力①。核心素养亦称"21 世纪素养"，是人适应信息时代和知识社会的需要，解决复杂问题和适应不可预测情境的高级能力与人性能力。核心素养是对农业时代和工业时代"基本技能"的发展与超越，其核心是创造性思维能力和复杂交往能力。核心素养具有时代性、综合性、跨领域性与复杂性。不难看出，科学大概念倡导的理念与核心素养有天然的一致性。它们都指向了学习者可以迁移的核心知识和能力。科学大概念不仅仅是学习者知识结构的建构，更是学习者在甄别、吸纳、联结等过程形成的自身认知结构的发展和建构。这种自身认知的发展，就是核心素养的一种体现。

3. 提高教与学的效率

学校教学的效率是学校教育一个非常重要的话题。特别是进入信息社会，学校班级授课（面授）受到了网络教学的挑战，甚至有人预言学校会随着技术不断进步而消失。常提到的原因就有学校教学效率的问题。其实技术手段不是影响教学效率的主要原因，授课内容的组织形式（教学设计）才是关键的因素。在教学中，以大概念理念为指导，将大概念（核心概念）作为中心组织具体教学内容，这既保证了教学设计相关要求的有效执行，也在最大程度上满足了教与学的实际需要，同时依据该方式开展的概念框架式教学活动也能帮助学生更高效地内化吸收新知识②。教与学都围绕关键的大概念开展，教师能够遴选更贴合中心的知识教学，学生学习后也更易结合中心构建起知识结构，进而组建成知识系统，使教学过程更有效率。

（三）科学大概念在小学科学教材中的体现

1.《小学科学课程标准》中的大概念

教育部在 2017 年正式颁布的《小学科学课程标准》中对小学 1~6 年级涉及的主要学习内容做出了规定，指出：本标准在物质科学领域选择了 6 个主要概念，生命科学领域选择了 6 个主要概念，地球与宇宙科学领域选择了 3 个主要概念，技术与工程领域选择了 3 个主要概念，四大领域的 18 个主要概念构成了本课程的学习内容，并将科学、技术、社会与环境的内容融入其中。这四大领域的 18 个主要概念被分解成 75 个学习内容，分布在三个学段的课程内容中。可知，小学科学学习内容是围绕着 18 个主要概念展开，这些主要概念就是小学阶段学习者需要掌握的关键的"科学大概念"。以下拓展阅读即课程标准指出的 18 个主要概念。

① 张华. 论核心素养的内涵［J］. 全球教育展望，2016，45（04）：18-19.

② 金鑫. 科学大概念教学的缘起、价值及实践路径［J］. 教学与管理，2019（24）：9.

拓展阅读

《小学科学课程标准》中的大概念

1. 物体具有一定的特征，材料具有一定的性能。

2. 水是一种常见而重要的单一物质。

3. 空气是一种常见而重要的混合物质。

4. 物体的运动可以用位置、快慢和方向来描述。

5. 力作用于物体，可以改变物体的形状和运动状态。

6. 机械能、声、光、热、电、磁是能量的不同表现形式。

7. 地球上生活着不同种类的生物。

8. 植物能适应环境，可制造和获取养分来维持自身的生存。

9. 动物能适应环境，通过获取植物和其他动物的养分来维持生存。

10. 人体由多个系统组成，分工配合，共同维持生命活动。

11. 植物和动物都能繁殖后代，使它们得以世代相传。

12. 动植物之间、动植物与环境之间存在着相互依存的关系。

13. 在太阳系中，地球、月球和其他星球有规律地运动着。

14. 地球上有大气、水、生物、土壤和岩石，地球内部有地壳、地幔和地核。

15. 地球是人类生存的家园。

16. 人们为了使生产和生活更加便利、快捷、舒适，创造了丰富多彩的人工世界。

17. 技术的核心是发明，是人们对自然的利用和改造。

18. 工程技术的关键是设计，工程是运用科学和技术进行设计、解决实际问题和制造产品的活动。

2. 科学大概念在小学科学教材中的体现

我们知道，基础教育阶段使用的教材一般需对照课程标准设计和编写。有很多出版社都出版了小学科学教材，我们以教育科学出版社的小学科学教材为例来说明科学大概念如何在教材中体现。

首先，从课程标准开始分析。“物体具有一定的特征，材料具有一定的性能”是课程标准提出的第一条科学大概念。围绕这一大概念，有 5 点次级概念：物体具有质量、体积等特征；材料具有一定的性能；物质一般有三种状态：固态、液态和气态；利用物体的特征或材料的性能，把混合于一体的物体分离；物体在变化时，构成物体的物质可能改变，也可能不改变。5 点次级概念的学习被分解到 1~6 年级三个学段，其中第 1 点“物体具有质量、体积等特征”的学习在第一学段（1~2 年级）和第二学段（3~4 年级）。在第一学段提出两个学习目标：通过观察，描述物体的轻重、厚薄、颜色、表面粗糙程度、形状等特征；根据物体的外部特征，对物体进行简单分类。在第二学段提出一个学习目标：能够使用简单的仪器测量物体的长度、质量、体积、温度等常见特征，并使用恰当的计量单位进行记录。用思维导图整理如图 4-1 所示。

- 物体具有一定的特征，材料具有一定的性能。
  - 1. 物体具有质量、体积等特征
    - A. 第一学段
      - a. 通过观察，描述物体的轻重、厚薄、颜色、表面粗糙程度、形状等特征
      - b. 根据物体的外部特征，对物体进行简单分类
    - B. 第二学段——能够使用简单的仪器测量物体的长度、质量、体积、温度等常规特征，并使用恰当的计量单位进行记录
    - C. 第三学段——无
  - 2. 材料具有一定的性能
  - 3. 物质一般有三种状态：固态、液态和气态
  - 4. 利用物体的特征或材料的性能，把混合于一体的物体分离
  - 5. 物体在变化时，构成物体的物质可能改变，也可能不改变

图 4-1　“物体具有一定的特征，材料具有一定的性能”科学大概念

然后，通过教材内容与《小学科学课程标准》的科学大概念及其次级概念做对照。例如，从图 4-1 可以看出，科学大概念“物体具有一定的特征，材料具有一定的性能”涉及的学习内容在小学 1~4 年级的两个学段都有涉及。从科学大概念分解的次级概念“物体具有质量、体积等特征”对应了 2 个学段共计 3 个具体的学习内容。1~4 年级的教材应该对这 3 个学习内容予以落实。打开教材，翻到目录，将目录内容和《小学科学课程标准》中的科学大概念进行对照，见表 4-1。

表 4-1 科学大概念与教材内容对应

教材年级	单元	章节	学习目标	对应次级概念	对应大概念
一年级上册	植物	我们知道的植物	说出周围常见植物的名称及其特征。	地球上存在不同的植物，不同的植物具有许多不同的特征，同一种植物也存在个体差异。	地球上生活着不同种类的生物。
		观察一棵植物	说出周围常见植物的名称及其特征。	地球上存在不同的植物，不同的植物具有许多不同的特征，同一种植物也存在个体差异。	地球上生活着不同种类的生物。
		观察叶			
		这是谁的叶			
		植物是“活”的吗			
		校园里的植物			
	比较与测量	在观察中比较			
		起点和终点			
		用手来测量			
		用不同的物体来测量			
		用相同的物体来测量			
		做一个测量纸带			
		比较测量纸带和尺子			
一年级下册	我们周围的物体	发现物体的特征	通过观察，描述物体的轻重、厚薄、颜色、表面粗糙程度、形状等特征。	物体具有质量、体积等特征。	物体具有一定的特征，材料具有一定的性能。
		谁轻谁重	通过观察，描述物体的轻重、厚薄、颜色、表面粗糙程度、形状等特征。	物体具有质量、体积等特征。	物体具有一定的特征，材料具有一定的性能。
		认识物体的形状			
		给物体分类			
		观察一瓶水			
		它们去哪里了			
		认识一袋空气			

续表

教材年级	单元	章节	学习目标	对应次级概念	对应大概念
一年级下册	动物	我们知道的动物			
		校园里的动物			
		观察一种动物			
		给动物建个“家”			
		观察鱼			
		给动物分类			
二年级上册	我们的地球家园	地球家园中有什么			
		土壤——动植物的乐园			
		太阳的位置和方向			
		观察月相			
		各种各样的天气			
		不同的季节			
		做大自然的孩子			
	材料	我们生活的世界			
		不同材料的餐具			
		书的历史			
		神奇的纸			
		椅子不简单			
		做一顶帽子			
……	……	……	……	……	……

从以上表格不难看出，教材通过不同内容、活动对应《小学科学课程标准》要求的学习目标——次级概念——科学大概念，以此建立起一一对应的关系。通过这种形式，《小学科学课程标准》要求的科学大概念被分年级、分学段，有计划、有层次地融入教材。教材与《小学科学课程标准》形成了相互关联的整体。

作为教师，将《小学科学课程标准》和教材相互对照，既能构建起系统性的小学科学知识结构，又能帮助教师将用课程标准指导教学的理念真正落到实处。在教与学的过程中，如果能以科学大概念框架为基础开展教学，教师就能高屋建瓴地帮助学生层层深入构建知识结构，教学能更加清晰明了地开展；学生不断有条理、有组织地把所学知识“放到”原有知识结构，不断丰富、深化知识体系，学习起来也就更加轻松高效。

可以看到，图 4-1 和表 4-1 都未填写完整，请依照以上方法对课程标准和教材作分析和对照，深入挖掘两者之间的关系，以便能进一步构建小学科学大概念体系。

二 基于学习进阶理论编制小学科学教材

（一）学习进阶理论

《小学科学课程标准》的“教材编写建议”指出：教科书内容的编排应遵循一定的逻辑，以便使学生形成对所学内容的完整认识。具体的编排方式可以多种多样，如以科学概念的学习进阶为主线，以探究能力的培养为主线，以学生生活经验的扩展为主线，以季节的变化为主线，以统一的概念与过程为主线。《小学科学课程标准》提出了很多可以运用的教材编写主线，它们在教材编写中也得到了体现，在此着重介绍“以科学概念的学习进阶为主线”编写教材。

实际上，我国对学习进阶的研究主要是从引入美国的研究成果开始。美国在 2002 年颁布了《不让一个儿童掉队法案》，提出帮助每一名学生达到课程标准要求的科学素养水平。基于此法案，美国国家研究委员会（NRC）承担了“幼儿园至高中科学成就测验的设计”研究项目，在 2005 年首次提出了学习进阶，并且运用学习进阶呈现了学生科学素养发展的连续性问题。研究报告提出，学习进阶是学生在学习某一核心概念的过程中，所遵循的一系列逐渐复杂的思维路径。自此，学习进阶开始走入人们的视野，成了科学教育研究的热点。

刘晟等研究了外国研究者对学习进阶内涵的研究，提出学习进阶是对学生在各学段学习同一主题的概念时所遵循的连贯的、典型的学习路径的描述，一般呈现为围绕核心概念展开的一系列由简单到复杂、相互关联的概念序列①。显然，学习进阶是围绕核心概念设计的学习路径。学生沿着路径不断学习，通向终极学习目标。说得更加通俗些，学习进阶如同游戏打怪，游戏围绕故事主线设置支线任务和不同关卡，学习者闯关，完成不同任务，每一个关卡即是一个小目标，最终将游戏全部通关，也就是达到了终极学习目标。每完成一个任务即是完成一个小概念的学习，最终在不断学习中完成核心概念的构建。同时，我们返回到上一个学习内容，请看看图 4-1 和表 4-1，你会发现小学科学强调的科学大概念在教材中就是按照学习进阶的理念进行编排的。

（二）学习进阶在小学科学教材中的体现

1. 教学目标的进阶

教育科学出版社出版的小学 1~6 年级《科学》教材是根据学习进阶理念编写的。纵观 12

① 刘晟，刘恩山．学习进阶：关注学生认知发展和生活经验［J］．教育学报，2012，8（02）：82.

本教材，我们不难发现，围绕小学科学学习的四大领域，学习目标随年级、学段难度不断加深。《小学科学课程标准》提到的关于科学知识目标、科学探究目标、科学态度目标和科学、技术、社会与环境目标均呈现不断提高认知水平的趋势，旨在要求学习者达到更高水平的学习。例如：一年级下册有动物单元，三年级上册也有动物单元。一年级下册动物单元的教学目标主要是通过对周边动物的观察，学会按照一定观察方法观察动物，初步认识生活中常见的动物并能简单分类，意识到动物的身体结构和生活环境有联系。三年级上册动物单元的教学目标主要是通过观察、调查、实验等多种途径，知道动物身体结构且能举例说出动物通过皮肤、四肢、翼等接触和感知环境，认识到动物的身体结构、形态和功能之间的关系，能比较不同动物的异同点。不同年级虽然都是学习关于动物的知识，但是其深度、广度和侧重是不同的，后者是基于前者的进一步提升和丰富。

2. 学习内容的进阶

学习内容的进阶是建立在学习目标进阶基础之上的。学习内容的进阶主要表现在三个方面。

一是相同领域相同知识（涵盖技能、态度等）不同侧面不同深度的学习进阶。例如，上面提到的动物单元。虽然学习内容都属于生命科学领域的动物知识，但是学习内容随着年级增加逐渐扩容、加深，学习者对动物的了解也不断深入，关于动物的一系列新知识不断被纳入学习者认知结构。例如，二年级下册和五年级上册都有关于“磁铁”的学习内容。二年级下册重在学习磁铁广泛地运用于生活，磁铁有条形、蹄形、环形等不同形状，有能吸引铁和镍的基本性质。二年级不展开学习，只要求学生了解和初步知道磁铁具有这些性质即可。五年级上册学习的磁铁性质就更加深入。学习的主要内容涵盖了磁铁磁性的探究，磁铁南北磁极的认识，磁铁同极相斥、异极相吸性质的探究，磁铁不同位置磁性强弱的探究，磁铁运用——门吸、银行卡、磁性黑板等。可以看出，五年级学习的关于磁铁的内容是二年级的延续，但不是简单地重复，而是更加深入、丰富的知识。虽都是学习磁铁，但角度和深度都在变化。

二是相同领域不同知识的丰富增加。小学科学主要学习四大领域的知识，各领域涵盖知识本就丰富多彩，其深度、难度不尽相同，随着学生年级增加，各领域内知识难度、深度也逐渐增加，学习内容呈现进阶性。例如，生命科学领域一年级上册有“植物”单元，一年级下册有“动物”单元，二年级下册有“我们自己”单元，三年级上册有“植物”和“动物”两个单元，三年级下册有“植物的生长变化”和“动物的生命周期”两个单元，四年级上册有“我们的身体”单元，四年级下册有“新的生命”单元，五年级上册有“生物与环境”单元，六年级上册有“生物的多样性”单元。

三是不同领域不同知识的相互连接与进阶。从整体看，技术与工程领域知识的学习需要有一定理论基础。所以，大部分技术与工程领域知识内容都安排在第二学段和第三学段。例如，六年级下册内容“污水与污水的处理”。污水处理是一个综合性问题，我们对其需利用的基础知识作简单分析。首先，需要了解的基本知识有：水的性质、不同污染物的性质、溶解的性质、生态系统的知识、身体健康的知识等。其次，需要了解的基本操作和方法有：实地调查的方法，烧杯、量筒等的使用，过滤装置的使用，水质检测的操作，等等。最后，需要知道的工艺有：污水处理厂污水处理工艺，一般家庭用水处理工艺，自制污水处理器制作工艺，等等。

小学科学教材在学习目标、学习内容两个方面围绕科学大概念以学习进阶理念引导教师和学生对科学领域开展探究，帮助教师和学生构建起系统的科学知识。

第二节 小学科学教材的处理与使用

教材是教学最常使用的资源。教师和学生每一次上课都会用到它。如何才能更有效率地运用教材？在教与学的过程中，如何把教材和教学实践结合？这是教师常思考的问题。同时，小学科学教材版本很多，不同版本教材的编写风格、教学内容侧重点可能不尽相同。那么教师在教学中应该如何处理与使用小学科学教材呢？

一 树立正确的小学科学教材观

2001 年，《基础教育课程改革纲要（试行）》提出要重新整合义务教育阶段的课程设置，重新编制课程内容，“以适应不同地区和学生发展的要求”。这是新课改倡导的新的课程观。新课程观应该有与之对应的新教学观，这样新课改的新要求才能在实践层面得以实现。教学观涉及师生关系、教学模式、教材使用、教学方法等一系列关于教学的内容。其中师生关系、教学方法、教学模式等在新课改后被教师经常谈及，但对教材使用的关注还不够。所以，端正师生的教材观变得尤为重要。

教材观涉及人们特别是教育者对教材的内容、本质、地位、目标、结构、处理方式等方面的观点和认识①。只有教师树立正确的教材观，才能正确地处理和使用教材。新教材观和新课程观应该是一脉相承的。使用教材的过程也应该贯彻“以学生为中心”“服务学生发展需要”“培养学生核心素养”等新理念。《小学科学课程标准》也指出：科学教师要创造性地使用教材。“创造性”一词的使用，向科学教师揭示：教材是小学科学教学的基础性资料，是支持教

① 索淑艳. 农村教师课程观与教材观的调查研究——以山西省基础教育改革为例［J］. 广西民族师范学院学报，2015，32（06）：139.

师创造性劳动的基本要素，它不再是小学科学教学唯一的资料，不是神圣不可侵犯的“圣经”，不能再唯教材论教学。教师使用教材的过程，是基于学生和教学实际需要创造性运用教材开展教学的过程。教师要把教材变成一本“活的”教与学的资料。教师教学的过程，教材应该起到“学习资源”或者“学习材料”的作用。教学实际中，教师要做的是：结合学习者发展需要，合理运用教材，对教材做适当取舍增添，引入符合教学情景和学习者实际的内容，帮助学习者构建新知识，发展智慧。可见，树立起正确的教材观，既是开展好小学科学教学的需要，更是教师创造性工作的需要。

是“教教材”还是“用教材教”？这已经不是现在争论的焦点了。不管是研究者还是一线教师，都早已达成共识，教学应该“用教材教”。“教教材”的全称应该是“教师向学生教教材内容”。它是指教师机械地照搬教材，对教材安排的教学内容、教学活动不加理解，更不关注学生的知识基础和学习状态，一味地将教材的知识灌输给学生。“教教材”是狭隘的知识本位观的产物，这种知识观“过于强调接受学习、死记硬背、机械训练”，表现为不顾及学生的知识基础、经验状态，把知识当作唯一教学内容①。“用教材教”的全称是“教师用教材内容教学生”。它是指教师依据自身的实践与研究，自主地探讨学科课程与教材，以课程内容的自主创造为前提，把教材作为教学资源加以利用，教师的作用不仅在于钻研教学方法，还包括对教材以外的其他材料的开发和对学科课程与教材的创造②。使用小学科学教材时，教师要根据《小学科学课程标准》要求和学习者实际情况（包含兴趣爱好、技能水平、知识结构等），有意识地改换、删补、整合小学科学教材的现有内容，导入常见的案例、常用的经验，发挥教材“主要学习材料”的作用，用教材为主要线索组织学习内容，做到“用教材教”，而不是“教教材”。

二　创造性地使用小学科学教材

（一）深入解读教材文本

教材不是教师和学生执行的“圣经”，而是一种可以被理解、解释和重构的文本资源。小学科学学科主要是自然科学知识，讲究科学性、严谨性。小学科学教材为了体现这些特性，教材文本不仅安排了教学的内容，还编排了活动顺序。实践中，一些科学教师常直接按照教材按部就班进行教学。教材上是怎么写的，就怎么教；活动是怎么安排的，就怎么组织；实验是怎么设计的，就怎么开展。这不是深入解读教材文本的表现。教师应该审视教材内容，思考其深层含义，重新组织教材，帮助学生学会运用教材进行学习。

① 李学．“教教材”还是“用教材教”——兼论教材使用功能的完善［J］．教育发展研究，2008（10）：82.

② 高瑞荣．从“教教材”到“用教材教”：争议与反思［J］．上海教育科研，2016（07）：10.

例如，小学《科学》四年级上册“我们的身体”单元第1课《身体的结构》。这一课包含了两个内容：观察我们的身体和身体怎样工作。一般情况下，教师会组织学生分成小组开展“观察我们的身体”和“说说身体结构与活动的关系”两个活动的学习，用小组合作探究的方式帮助学生完成教材上的表格和气泡图。创造性使用教材的老师会深度思考这两个活动，对活动再创造、再开发。如果能在教学过程中贯之以以下四个层次和三次递进作为学生的学习指引，学生将得到更深刻的学习体验，教师是真正在“用教材教”。

拓展阅读

四年级上册“我们的身体”单元第1课《身体的结构》，看似很简单的两大活动，实际却蕴含了“观察身体的外部—感觉身体的内部—探究运动时的参与部位—划分人体的部位”四个层次的思维发展和三次思维递进①。

第一个层次，观察身体的外部是一个用眼观察、用脑进行判断的过程。思维的流程是运用已有的经验和知识进行判断和寻找。这个过程中，教师要注意观察的有序性。

第二个层次，感觉身体的内部则是一个多感官参与、分析、演绎、判断的过程，通过手的触摸，感觉心脏与脉搏的跳动，通过深呼吸，感觉肺的部位，等等。而在这个过程中，我们要培养学生的实证意识，多问几个“证据是什么”，辨别结论是想象得到的，还是现实观察得到的。体现逻辑推理的科学性与严谨性。

第三个层次，探究运动时的参与部位。如果说第二个层次是简单的分析、演绎与判断，那么这个层次就是相对复杂的、综合性的分析、演绎与判断。观察运动时身体的参与部位是对感性材料的收集，填写气泡图则是对感性材料的整理。

第四个层次，划分人体的部位。这是在前三个层次感性材料的收集与整理基础之上的分析、判断与推理。虽然这个划分是初步的，是基于学生最感性认知基础上的一种划分，但在思维的层次上，依然要高于前三个层次。

四个层次间存在着三次递进。第一次，从第一层次观察外部到第二层次感觉内部，实现了从直觉判断到实证判断的思维递进；第二次，从第二层次到第三层次，实现了从单个部分的观察到综合观察的思维递进；第三次，则是第三层次到第四层次，经历了感性整理到理性推理的过程。四个层次的递进，我们可以解析教材编写在发展学生思维方面的用心。

① 张文杰. 用教材教好小学科学课［J］. 上海教育科研，2016（06）：92.

（二）重视教材的二次开发

新的教学观倡导“三维世界”——教科书世界、网络世界、现实世界——的学习环境①。学习环境将影响教材、教学内容、教学手段等，教学内容、教学手段也会随“三维世界”的改变具有灵活性，但教材作为静态文本是不易变化的。这就需要教师对教材做二次开发，主动担负用活教材的责任。教师可以采取重构教材内容、补齐学生需要、改编学生活动、整合教材内容、导入生活素材等方式，根据“科学大概念”单元模块，对照《小学科学课程标准》要求，发掘教材与学生认知的联系，实现教与学的有意义联结，完成教材的二次开发。

教材的二次开发必须基于教材，更要超越教材。一般来说，从三个方面进行：一是对教材灵活地、创造性地、个性化地运用；二是对其他教学资源的选择、整合和优化；三是自主地开发其他新的教材资源②。更要注意的是，教材二次开发的目的是服务于学生，这一基本理念不容迷失。同时，学生还应该是教材开发的参与者，甚至可以成为主导者。当学生主动参与教材开发时，就实现了教材的“三次开发”——学生依据自己的兴趣、经验、知识基础和对时代、社会的感受，对教材的知识、信息和教师的解释所进行的接受、理解、调整、改造乃至批判的活动③。此时，对教材的使用从“用教材教”过渡到了“用教材学”。

教材是教学不可或缺的资源，教学很难离开教材单独开展。教师日常职业生活也离不开教材，教材二次开发已然成了教师教学和职业生活必不可少的一部分。以四年级上册“溶解”单元的二次开发为例，请大家体验教材二次开发的过程。

首先，对“溶解”单元内容的分析。本单元有 7 课的内容：水能溶解一些物质；水是怎样溶解物质的；液体之间的溶解现象；不同物质在水中的溶解能力；溶解的快与慢；一杯水能溶解多少克食盐；分离食盐与水的方法。

然后，对此 7 课内容涉及的学习目标和呈现的逻辑整理见表 4-2。不难看出，教材有三条主要线索：一是按照固体、液体和气体三态物质的溶解逐步学习；二是从定性研究过渡到定量研究；三是从溶解过渡到分离。同时，本单元会使用到酒精灯、蒸发皿、高锰酸钾、食盐、面粉、醋、洗发水等较多的实验仪器和药品。

表 4-2　“溶解”单元内容整理

课名称	具体内容	学习目的
第 1 课：水能溶解一些物质	食盐在水中溶解了；面粉在水中溶解了吗。	知道一些固体能溶解在水中，一些固体很难溶解在水中。

① 钟启泉. 确立科学教材观：教材创新的根本课题［J］. 教育发展研究，2007（12）：2.
② 俞红珍. 教材的“二次开发”：涵义与本质［J］. 课程·教材·教法，2005（12）：10.
③ 邱德乐. 论教材的“三次开发”［J］. 全球教育展望，2009，38（12）：24.

续表

课名称	具体内容	学习目的
第 2 课：水是怎样溶解物质的	高锰酸钾的溶解；不同物质在水中的溶解。	通过观察能够描述固体的溶解过程；知道不同固体在一定量水中有不一样的溶解情况。
第 3 课：液体之间的溶解现象	胶水和洗发液能溶解在水中吗；醋、酒精和食用油能溶解在水中吗。	知道一些液体能溶解在水中，一些液体很难溶解在水中；知道不同液体在一定量水中有不一样的溶解情况。
第 4 课：不同物质在水中的溶解能力	食盐和小苏打在水中的溶解能力；气体在水中的溶解能力。	知道一定量水能溶解不同量的固体，知道固体的溶解能力不同；知道气体能溶解在水中。
第 5 课：溶解得快与慢	哪一个溶解得快；加快水果糖溶解的研究。	通过实验，知道搅拌和温度是影响物质在水中溶解快慢的常见因素。
第 6 课：一杯水能溶解多少克食盐	一杯水能溶解多少克食盐。	通过定量实验，知道一定温度下，一定量的水能溶解一定量的食盐。
第 7 课：分离食盐与水的方法	食盐和水一起蒸发吗；蒸发皿中的白色颗粒。	知道食盐溶解在水中是一个可逆的过程；知道用蒸发的方式可以分离出溶解在水中的食盐。

最后，根据实际情况对教材进行二次开发。例如，教师所在学校是一所农村小学，而一些农村小学实验条件薄弱，但“溶解”单元需要较多的实验仪器和药品。对学校来讲，酒精灯、蒸发皿、高锰酸钾、小苏打等很难做到一个小组一份，结果就只有通过老师的演示完成教学。同时，通过对教材内容分析可知，第 1 课、第 2 课、第 4 课部分内容、第 5 课和第 7 课事实上构成了固体溶解与分离的强联系，在教学中可以将其整体融合，构成一个关于固体溶解与分离的专题学习。我们还发现，在当地农村有自制葛根粉的传统，很多孩子在家都看过或者帮助过家人制作葛根粉。结合以上分析，可以对“溶解”单元作适当的二次开发。一是调整教学顺序。把第 1 课、第 2 课、第 4 课部分内容、第 5 课和第 7 课结合成整体，成为固体的溶解与分离专题教学。二是将面粉更换成葛根粉，以贴近学生的生活。三是将第 3 课、第 4 课部分内容结合，进行液体和气体溶解在水中的教学。四是第 6 课单独教学，巩固溶解的条件，学习定量研究。

本章知识结构导图

- 小学科学教材
  - 小学科学教材的编制原理
    - 基于大概念编制小学科学教材
    - 基于学习进阶理论编制小学科学教材
  - 小学科学教材的处理与使用
    - 树立正确的小学科学教材观
    - 创造性地使用小学科学教材

知识点检测

参考答案

一、填空题

1. 小学科学教材包括________、________、________和________等。

2. 教科书内容的编排应遵循一定的逻辑，以便使学生形成对所学内容的完整认识。具体的编排方式可以多种多样，如以________为主线，以________为主线，以________为主线，以________为主线，以________为主线。

3.《小学科学课程标准》指出：科学教师要________地使用教材。

二、简答题

1. 请列举《以大概念理念进行科学教育》一书中提出的科学教育 14 个大概念。

2. 请列举《小学科学课程标准》指出的 18 个主要概念。

三、实操训练

1. 请完善表 4-1。

2. 请完善图 4-1。

第五章

小学科学教学模式

科学家必须在庞杂的经验事实中抓住某些可用精密公式来表示的普遍特征，由此探求自然界的普遍原理。

——爱因斯坦

学习目标

✦ 了解我国“从做中学”教学思想的由来，理解“从做中学”到“做中学”教学思想的演变历程，掌握“做中学”在小学科学教学中的应用。

✦ 了解探究式教学的发展历程，理解探究式教学的内涵，掌握探究式教学的基本要求和在小学科学教学中的应用。

✦ 了解 PBL 的发展历程，理解 PBL 的内涵，掌握影响 PBL 教学效果的因素及 PBL 在小学科学教学中的应用。

✦ 理解 STEAM 的内涵，掌握 STEAM 教学模式的实施步骤及 STEAM 教学模式在小学科学教学中的应用。

✦ 了解学习环教学模式的内涵，掌握学习环教学模式的常见类型；了解 5E 教学模式各环节的特点。

情景导入

程东买教材的问题得到解决了。可是，他又遇到了另外一个更加有挑战性的问题：小学科学课到底该怎么上？《小学科学课程标准》说，小学生学习科学的主要方式是探究式学习。程东同宿舍的同学一起讨论，但也没有找到答案。他们想，如果有一个相对固定的模板提供给大家就好了。这样，老师在准备上课的时候，就会有一个相对稳定的框架，有了框架就可以更加快速上手，找到适合自己情况的课堂表现形式。这样的模子和框架，它就是教学模式。掌握了一定的教学模式，同学们就有了支架，方便支持课堂教学。

教学模式是正确反映教学客观规律、有效指导教学实践的教学行为范型。这种教学行为范型是在一定教学思想或理论的指导下，对教师、学生、媒体互动状态和过程加以概括而形成的以系统、有序、简明的形式表达的一种结构关系。教学模式具有三大特征。一是客观规律性。教学模式源于教学实践，但又不是客观实践原型的复现，它是人们在一定的教学思想或理论的指导下，依据已发生过的教学实践活动和经验，经过思维上的加工制订出来的符合教学客观规律的教学活动认识形式，是一种可供参照模仿的教学行为样式和构架。二是师生互动性。教学模式所描述的对象不是任何类型的教学活动，而是教师、学生、媒体的互动状态、结构和过程。三是直观性。教学模式是直观的，主要特点有：①概括性（或简约性）；②完整性（或结构性）；③有序性（或系统性）；④操作性（或行为性）；⑤范例性（或仿效性）；⑥独特性（或针对性）。本章重点学习“做中学”教学模式、探究式教学模式、PBL 教学模式、STEAM 教学模式、学习环教学模式和“5E”教学模式。

第一节 “做中学”教学模式

“纸上得来终觉浅，绝知此事要躬行。”这句耳熟能详的诗句，出自南宋文学家陆游的一首教子诗《冬夜读书示子聿》。诗人告诫自己的孩子，要重视实践，获取直接经验，在实践过程中变书本知识为实际知识，把间接经验和直接经验相互印证，才能成为一个真正有学问的人。可见，实践在人们学习过程中起着很大的作用。将实践落实于行动，无非就一个字“做”，把实践与学习结合，可归纳为“做中学”。

一 “做中学”教学思想

（一）“从做中学”教学思想首次传入中国

“做中学”虽在我国古代著作中多有体现，但并未成为一种正式的教学思想加以整理和应用。梳理我国引入、应用“做中学”教学思想，主要经历了两次引进与改造。第一次引进与改造是我国教育家陶行知等人结合我国国情引入约翰·杜威的教育哲学主张和教育思想，使其更适合我国教育教学实际。第二次引进与改造是中国教育部和科学技术协会共同倡导和推动“做中学”科学教育实验项目，是针对科学教育进行的专项改革。

（二）“做中学”教学思想再次传入中国

1. 陶行知的“教学做合一”

“从做中学”教学思想中国化的集大成者公认为陶行知。1927 年，陶行知筹设的南京晓庄试验乡村师范学校开学。在试验期间，他逐渐系统地阐释了“生活即教育”“教学做合一”“社会即学校”等生活教育理论。其中“教学做合一”作为生活教育理论的方法论，对应了杜威教育理论的“从做中学”。“教学做合一”即教由学定、学由做定；怎么做便怎么学，怎么学便怎么教；做是教与学的中心。不难看出，陶行知的“教学做合一”进一步深化了“从做中学”思想，是对“从做中学”的批判性运用，强调以“做”为中心，关联教与学，突出离开了“做”，就实现不了教与学目标的达成，知识的建立、能力的获得以及情感态度的养成。

2. “做中学”教育思想再确立

从 20 世纪 50 年代开始，“做中学”教学思想在中国的发展进入低谷期，一度被质疑、被抛弃和被异化。直到改革开放，中国教育界开始重新认识“做中学”教育思想。进入 21 世纪，中国基础教育改革不断深入。2001 年，在总结和借鉴美国“Hands on”科学教育改革计划和法国“LAMAP”项目的基础上，中国教育部和科学技术协会共同倡导和推动“做中学”科学教育实验项目。该项目提出了实施计划的九项基本原则和六个目的，以期实现如下目标：“让所有学前和小学阶段的儿童有机会亲历探究自然奥秘的过程，使他们在观察、提问、设想、动手实验、表达、交流的探究活动中，体验科学探究的过程、建构基础性的科学知识、获得初步的科学探究能力，培养儿童的科学态度、科学精神和科学思维的方法，使儿童初步形成科学的世界观，为促进儿童的全面发展，成长为具有良好科学素养的未来公民打下必要的基础。”① 项目在“十五”期间，分成探索、深化实验、推广三个阶段实施，不断丰富了“做中学”教育思想的内涵。“做中学”科学教育实验项目所说之“做中学”，是基于动手的探究式学习在幼儿园和小学科学教育中的运用②。

3. “做中学”教育思想的进一步发展

随着我国教育改革的不断推进，“做中学”教育思想经过一段时间实践，也有了新发展，被赋予了更多含义。其中，较有代表性和指导意义的是“记中学—做中学—悟中学”教育思想。由于不同类型的知识需要与不同教育教学方式建立连接，才能更好地帮助学生学习。所以，依据知识分类原理，细化“做中学”，让其更贴近实际教育教学，故进一步拓宽“做中学”内涵，发展形成“记中学—做中学—悟中学”教育思想。具体来说，事实性知识常与“记中学”的学习方式联系在一起，方法性知识更多通过“做中学”学习过程而获得，价值性

---

① 韦钰. 十年“做中学”为了说明什么——以科学研究为基础的教学改革之路［M］. 中国科学技术出版社，2012：8-9.

② 韦钰. 对“做中学”科学教育的期望［J］. 内蒙古教育，2009（03）：58.

知识一般在悟中学得到提炼。由此可见，“做中学”教育思想已经厚植在中国教育的沃土上发芽、生长、开花，也将有更多的符合中国实情的成果涌现，促进教育教学发展。

二　“做中学”在小学科学教学中的应用

通过中国教育部和科学技术协会发起的“做中学”科学教育实验项目主要牵头人韦钰院士所著的《十年“做中学”为了说明什么——以科学研究为基础的教学改革之路》，我们可以看到，经过十年的探究，“做中学”科学教育实验项目取得了许多成果，其中两个标准的形成最具代表性。2006 年形成的《幼儿园和学习探究式科学教育实验项目“做中学”内容标准（试用本）》，2010 年完成的《全日制义务教育小学科学课程标准（送审稿）》，都是对科学教育具有重要和深远影响的成果。

（一）“做中学”辨析

1.“做中学”不是“玩”

在实践中，部分教师将“做中学”与“玩”等同，这显然是错误的。“做中学”是学生亲身经历科学发现且获取相应体验的过程，通过该过程学生完成探究。它是思维和动手的结合，不是单纯的随便动动就好，而是动的过程有目的性和教育意义。“做中学”一般有以下的环节：一是学生提出包含明确目的的问题；二是学生基于问题讨论，制订方案、设计实验；三是学生进行实验，亲历实验过程，验证方案对错，不断完善方案；四是对比分析，得出结论，并讲述实验过程和交流结论。所以，把“玩”误认为“做中学”是站不住脚的。

2.“做中学”不是“学了做”

在部分小学科学课堂上，“做中学”往往变成了“学了做”。教学虽常以探究的名义开始，实际却是按照传统模式运行。例如，在学习《水能溶解一些物质》时，教师先演示了盐溶入水的实验和沙放入水的实验，然后请学生分组实验，在讨论后回答发生了什么变化，进而得出一些物质容易溶于水、一些物质不容易溶于水、“水能溶解一些物质”的结论。这种模式与“教师讲、学生听、听后练”如出一辙，而不是真正的“做中学”。真正的“做中学”应该是，教师提供实验所需的盐、沙、烧杯、水、玻璃棒、水槽等，引导学生提出问题—制订计划—实施实验—记录结果—得到结论—交流讨论，进而了解“水能溶解一些物质”。教师不是以学习结果为导向，而是以学习过程为导向。

3.“做中学”不是“动手做”

“做中学”课堂教学，是以活动为载体，需要“动起来”，方可有效。但这里的“动起来”不是狭义的动手做，而在于学生提出问题、设计方案的思维之动，进行实验的身体之动，交流互动的智慧之动，是涵盖学习各环节多层次的思维和身体的“动”。甚至更加强调在思维指导下的动手，因为没有思维的动，只能是漫无目的、盲目的乱动。所以，“做中学”是一种由内而外、由思维指导行动的全方位的动。

（二）“做中学”课堂教学案例

“做中学”项目自2001年开始试点，在小学科学教育领域形成了较多的案例。但是，案例的质量参差不齐。其中，东南大学学习科学研究中心翻译的《小学科学教育案例精选》是指导中国“做中学”项目开展的主要实施工具之一，收录了法国实验最精华的七个案例，是“做中学”本土案例研发的沃土、教师接近“做中学”本质的平台①。以下案例应用了《小学科学教育案例精选》“空气是物质吗?”单元第1课《纸箱中的袋子里有东西吗?》的理念，对科教版《科学》三年级上册“水和空气”单元内容5《我们周围的空气》知识点“空气存在吗”进行设计，展示如下。

教学片段

如何证明空气存在

第一步

教师提出问题：“我们都说袋子里有空气，但是我们却看到袋子里什么也没有，我们该怎么证明袋子里确实装有空气?”

教师组织学生分组讨论，小组提出实验方案，用什么方法证明空气确实被装进了袋子。请学生在纸上画出实验图，向全班学生介绍。

第二步

学生实验。学生完成实验后，如果学生发现实验不能证明“空气确实存在”，就组织学生讨论，找到原因，让学生回到问题“我们如何证明在袋子里存在空气”。教师引导学生，回忆在生活中看到可乐冒气泡或者游泳产生气泡等生活体验，逐步建立通过现象“冒气泡”可以说明袋子里有空气的认识。

需要注意的是，学生不一定能达成共识，即使达成了共识也不一定与预期的实验相同。所以这里，还需发挥小组讨论的优势，让学生先设计，画好实验图后再实验。

第三步

再次实验时，学生会与其他组对比，不断理清正确实验的方法。各小组在经历了失败到成功的过程后，都很高兴。学生完成对“证明空气存在”的探究式学习。

---

① 顾长明. 科学教育“做中学”项目实施中面临的问题及分析［J］. 教学研究，2011，34（04）：85.

由此可见，“做中学”是实现学生探究式学习的途径。教师根据教学内容、学生表现等设计课堂教学，组织学生自主学习、合作学习，不断深入需探究的问题，动手动脑相结合，在实验（实践）过程中真正学习。

第二节　探究式教学模式

《小学科学课程标准》认为小学科学课程的重要学习方式就是探究式学习，倡导教师引导学生进行探究式学习。《小学科学课程标准》指出，探究式学习是指在教师的指导、组织和支持下，让学生主动参与、动手动脑、积极体验，经历科学探究的过程，以获取科学知识、领悟科学思想、学习科学方法为目的的学习方式。从教学的视角来看，探究式教学是教师组织课堂教学的一种教学形式。

一　探究式教学思想

探究式教学与探究式学习相辅相成。探究式教学应该是基于学生学习的一种以探究为主线的教学形式。具体来讲，探究式教学是指在教学过程中，教师依据学习内容，创设探究情境，发挥教师引导作用，启发学生思考并实践，让学生通过个人智慧以及小组或集体合作研讨等形式，探索知识的奥秘，获得学会学习的能力，掌握进行探究的方法以及锤炼意志品质。探究式教学是教师和学生双方参与的教与学的多边获得，还要将教师的教与学生的学有机结合，不可顾此失彼。教师在探究中应发挥好指导和引导作用，给予学生探究的必要条件和合适情境，在关键点进行提醒，在升华处注意点拨，在纠结点开展解剖，帮助学生顺利探究。学生在探究中充分发展自我，通过合作交流、设计计划、实验探索、归纳分析和总结反思等，达成探究目标，拓展探究思路，掌握探究方法，进而磨炼自我，获得成长。

二　探究式教学在小学科学教学中的应用

（一）探究式教学在小学科学教学中的应用——科学探究

探究式教学是基础教育改革倡导的教学形式，将其融入各个学科后，产生了具有学科特征的探究式教学。由于科学课程的特殊性，小学科学教育教学尤其强调由教师引导、组织学生在课堂开展探究，体验发现科学知识的全过程，进而帮助学生学习知识、获得技能和锤炼品质。

因此，在科学课程的教育教学改革中，探究式教学得到了更多的关注与研究。同时，小学科学课程的主要内容涵盖物质科学、生命科学、地球与宇宙科学和技术与工程等四大领域，主要集中在自然科学范畴，所以要求教师以科学探究为蓝本，帮助小学生体验“像科学家式的”学习经历，进行全过程的探究，在课堂教学融入科学探究的思想和理念。探究式教学在小学科学教育教学中的应用，即是“科学探究”教学形式。

在科学学习中，关于科学探究本质的研究有很多，从众多定义看，它仍是一个有待明确的问题。施瓦布认为“科学即探究”。韦尔奇指出“科学探究是一般探究的‘子集’，它的对象是自然界”。陈琴和庞丽娟在《科学探究：本质、特征与过程的思考》中指出，科学探究作为一种个体通过自主地调查和研究来认识和解释自然的活动，是以自然界为对象的，它要遵循一定的研究程序，运用各种科学方法。

科学探究是科学家在研究过程进行的各种探究活动，其目的是发现自然界的运行规律，论证科学知识的“正确性”，并且对所发现的规律和获得的证据做出相应解释。科学探究既是知识生成的过程，也是知识论证的过程。在科学探究的闭环中，新的知识不断生成，新的问题不断出现，论证过程持续展开，周而复始，循环往复，形成了科学探究的良性循环。纵观历史，我们不难发现，科学知识建构的进程也昭示着科学探究的本质特征。例如，我们熟知的关于光的波粒二象性的确定，就是一个关于科学探究本质特征的典型案例。人们采取各种方法来研究光的组成，有的能证明光是一种波，有的能证明光是一种粒子，最终在不断地研究中，科学家搞清楚了光的波粒二象性。

然而，科学探究也并非科学家的专属，学习者也能开展不同层次的科学探究。具体来说，学习者的科学探究是学习者通过经历与科学工作者类似的科学探究环节，感受科学探究的乐趣，学习科学知识与技能，领会科学探究之方法，体验科学的精神与思想。学习者的科学探究虽是模拟科学工作者的经历，但仍会经历科学探究的复杂性。所以，对于学习者来说，即使是模仿科学工作者重复进行已经得到过严密证实的实验，也具有相当的难度。正因为如此，国内外的理科学习无不强调科学探究。美国国家研究院制定的“国家科学课程标准”，其核心就是“科学探究”，德国、日本、新西兰等国家也将“科学探究”列为科学学习的核心。

由此可见，科学探究既是学习者学习的内容，也是学习者学习的途径，还是他们学习成果转换的重要指标。所以，我们可以这样定义科学探究：科学探究是基于学习者生理、心理特征，将课堂教学过程与科学研究的一般程序相融合，引导学生在学习过程中经历提出问题、做出假设、制订计划、搜集证据、处理信息、得出结论、表达交流和反思评价等探究环节，培养学生获得知识并用以解决问题的一种教学形式。

（二）探究式教学的基本要求

探究式教学模式与小学科学学科特征相融合，体现为科学探究教学，具有以下几方面的基本要求。

1. 反映科学的本质

探究式教学作为小学科学教学中常见的教学形式，旨在帮助学生探究科学的本质、提高学生的科学素养。探究式教学的理论基础围绕学习理论与科学的发展不断发展，它的表现形式也随之发展变化，但其基本理念——探究科学的本质没有变化。19 世纪末至 20 世纪初，经验主义学习理论盛行，探究式教学强调学生直接经验获取，进而归纳形成科学结论，所产生的知识即是科学知识。以探究获取的科学知识是客观的、实证的和绝对的，反映出这一时期探究式教学是经验主义在教学中的应用，将科学本质片面化。20 世纪中期，后现代科学哲学观改变了人们对科学本质的认识。“科学知识不是绝对客观的”“科学是一种探究的方法”“科学知识是暂时的、动态性的”等观点开始进入人们视野。探究式教学呈现出既重视过程，又注重结论，还关注品质的转变。所以，运用探究式教学要结合学习理论与科学观发展反映科学本质。

2. 反映教学过程的本质

我们必须清楚，作为一种教学形式，虽然探究式教学（科学探究）与科学有着千丝万缕的联系，但两者毕竟各属不同范畴。探究式教学属于教育范畴不属于科学范畴。教师眼里有学生，以学生为中心，是开展探究式教学的基础。课堂教学开展的探究，与科学家之探究不完全相同。课堂教学进行的探究，不可能全面复制科学家的探究，学生仅需要侧重体验探究的一个或几个环节即可。在教学过程中，教师更要从学生的学习心理特点出发，尊重教育规律，指导学生进行科学探究，帮助学生得到成长、学会学习、获得发展。探究式教学仅仅是提高学生科学素养的一种教学形式，只有反映出教学过程的本质，才能有效促进学生学习和发展。

3. 反映学习的本质

探究式教学的对象是学生，具体到小学科学教学，面对的是小学生，讲授的内容是科学。这需要理解小学生学习科学的内部机理。目前，大多数研究说明，小学生学习科学主要是建立前概念与科学概念的联结①。学生所进行的科学探究，是在探究过程中实现概念转变，建构知识，形成新的理解，从而深化和增长自身的科学知识的过程（学科学），进而构建其科学的知识体系——这即是概念转变。探究式教学也要关注学生的概念转变，设计探究过程注重学生前概念的诊断，引发学生暴露前概念，帮助学生发现前概念与科学概念的不一致，并创设舒适的探究氛围，引导学生在探究学习中完成前概念转变，建构起能认同的新的科学概念。在教学中要防止为了探究而探究，脱离学生学习的本质。

（三）科学探究课堂教学案例

《小学科学课程标准》的第二部分“课程目标”第二点特别提出了“科学探究目标”，可见科学探究在小学科学学习中的重要程度。依据《小学科学课程标准》，小学科学探究由八个

---

① 袁维新. 科学探究教学模式的反思与批判［J］. 教育学报，2006（04）：15.

要素构成，它们分别是提出问题、做出假设、制订计划、搜集证据、处理信息、得出结论、表达交流和反思评价，这表明了小学科学探究式教学的一般程序和基本要点。但我们不可教条地对照八要素的每一条，按部就班开展或体验探究，否则就陷入了另一种形式的“灌输式”教学。教师需要摆正位置，突出“指导”与“引导”作用，结合具体学习内容，激发学生提出问题、设计研究方案、选择研究方法、分析或归纳研究数据、得出研究结论和开展交流反思。同时，我们还要注意，任何一个具体的内容，不可能涉及科学探究的方方面面，只可能突出一个环节或几个环节。所以，教师教学要利用好关键点，抓住主要环节，让学生有侧重地体会探究，随着学习的深入，了解掌握科学探究的全过程、方法和意义。

在此，以小学《科学》五年级下册第一章第一节《种子发芽实验（一）》为例，着重展示“反思”这一科学探究环节。

教学片段

种子发芽实验（一）

老师：同学们，今天我们开始学习“生物与环境”这一章。大家都知道，生物离不开周围的环境，只有在一定环境下才能生存、生长。伴随环境变化，生物也会发生变化。比如，树叶会随着一年四季的变化发生变化，花朵会随着季节变化而开放和凋谢。这都说明了生物与环境之间存在着千丝万缕的联系，不同的环境对生物会产生不同的影响。有没有同学可以再举几个例子，说明生物与环境的关系呢？

（学生七嘴八舌地回答，有的说家里的小狗在冬天毛会变长；有的说蚊子在夏天才有……）

老师：刚刚大家的回答都很好，表示同学们在生活中能仔细观察。我们再回忆一下，四年级我们学习了种子的结构，不同的种子发芽就会长成不同的植物，像大树、小草、月季花等都是由种子发芽后慢慢长大而成的。有没有同学可以告诉老师，你见过种子发芽吗？种子是在什么环境条件下发芽的呢？请同学们思考 1 分钟，老师请几个同学来回答，大家可以小声讨论。

（学生思考与讨论中。）

（1 分钟过去，老师请同学回答问题。）

学生 1：……

学生 2：……

学生 3：……

老师：（结合学生回答，总结、提炼出共性部分，种子需要水、空气和阳光等条件才能发芽。）今天，我们一起来设计实验验证种子发芽到底需要什么条件？

……

（根据教材内容，老师引导学生设计对照实验，验证“水”是不是种子发芽需要的条件之一。）

老师：刚才我们设计了实验作为验证“水”是不是种子发芽需要的条件。现在，请同学们反思完成的验证实验“水”是不是种子发芽需要的条件，进一步思考如何分别验证“空气”“阳光”是不是种子发芽需要的条件。在10分钟内，每个小组都要完成两个验证实验的设计，请大家分工合作。完成后，老师会请几个小组分享设计的实验。

……

（学生开始分组讨论。）

（10分钟过去，老师请各小组分享。）

学生1：……

学生2：……

学生3：……

……

（教师适时点拨，引导学生进一步探讨三个实验在设计时候的相同点，不同组设计实验时有哪些不足和亮点，最后引导学生达成一定共识。）

教师：通过各小组的分享，我们知道了对照实验的设计理念。可以简单地总结，对照实验就指其他条件都相同，只有一个条件不同的实验。比如，我们验证“水”这一个条件，就设计一组对照，一个实验有“水”，另一个实验没有“水”，形成对照，进而进行验证实验。

……

（布置作业，下课。）

可以看出，本堂课不仅关注了种子发芽条件实验设计，还更多地将侧重点放在了经历实验——教师引导学生完成验证“水”是不是种子发芽条件的设计后，学生反思验证实验设计要素，进而设计验证实验验证另外两个条件是不是种子发芽需要的条件。所以，一堂课、一个内容，不可能涉及科学探究的方方面面，教师在实际应用时，应该有重点、有侧重地引导学生，经过长期的练习，掌握科学探究的全要素。

第三节　PBL教学模式

PBL是一种教学观念、一种教学策略、一种教学模式或是一种教学方法，从不同的视角看会得出不同的结果，呈现出多元化的认识。站在教学这一视角，PBL是基于问题和项目的学习理念在教学实践中逐渐形成的具有一定程序的教学行为，是一种不断完善的教学模式。

一 PBL 教学思想

（一）PBL 概述

PBL 是 Problem-Based Learning 的简称，译为“以问题为基础的学习”或“基于问题的学习”。PBL 的内涵没有统一的定义，我们可以通过简单梳理关于 PBL 的解释来找到它的内涵。Howard Barrows 是 PBL 的创始人，他认为 PBL 既是一门课程，也是一种过程。作为一门课程，它是培养学习者自主学习能力、团队合作参与能力、评判性思维能力和问题解决能力等精心设计的问题集合，学习者通过解决问题而习得知识和能力；作为一种过程，它是学习者在解决问题的过程中获得普遍适用的系统方法，以帮助其解决在未来遇到的类似的问题。Donald R. Woods 认为 PBL 是一种学习环境——以问题驱动为主要形式，学习者通过解决教师提出的一系列问题，学习相关知识。通过对 PBL 进行长期实践后，我国倾向将其视为一种教学模式。丁后银在《“问题为本的学习”与“行动研究”的整合》一文中指出，PBL 是指把学习置于复杂的、有意义的情境中，通过让学生以小组合作的形式共同解决复杂的、实际的或真实性的问题，来学习隐含于问题背后的科学知识，形成解决问题的能力，并发展自主学习和终生学习的能力①。汤丰林等认为，PBL 倡导学习要以问题为起点，在教师的指导下，通过小组合作和学生的自主探究，提高学生解决实际问题的能力，并最终实现对知识的深层次理解和建构②。

我们可以看出，PBL 是一种教学模式，它重视创设以问题为主导的有意义情境，学习者在教师的指导下，通过自主学习和合作学习解决问题，进而获得隐藏于问题背后的知识，习得解决问题的方法和思路，最终发展高层次的思维技能，学会学习、学会生活。

二 PBL 在小学科学教学中的应用

（一）影响 PBL 教学效果的三个因素

PBL 在教学中的应用，我们需关注教师、问题和学生三大基本要素，才有可能获得较好的教学效果。

1. 教师是关键

《小学科学课程标准》指出，教师在小学科学课堂教学中起引导、指导作用，学生学习最

---

① 丁后银.“问题为本的学习”与“行动研究”的整合［J］. 外语与外语教学，2009（03）：40-44.
② 汤丰林，申继亮. 基于问题的学习与我国的教育现实［J］. 比较教育研究，2005（01）：73-77.

好在教师的提示下发现问题，完成学习。在教学过程中，要处理好学生自主和教师指导的关系。实施 PBL 教学，主要涵盖问题设计、学习组织形式设计、学习实际运行监控与指导、学习评价设计以及教师的合作与教学热情等因素，这些因素均会影响 PBL 的教学效果。所以，进行 PBL 教学实践，离不开教师的精心准备、设计和指导，只有教师深刻认识了 PBL 教学与传统教学的区别，才能真正接受 PBL 教学，才能真正帮助学生学会学习、学会生存、学会做事、学会合作。

2. 问题是基础

PBL 是一种起于问题、最终回归问题的学习过程。按 PBL 模式运行的课堂教学，大体包含以下过程：首先，开始一个学习问题，该问题应是一个概括的、能激发学生学习兴趣的、链接已有知识和学习主题的问题情境；然后，学生组成学习小组，围绕初始问题（主题）进一步解释，把初始问题分解为几个与之相关的一系列子问题，对子问题进行处理，不断反思在处理过程中学到了什么；最后，教师组织学生交流分享，总结本次课堂教学学到的知识，并提出新的学习问题。由此可见，学习问题是影响 PBL 教学效果的基础，教师需设计好开启教学的初始问题，才能正确引导学生学习；学生需真正解决具体问题，才能顺利完成学习。

3. 合作学习是核心

合作学习是基础教育改革倡导的学习方式，小组讨论是课堂教学鼓励的组织模式。开展 PBL 教学前，首先要组建学习小组。建立学习小组，开展小组讨论，旨在引发“头脑风暴”效应，对小组成员产生有益刺激，激活学生的已有知识，形成解释问题的新理论、方式和途径。合作学习不仅使学生在获取知识能力上有效果，而且在培养情感态度方面也有较大的益处。从凝聚力理论看，学生在小组合作中相互关心并希望彼此都获得成功，基于对集体的关心承担一定的角色，完成共同的目标，学生在集体工作中获得高度的奖赏性体验，有利于培养学生的集体主义和合作精神。从发展理论看，儿童的心理发展是在活动过程中发展起来的，是在儿童与儿童之间的互动和交流之间发展而成的。小组成员的讨论、争论、磋商、协调，是学生将知识转化为内部言语、变成自己思维方式和能力的有效手段。

（二）PBL 课堂教学案例

为了进一步理解 PBL 在小学科学教学中的运用，选取小学《科学》四年级下册“食物”单元第七个内容《食物包装上的信息》作为例子来探究如何体现 PBL 的理念。

教学片段

食物包装上的信息

情境导入：

师（情境创设）：同学们，老师给每个学习小组都带了饮料，请大家品尝。在品尝前，请大家注意观察这两种饮料有什么不同。观察后，再分别品尝两种饮料的味道。注意，请不要把饮料喝到肚子里，只是喝一小点在嘴巴里尝尝味道就好。现在，请小组开始实验，并做好记录。

（学生开始品尝。）

师：请小组发言，汇报实验结果。第一，品尝前两种饮料有什么不同？第二，两种饮料的味道有什么区别？

学生1：……

（教师总结学生的结论。引导学生观察舌头颜色的变化。拿出两种饮料的包装，让学生结合包装上的信息，选择更愿意喝哪一种饮料。）

学生2：……

（教师鼓励学生结合包装上的信息谈谈自己为什么选择这款饮料。）

（设计意图：喝饮料是小学生熟悉的生活，用对比两种饮料的不同创设情境，导入学习，可以激发学生的学习兴趣，将本次课的主要目标与学生已知知识建立联结。）

师：刚刚，我们观察了两种饮料包装的信息，同学们对于选择哪一种饮料提出了自己的见解。可是，我们生活中还有各种各样的食物，大家可以去选择。那么，我们该怎么去选择呢？怎么判断你选的食物是安全的呢？

学生3：……

师（引导）：有同学说，在选择食物前，我们必须知道食物的详细信息。所以，我们要调查食物的配料以及各种配料的作用。请同学们拿出食物包装统计配料，利用老师提供的资料找出配料的作用，按照活动报告单完成探究活动。

（学生以小组开始活动，教师视情况到各小组指导。）

（设计意图：问题情境已经搭建，学生以小组合作的形式开展学习，需要将初始问题分解成“如何统计”“谁负责统计”“统计后怎么分类”“给定资料谁来处理”等一系列相关问题，有助于学生在解决问题过程内化知识。）

师：请各小组分享交流。

（教师注意在学生回答过程中提炼分类方法、阅读方法等，帮助学生内化学习方法。）

……

由以上案例节选可知，PBL在小学科学教学中能够与科学探究紧密结合，符合培养学生科学素养的要求。

第四节　STEAM 教学模式

一　STEAM 教学思想

（一）STEAM 的内涵

2017 年，教育部颁布的《义务教育小学科学课程标准》对中国版的 STEAM 作出明确的定义：STEAM 是以科学（Science）、技术（Technology）、工程（Engineering）、艺术（Arts）、数学（Mathematics）为主要课程的教育，即 STEAM 是一种以项目学习、问题解决为导向的课程组织方式，它将科学、技术、工程、艺术、数学有机地融为一体①，在培养学生的科学素养、技术素养、工程素养、数学素养的同时，也体现了对艺术素养的关注和重视。

STEAM 教育是一种从学科学习到终身学习的多层次教育。一是特定内容学习，涉及每个领域的详细研究；二是学科学习，涉及科学、艺术、数学等；三是多学科学习，允许学生学习一个特定的领域，以及它们是如何与现实生活相关联的；四是综合学习，学生学习所有学科领域的基本概念以及它们之间的关系，一门优秀的 STEAM 课程不能仅是多学科知识的简单堆砌，而应是具有完整体系、多学科知识有机融合的主题式课程，这个阶段的学习适合中小学教育；五是终身学习，人们对周围环境的适应和持续的学习是无意识的和不可避免的。因此，STEAM 教育是指从专业学习到终身学习的整体范式②，是一种通过整合科学、技术、工程、艺术和数学领域的内容，以跨学科为核心特征的教学方法，科学、技术、工程、艺术和数学是其核心教学要素。

拓展阅读

STEAM 的由来

STEAM 教育理念源自 STEM 教育。1986 年美国国家科学委员会发表了《本科的科学、数学和工程教育》报告，提出“科学、数学、工程和技术教育集成”的建议，从而拉开了 STEM 教育发展的序幕，但此时的“科学、数学、工程和技术教育集成”被称为 SMET。

① 陈杰飞．基于 STEAM 教育的小学科学拓展课程开发［J］．实验教学与仪器，2017（7/8）：124-125.

② 孙文娜．STEM 到 STEAM：科学、艺术与创新教育［J］．中国教育技术装备，2019（04）：80-82.

20 世纪 90 年代，美国国家科学基金会的一名工作人员抱怨“SMET”听起来像“smut”（污垢、下流），于是便用“STEM”取代了“SMET”。

此后，人们更多地采用 STEM 教育的概念，明确 STEM 的四个字母分别代表着科学（Science）、技术（Technology）、工程（Engineering）和数学（Mathematics）四门学科，旨在让孩子在科学、技术、工程和数学领域综合发展，提升未来栋梁之材的科技能力。1996 年，STEM 在美国的教育重心转移到美国的 K-12 教育系统中，提倡基于问题解决的跨学科整合学习，并迅速推广到其他教育发达国家，涉及学科也不断扩展。

2010 年，美国弗吉尼亚理工大学学者格雷特·亚克门（Georgette Yakman）及其团队提出了 STEM+Art 即 STEAM 教育概念，专门用于建立动手类创造性课程。STEAM 教育的支持者贾斯汀·布雷迪（Justin Brady）也认为科学、技术、工程和数学是需要学习和关注的重点，但却无法单独完成任务。为了让学生做好引领世界创新的准备，需要关注能让学生创新力迸发的创造性思维的培养……而艺术则是点燃创造力的火花。同时布雷迪还强调，用讲授的方法来进行 STEM 教育会使知识和技能显得狭隘，因此需要在教学中融入艺术、设计和人文等来进行平衡。安迪·康纳（Andy Connor）等也持这种观点，认为需要在 STEM 教学中融入艺术的成分。在此基础上形成的 STEAM 教育的具体内容如图 5-1 所示。

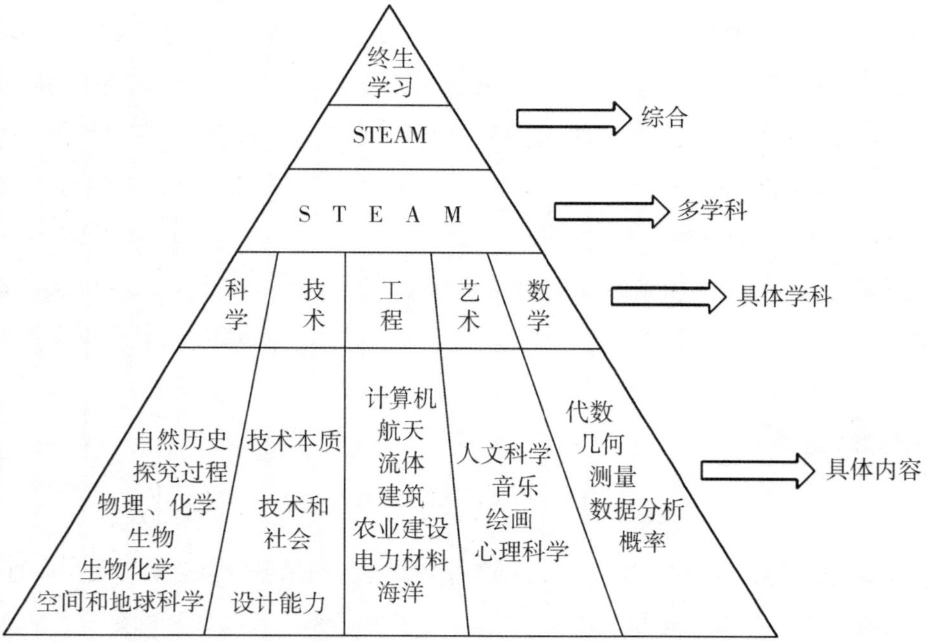

图 5-1　STEAM 教育具体内容

STEM 在我国也衍生出了 STEM+，旨在促进 STEM 教育的本土化，逐步发展成为 STEAM，并迅速形成一股研究热潮。

（二）STEAM 教学模式的实施步骤

当前 STEAM 教学模式包括真实情景、关键问题、设计方案、实施方案、改进方案和形成最终产品后交流展示六大环节①。

1. 真实情景

在情境教学中，知识不是直接呈现给学生，而是在教师的积极引导下先对知识进行思考、分析和推断并得出结论，再由教师进行总结和巩固知识。STEAM 教学强调要为学生营造一个真实的问题情境，以加强所学知识和技能与真实世界的联系，才能激发学生的学习兴趣与动机，学生通过学习甚至可以为公众决策提供参考。同时，真实情境具备不确定性和复杂性，能提供给学生综合应用多学科知识的环境，让学生持久探究。对中小学阶段特别是对小学阶段的学生开展 STEAM 教育，在课程设计实施上要更加追求趣味性、故事情境性。

2. 关键问题

关键问题源自真实世界，一方面能激发学生的学习兴趣，另一方面能为学生提供探究的方向。对于以培养学生真实问题解决能力和设计与创造能力为宗旨的 STEAM 教学模式而言，富有挑战性的、真实的关键性问题的生成，起着十分关键的作用。简单地模仿复制型的任务，则无法引发学生的持续性思考与探究。

3. 设计方案

该阶段旨在在准备素材和设计解决问题的过程中，应用 STEAM 教育理念开展教学。这一阶段学生根据活动主题，查阅相关资料和信息，选择完成该活动所需的技术设备、材料和素材等。实质上是学生综合运用所学知识，在分析、选择、设计等基础上挑选所需材料与相应技术工具的阶段。该阶段由学生独立完成，主要培养他们的逻辑判断能力、资源选择能力以及自主思考能力。教师主要对教学活动进行课程设计，包括教学策略制订和教学过程设计。

4. 实施方案

这一环节涵盖 STEAM 教育中的 T（技术）和 E（工程）。技术是指人类在利用、改造和保护自然的过程中，通过创新所积累的经验、知识、技巧，以及为某一目的共同协作组成的工具和规则体系。而工程重在通过工程设计，来改善世界，是为了满足人们需要的各种物品，而从事具有一定规模的、复杂的物质实践活动。在这一环节中，学生要思考运用知识和设备材料做些什么（What I did），以及应达到的效果是什么（What was the result）。该阶段学生通过小组合作，不断探索、实验及动手实践，综合运用科学、技术、工程、艺术和数学等知识来解决当

---

① 郑葳．中国 STEAM 教育发展报告［M］．北京：科学出版社，2017：99.

前生活和社会所面临的问题，培养学生的知识应用能力、探索创新能力等①。教师在教学活动的实施过程中，主要是对教学环境进行维护与管理。

5. 改进方案

STEAM 教学指向学生对关键问题的解决，这些关键问题或是聚焦工程设计，或是聚焦需要科学探究的主题。无论对于何种关键问题，为解决问题而进行方案的制订都是一个必要环节，是一个具体、详细和可操作的计划，界定了最终的成果是否能够解决真实世界的实际问题。这是一个需要经历设计、实施和改进的过程，是一个不断修改完善的过程。

6. 产品交流展示

STEAM 教学强调的是面向真实世界的实际问题的解决，在问题解决的同时会形成一个最终的成果或产品。这个成果或产品可以是一个可操作、能推广的方案，也可以是一个根据方案制作形成的产品。在展示交流产品后，学生吸取他人意见、建议，不断对产品进行反思、改进。通过反思，学生不但巩固了所学知识，优化了认知结构，而且拓展生成了的新知识，培养了学生的反思能力与批判性思维能力。

二 STEAM 在小学科学教学中的应用

STEAM 教学可以多种方式开展，要求学生在限定条件下完成一系列活动，每项活动所需的材料一般限定为日常生活物品；学生要共同参与、相互合作、共享成果；学生要像科学家和工程师一样研究、设计和操作；学校、家庭、企业等要为学生提供尽可能多的机会、资源和尽可能大的平台，让学生学会解决实际问题②。

（一）课例展示

【课例背景】

《台秤——杠杆原理的应用》是首都师范大学出版社出版的小学《科学》五年级下册“机械与工具”教学单元的教学内容，旨在探究怎样才能让天平和杠杆保持平衡，为本单元后续内容，如滑轮、轮轴、斜面等简单机械应用奠定基础。本节课的教学重点是学生学会利用杠杆平衡原理来设计台秤并解决实际问题，教学难点是学生学会画工程设计图，形成设计思维。

① 苏乐. STEAM 视角下的小学《科学》教学设计研究［D］. 曲阜师范大学，2017.
② 陈洁，梅洪娟. STEAM 课例精编［M］. 合肥：中国科学技术大学出版社，2018：1-11.

【核心概念】

表 5-1　《台秤——杠杆原理的应用》一课的 STEAM 核心概念

科学（S）	技术（T）	工程（E）	艺术（A）	数学（M）
杠杆原理 平衡	平衡 灵敏度 称重	工程学 重心设计 机械装置	美学 色彩 均衡	推理 估算 比例

【课前准备】PPT、乐高套件、学习任务单和设计卡片。

【教学过程】

表 5-2　《台秤——杠杆原理的应用》一课的 STEAM 教学过程设计

教学环节	教师活动	学生活动
情景导入	小明的爸爸在超市里买了几种水果，其中苹果 50 g、梨 100 g、香蕉 200 g 和若干葡萄。小明从学校放学回家想吃葡萄，爸爸告诉小明给他提供的苹果或者梨、香蕉的重量称出葡萄的重量才能吃，你能替小明想想办法吗？	提出可以设计一个台秤。
发布任务	请根据提供的零件材料设计一个台秤。 要求：①结构良好，稳固；②随机分配 50 g/100 g/200 g 的物体给每个小组，根据所拿到的物体重量称出未知物体的重量；③造型美观。	思考怎样设计台秤。
明确问题	请以小组为单位进行讨论，把要完成的任务和存在的问题及限制条件写在学习任务单和设计卡片上。	讨论并明确任务，即利用杠杆平衡原理搭建一个可调节的台秤。
寻找解决方案	请在学习任务单和设计卡片上将小组所有想到的解决方案画出来。	在学习任务单和设计卡片上画出设计方案图，并对设计图进行文字说明。
确定最优方案	请在学习任务单和设计卡片上对所有的设计方案进行打分，整合成一个最优方案。	依据评判标准，选出最优方案。
搭建原型	请相互协作搭建各自小组的作品。	协作搭建作品。
作品展示	①检验学生作品； ②点评学生作品。	展示作品，解释台秤是怎样调节平衡的。
展示总结	展示可调节台秤如图 5-2 所示，并总结杠杆平衡原理。  图 5-2　台秤模型	①改进自己的作品； ②在学习任务单和设计卡片上记录在哪些方面做了改进。

（二）课例分析

基于STEAM课例分析框架，对以“台秤”为主题的STEAM教学模式进行初步分析，按照共同要素进行评价，如表5-3所示。

表5-3 《台秤——杠杆原理的应用》的STEAM教学模式课例评析

STEAM教学模式的共同要素	具体体现与评析
真实情景	从“称水果”这一生活场景切入，这一情景对于学生而言真实而熟识，能够唤起学生的研究和设计兴趣。本次教学设计了一个真实情境的工程难题，通过50 g/100 g/200 g的已知重量的物体去获得未知物品的重量。设计的问题具有驱动功能，富有挑战性，能够激发学生进行创造性的设计与制作。
关键问题	整个教学都围绕“如何制作台秤”这个关键性的问题展开。把要完成的任务和存在的问题及限制条件写在学习任务单和设计卡片上，使学生明晰关键问题。
设计方案	课例中这个要素体现在学习知识，然后小组根据已有条件，初步设计简易台秤。方案设计理想的情况是让学生小组先行头脑风暴，提出问题，讨论设计思路，设计初步的方案。这个环节中，教师不能以告知的方式教授学生杠杆原理，需要学生主动导出原有知识、形成创新想法并确保想法得以实施。
改进方案	让学生通过网络查找相关资料以及在不断实践中，完善自己的设计，包括材料（乐高）拼装、工具的使用。然后进行小组交流，发现问题加以改进，进一步完善设计方案，更体现了学生的自主性、合作性和探究性。
实施方案	按照小组设计的工程流程，分环节、分步骤进行拼装、组装。并且根据臂长和重点的平衡情况，得出初步结论，并且进行当场验证。在实施方案时，教师要诱导学生利用数学思维进行分析，并且记录数据。教师可以提醒学生多设置重复实验，在所发的卡片上记录数据，得出结论。学生是“主”，教师是“导”。
产品交流展示	组内组间展示最后的作品。用展示台展示教学进行中的每个记录环节和收获，使学生获得成功的体验。

本主题课程的实施采用以故事线为载体，通过丰富、形象、有趣的形式传递知识，吸引学生以智慧的眼光去观察、发现身边的科学，每个环节都有明确的目标。设计的环节包括情景导入、发布任务、明确问题、寻找解决方案、确定最优方案、搭建原型等，学生通过上述环节能够经历一次“亲身体会动手实验—自主设计—改进完善”的过程，看似简单的台秤设计，实则包括结构设计、部件组装、外观美化等一系列实际问题。为了达到测量物体的重量功能，还涉及测量、数学统计、科学实验等科学知识，使学生在完成任务的过程中，在情境中掌握知识，而且让学生学会如何结合自己已有的知识去学习未知的知识，并意识到真实问题的复杂性，能够通过活动初步体会工程、设计、数学的思想在解决实际问题中的重要价值。

第五节 其他教学模式

一 学习环教学模式

学习环教学模式（Learning Cycle）是由罗伯特·卡普拉斯（Robert Surplus）及其同事于20世纪60年代在“科学课程改进研究”（Science Curriculum Improvement Study，简称SCIS）中发展起来的一种以探究为中心的教学模式，被广泛运用于小学、中学以及大学的各级各类科学教学中。该理论将教学过程分为三个前后联系的环节：探究、概念引入和概念应用①，如图5-3所示。

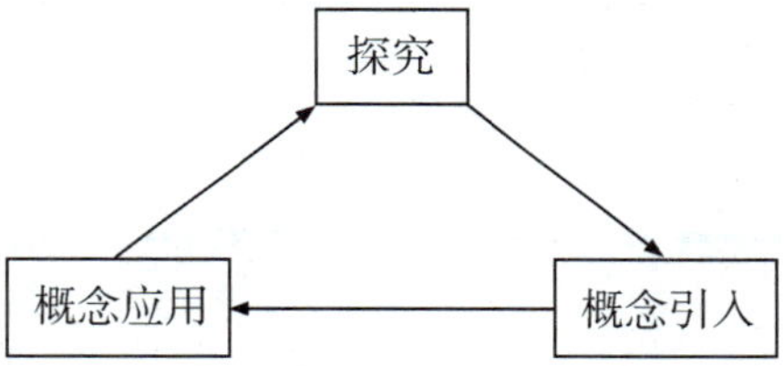

图5-3 学习环教学模式

探究环节是以学生为中心的探究活动，教师在活动前只是简单地提出问题，指明学习要求，鼓励学生通过探究活动产生新的概念；在概念引入环节中，概念的生成、原理的导出和推理技能的拓展是以探究环节的直接经验为基础，学生通过师生、生生之间的互动对新的概念进行概括提炼，实现由感性认识到理性认识的升华；概念应用环节是以学生为中心的知识应用与扩展阶段，是学生把掌握的新概念应用到解决实际问题当中去，实现对新概念的验证、应用、巩固和提高。整个教学过程实质上是“探究归纳—概念引入—探究演绎”的不断循环。

结合中外学习环教学模式的分类方法②，按照在学习过程中对学生推理能力的要求将学习环教学模式分为归纳—总结型、推理—假设型、实践—假设型和假设—预期型四种学习环教学模式，如表5-4所示。

---

① 袁维新，吴庆麟．关于学习环模式的研究综述［J］．心理科学，2007，30（03）：632-635.

② 胡小川．小学科学课程学习环教学模式的应用研究［D］．南京：南京师范大学，2014：15-17.

表 5-4 四种学习环教学模式

学习环教学模式	教学环节	教学重点
归纳—总结型	①探究；②概念引入；③概念应用。	重点在于描述观察对象的规则性，而不在于推理，回答的是“是什么”的问题。
推理—假设型	①探究；②概念引入；③概念应用。	重点在于学生只需通过教师的表述或给出的材料获取间接经验，再应用推理的方式推理出问题的结论，回答的是“为什么”的问题。
实践—假设型	①探究；②概念引入；③概念应用。	重点在于学生需通过动手实践来获取直接经验和体验，为理解概念打下基础，进而推理出问题的结论，回答的是“为什么”的问题。
假设—预期型	①创设情境，引入问题；②预测；③设计实验方案；④实施方案，收集证据，得出结论；⑤表达交流；⑥应用概念；⑦评价环节。	重点在于学生需通过教师不断引导、生生合作、参与有严格步骤的实验才能得出问题的结论，回答的也是“为什么”的问题。

二 5E 教学模式

5E 教学模式是美国生物学课程研究（BSCS）在 1989 年提出的一种基于建构主义教学理论，用于激发学生学习兴趣的高效教学模式，包括引入（engagement）、探究（exploration）、解释（explanation）、迁移（elaboration）、评价（evaluation）五个环节①。

引入是 5E 教学模式的首要环节。教师根据学生对已学概念的理解，鼓励学生提出问题，使其有兴趣参加活动，设置的目的是为了让学生将问题情境与现实生活联系起来，激发学生探究的热情，继而主动构建学科知识。这一环节教师应明确下列几个问题：①学生要学的科学概念是什么，正确的定义是什么；②学生可能存在的“误解”有哪些，可能的原因是什么；③为了使学生理解科学概念，消除“误解”，哪一个活动（哪一步）是关键；④学生应该注意观察哪些现象，应该如何操作和记录；⑤教师应该如何启发学生，用什么样的问题；⑥材料是否准备齐全，数量是否足够；⑦有没有潜在的安全问题；⑧如何组织好合作学习小组，如何协调集体讨论。

探究是 5E 教学模式的中心环节。教师要利用引入环节中产生的认知冲突，对学生学习探究开展引导。在这一环节中，学生是主体，教师应该通过观察学生行为为其提供适当的指导，

① 马文奎. 美国 BSCS 教材中的“5E”教学模式［J］. 外国中小学教育，2002（04）：39-40.

鼓励并促进学生与他人一起积极探索①。

解释是5E教学模式的关键环节。教师向学生提出问题，为其搭建全面深入理解新学概念的平台，鼓励学生对探索获得的观点进行解释，为自己的观点下定义、形成概念并与他人讨论。在这个阶段，教师要联系学生日常生活中的实例，用演示、实验、讨论等手段，引导学生自己去得出结论，这是促使学生科学概念内化的过程。

迁移是教师引导学生将新概念与已有概念建立联系，给学生更多机会拓宽概念的基本内涵，将新学的概念或能力运用到解释新情境或新问题当中，使学生在深化和拓展中获得更多信息和技能。这一阶段是以学生为中心的知识应用和扩展阶段，也是学生用刚获得的科学概念在新环境和新问题中去实践、验证、应用和巩固的阶段。

评价包括教师评价（阶段性的和总结性的）和学生的自我评价。如有需要，可以列出适当的标准。本环节的作用在于掌握学生课堂活动情况，促进学生对研究结果进行评价，从而为教师评估课程教学过程和教学效果提供机会。一般而言，教师可以采用纸笔测验形式、表现型任务形式等正式评价，也可在整个5E教学模式各个环节的任何时候进行非正式评价。

总之，随着基础教育改革进入深水区，教学方法和学习方法也在发生重大变革，以探究学习和合作学习为主导的学习方式深入人心，并且这两种学习方式也融入各种教学模式之中，特别是现代信息技术的广泛应用，深刻影响着学生的学习方式，智慧学习时代已经到来，教师如何跟进时代发展，如何创新教学模式将成为提升学生创新能力的又一研究热点课题。

拓展阅读

智慧学习

智慧学习是支持和促进人在信息时代个性发展、特色发展、全面发展、终身发展、内驱发展、创新发展的学习，是伴随有思想激荡、智慧碰撞的学习，是为了促进与服务社会发展的学习。这种学习的最大特点是以人为本、立足发展、提升智慧、服务社会，超越了技术本位，正确处理了个人与社会、人与技术、时代要求与学习创新之间的辩证关系，反映了学习的时代发展方向②。主要包括创新学习、联通式学习、跨界跨学科学习、新型自主学习、新型国际化学习等智慧学习方式。智慧学习是刚刚破土的显示出勃勃生机的“幼苗”，期待越来越多的人关注和支持学习方式变革研究，以更好地改善人类的学习，不断提升人类学习的绩效。

---

① 陆晓文. 运用5E教学法提高学生实验探究能力［J］. 生物学教学，2014，39（06）：62-63.

② 陈琳，王蔚，李冰冰，杨英. 智慧学习内涵及其智慧学习方式［J］. 中国电化教育，2016（12）：31-37.

本章知识结构导图

- 小学科学教学模式
  - “做中学”教学模式
    - “做中学”教学思想
    - “做中学”在小学科学教学中的应用
  - 探究式教学模式
    - 探究式教学思想
    - 探究式教学在小学科学教学中的应用
  - PBL 教学模式
    - PBL 教学思想
    - PBL 在小学科学教学中的应用
  - STEAM 教学模式
    - STEAM 教学思想
    - STEAM 在小学科学教学中的应用
  - 其他教学模式
    - 学习环教学模式
    - 5E 教学模式

知识点检测

参考答案

一、填空题

1. “从做中学”的思想以一种明确教学思想或者方法正式提出是美国的著名思想家、教育家________。

2. “教学做合一”是“从做中学”教学思想中国化的集大成者________提出的。

3. 施瓦布认为，古希腊哲学家________是探究式教学的创始人。

4. 探究式教学是基于学生学习的一种以________为主线的教学形式。

5. 探究式教学是________和________双方参与的教与学的多边获得，也是教师的教与学生的学有机结合。

6. 科学探究既是知识________的过程，也是知识________的过程。

7. 探究式教学反映了________的本质、反映了________的本质、反映了________的本质。

8. PBL 是基于________的学习理念在教学实践中逐渐形成的具有一定程序的教学行为，是一种不断完善的教学模式。

9. 影响 PBL 的教学效果的三个因素中，________是关键、________是基础、________是核心。

10. 学习环教学模式是由________及其同事于 20 世纪 60 年代在“科学课程改进研究”（简称 SCIS）中发展起来的一种以________为中心教学模式。

11. 学习环教学模式将教学过程分为________、________和________三个前后联系的环节。

12. 在学习环教学模式中探究环节是以________为中心的探究活动。

13. 在学习环教学模式概念引入环节中，概念的生成、原理的导出和推理技能的拓展是以________环节的直接经验为基础。

14. 学习环教学模式的整个教学过程实质上是________—________—________的不断循环。

15. 按照在学习过程中对学生推理能力的要求这个维度将学习环教学模式分________、________、________和________四种学习环教学模式。

16. 5E 教学模式包括________、________、解释、________和评价五个环节。

17. ________是 5E 教学模式的首要环节，________是其中心环节。

18. 在 5E 教学模式的迁移环节中，教师引导学生将________与________建立联系，是以学生为中心的________和________阶段。

19. 5E 教学模式的评价包括________评价和________的自我评价。

二、单选题

1. 下列不属于 STEAM 教学方式的核心概念的是（　　）。

A. 艺术　　B. 实用　　C. 科学　　D. 数学

2. 在探究拱桥的科学课上，教师请学生在学习任务单和设计卡片上将小组所有想到的制作方案画出来，这是 STEAM 教学中的（　　）环节。

A. 真实情景　　B. 关键问题　　C. 设计方案　　D. 实施方案

3. 有的小学生动手能力强，善于探索研究，教师只需要稍加指点学生就可以很快地上手操作。有的小学生动手能力稍弱一些，很多项目需要教师仔细地说明才可以明白。这说明在实施 STEAM 教学时要注意（　　）。

A. 循序渐进　　B. 直观展示　　C. 因材施教　　D. 启发诱导

4. 小学生利用所学的自然科学知识的原理，为完成某一目的而活动的过程属于 STEAM 中的（　　）。

A. 科学素养　　B. 技术素养　　C. 工程素养　　D. 数学素养

5. 在 STEAM 的“趣味种植”主题的学习中，让学生在母亲节来临之际，用树叶制作精美的贴画并写上对母亲的祝福和感谢，让学生更加懂得感恩，可见（　　）。

A. 人文与艺术使得科技作品更有内涵与魅力

B. 将容易理解的概念与学生生活密切融合，激发学生解决问题的兴趣

C. 技术是对自然环境的革新与改造，以满足人们的现实需求

D. 反思不仅巩固了所学知识，还优化了认知结构

6. 学生去反复修改论证，从而进一步完善设计方案，属于（　　）环节。

A. 设计方案　　B. 关键问题　　C. 实施方案　　D. 改进方案

7. 产品交流与展示这一环节的主要作用是（　　）。

A. 体会工程、设计、数学的思想在解决实际问题中的重要价值

B. 培养学生小组合作、相互理解、相互学习的意识

C. 能够唤起学生的研究和设计兴趣

D. 巩固所学知识，优化认知结构

8. 无论是基于项目的 STEAM 学习、基于设计的 STEAM 学习，还是以科学探究为导向的 5E、学习环，以及多种教学模式交叉整合的混合式教学模式，都强调了要为学习者营造一个真实的问题情境，原因是（　　）。

A. 给予学习者综合应用多学科知识的环境，大大激发学生的学习兴趣与动机

B. 培养学生小组合作、相互理解、相互学习的意识

C. 能够唤起学生的研究和设计兴趣

D. 巩固所学知识，优化认知结构

9. 在 STEAM 教学模式中，下列不属于教师在方案实施阶段可以采取的措施是（　　）。

A. 诱导学生利用数学思维进行分析　　B. 提醒学生可以多设置重复实验

C. 维护与管理教学环境　　D. 以告知的方式教授学生实验原理

10. 学习环教学模式概念应用环节是以（　　）为中心的知识应用与扩展阶段。

A. 教师　　B. 学生　　C. 家长　　D. 教师与学生

11.（　　）是 5E 教学模式的关键环节。

A. 引入　　B. 探究　　C. 解释　　D. 迁移

12. 5E 教学模式是美国生物学课程研究（BSCS）在 1989 年提出的一种基于（　　）教学理论，用于激发学生学习兴趣的高效教学模式。

A. 认知发展　　B. 最近发展区　　C. 建构主义　　D. 实用主义

三、判断题

1. 整个 STEAM 课程要注重科学知识的融合，但为了课程的科学性和技术性可以丢弃艺术性。（　　）

2. STEAM 课堂对科学课教师的素质提出了更高的要求。（　　）

3. STEAM 教育理念中对所有学生都一视同仁，注重培养学生的动手能力和创新思维。

（　　）

4. 小学阶段的 STEAM 教育，在课程设计实施上要更加追求趣味性、故事情境性。（　　）

5. 一门优秀的 STEAM 课程不能仅仅是多学科知识的简单堆砌，而应该是具有完整体系、多学科知识有机融合的主题式课程。（　　）

四、简答题

1. “做中学”一般包括哪几个环节？

2. 简述 STEAM 教育的各个步骤及基本要求。

3. 简述 STEAM 教育的意义。

4. 简述学习环教学模式的内涵。

5. 简述 5E 教学模式的实施环节。

第六章

小学科学教学设计

科学的灵感，绝不是坐等可以等来的。如果说，科学上的发现有什么偶然的机遇的话，那么这种“偶然的机遇”只能给那些学有素养的人，给那些善于独立思考的人，给那些具有锲而不舍的精神的人，而不会给懒汉。

——华罗庚

学习目标

- 理解小学科学教学设计的理念与原则，了解小学科学不同课型设计方法，掌握小学科学教学设计思路和要求。
- 了解小学生科学学习的认知规律，知道在教学过程中如何依据规律培养学生的观察力、注意力、想象力和思维能力。
- 了解低、中、高学段小学科学主要教学内容，把握不同学段科学教学的方法。

情景导入

一位教师在进行《指南针》一课教学时，首先向同学们展示指南针的图片，然后告诉学生指南针是我国古代四大发明之一，指南针虽然是个小小的东西，但用处却很大，航海、航空、勘测、探险都离不开它。教师再向同学们提问：你知道人们利用指南针干什么用吗？指南针是由什么制成的呢？为什么指南针有那么大的本领呢？今天，让我们来当一个小小的科学家，去探索指南针的秘密。这样的导入，教师好像在自言自语，突然提出三个问题。设计的情境离学生的实际生活太远，引出的问题不是情境中自然产生的，这样的教学设计合适吗？① 那么如何进行教学设计呢？

① 熊华蕊，余涛. 有效聚焦问题［J］. 湖北教育·科学课，2019（06）：18.

第一节 小学科学教学设计概述

小学科学教学设计，就是依据现代教学理论，根据《小学科学课程标准》的要求，按照科学课的教学理念及科学课的特点，结合学生的实际情况，充分利用并开发教学资源，选择组织教学内容和科学探究活动策略和活动方法，确定教学手段，即对科学课的教学活动进行系统规划、预设的过程。简单地说，小学科学课教学设计就是指小学科学课教师为了用尽量少的时间和精力实现教学目标而进行的系统设计。

教学设计分三类。一是学期教学设计，即对一个学期的科学教学活动进行设计，内容包括：学生现在的知识经验分析；班级情况分析；教学目标分析；教学内容分析；教学措施的制订；教学进度的安排。二是单元教学设计，即单元内容围绕单元探究主题而设计，便于学生整体把握教材，完整理解学习内容。三是课时教学设计，课时教学设计主要解决怎样教——教学理念，教给谁——学习者分析，教什么——教学内容设计，怎么教——教学过程设计四个方面的问题。

一 小学科学教学设计理念

（一）小学科学教学设计的要求

小学科学教学设计既要充分体现《小学科学课程标准》的理念，又要遵循小学科学课程的基本理念。课程理念是人们对课程的根本观点和基本看法，是人们对于课程的理性认识、理想追求以及在此基础上形成的对课程的价值取向。

小学科学课程的理念包含四个方面：科学课程要面向全体学生，为每一个学生提供适合的、公平的学习科学的机会，并提供有效的指导；学生是科学学习的主体，在科学学习中，要充分体现学生的主动性，发挥他们的能动作用；科学学习要以探究为中心，探究既是科学学习的目标，又是科学学习的方式；保护学生的好奇心和求知欲。小学生对周围世界具有强烈的好奇心和求知欲，这种好奇心和求知欲是推动学生学习科学的内在动力，对其终身发展具有重要的作用。

（二）小学科学教学设计的理念

1. 教学设计要突出教育性

教学设计要遵循学生的身心发展规律，每一堂课都要考虑到学生在课堂上学了什么科学知识，掌握了哪些科学方法，培养了怎么样的科学态度。

2. 教学设计要具有示范性

小学科学教学内容是以主题为单元组织的，在进行教学设计时不能只注重每一节课的设计，要做到一个单元的教学设计相互联系、层层推进、有机统一。

3. 教学设计要有可实操性

教学设计既是教师教的设计，同时又是学生学的设计；教案和学案都是在教学设计的基础上形成的。教学设计既要让教师清楚怎样教、教给谁、教什么、怎么教，又能让学生明白学什么、怎么学。

4. 教学设计要体现开放性

科学课程在教材内容、教学形式、教学时间、教学场地、学习评价等多方面都是开放的，为教师提供了选择的机会和创造的空间。

5. 教学资源选择要多元化

教材多元化，教学平台多元化，师生对话平台多元化。

6. 教学观念要具有发展性

一方面要体现时代要求和先进教育教学理念，吸收新科学研究成果；另一方面要注重学生掌握学习科学的方法，培养学生不断探索的习惯，树立终身学习的理念。

二 小学科学教学设计原则

（一）系统性原则

科学课的教学设计必须符合科学课程教学设计的总体要求和阶段教学目标的具体要求。如小学三年级学生对于探究对象，主要是认识事物的现象，而较少去探究事物的性质和结构功能。若我们在教学设计时，让学生花大量时间和精力去探究动植物的种类特点，如哺乳动物的特征、草本植物的特征、木本植物的特征等，则偏离了科学课的阶段目标。事实上也不符合学生的实际，不可能实现教师的设计意图。

（二）整体性原则

科学课课堂教学设计各因素之间是协调统一、相互促进的整体，不能相互脱节，相互矛盾和相互干扰。如一位教师在《保护水资源，树立关爱生命的情感》科学课堂教学活动中，设计了如下的探究活动：把小鱼放在污水和清水中做比较，观察小鱼的表现。做完实验后把小鱼救出来。设计中，由于教师既要学生关爱生命，又让学生把活生生的小鱼置于污水之中，这使得目标与活动自相矛盾和相互干扰，结果在教学中出现了学生拒绝进行实验探究的现象。

（三）目的性原则

科学课的教学设计要与教学目标的要求统一，要体现目标要求，保证目标的实现，而不能偏离教学目标。如科学课中画小动物的活动，目的是让学生体验用画的方式记录观察活体动物的结果，要求就是实事求是，看到什么就画什么。如果把活动设计成看谁画得最漂亮、最美，而不是画得最像，就偏离了教学的目标。

（四）有效性原则

教学设计不能单纯追求教学形式，而要追求实际的教学效果。如在《使沉在水里的物体浮起来》教学活动中，用橡皮泥做只小船，讨论什么样的船装得多，目的是让学生探究等重情况下，船空间的大小与载重多少的关系。一位教师为了展现科学课中的多媒体教学，制作了课件，让学生活动后观看，以明白道理。而在实际的教学中，学生通过探究和讨论，对橡皮泥船做得越深越大，就载重越多的道理，已有了深切的感受，再看课件就毫无必要。这样设计和操作，既浪费了课程资源，又使课堂教学效率低下。

（五）可行性原则

课堂教学设计要符合当时的教学条件、符合学生的实际，做到明确具体、切实可行。如《动物的一生》要求学生养蚕。若按教科书的编排顺序来设计和组织探究活动，很可能北方地区的学生最后养不活蚕，达不到课标的要求。因为，按照教科书的编排顺序，当开始养蚕的活动时，桑叶还未发芽。刚孵出来的小蚕没有食物，都会饿死。因此，这个单元的养殖活动可以与下一个单元的内容进行对换。如果是种植活动，类似上述情况，还可以用种其他植物来代替。

三　小学科学教学设计类型

（一）科学观察课的教学设计

在小学科学课中，以观察为主组织教学过程的课程属于观察课，它是一种指导学生有目的、有计划地利用感官对自然现象、物体特征及属性、动植物生长及其他习性等进行系统的观察，以获得知识、经验，并培养观察、分析、比较和概括能力的教学活动。基本的教学模式是：活动准备—自主观察—交流研讨—实践运用。

科学观察课教学要点：设计有结构的观察材料；提出明确的观察任务；提供具体的观察方法；突出观察与思考相结合。

典型课例：教育科学出版社出版（以下简称“教科版”）的三年级《科学》上册《校园里的树木》、人民教育出版社出版（以下简称“人教版”）的三年级《科学》上册《身边的动物》等，低年级的小学科学课绝大部分是观察课。

（二）科学实验课的教学设计

实验是科学课教学的一种主要的方法。它是学生根据对问题的猜想，确定实验方案，利用一定材料组装实验模型，控制实验条件，从而产生某种实验现象，并通过分析实验现象得出实验结论的认知过程。基本教学模式是：提出问题—猜想假设—设计方案—实验观察—分析现象—归纳结论—实践应用。

科学实验课教学要点：课前要做好充分的准备工作，如材料、模型组装、变量调控、现象记录等；给学生提供设计实验的思路；提供科学的实验方法及注意事项；启发学生在实验过程中，操作、观察、思考相结合；指导学生用逻辑思维方法分析实验现象，得出实验结论。

典型课例：教科版六年级《科学》上册《电与磁》、教科版三年级《科学》下册《物体在液体中的沉浮》等，四五年级绝大部分课都是实验课。如“溶解”单元、“电学”单元、“力学”单元、“沉浮”单元等。

（三）科学阅读课的教学设计

科学阅读课是让学生围绕科学探究的问题，通过阅读、分析资料，获取事实的证据，形成基本的科学认识，从中培养学生鉴别信息、获取信息、处理信息能力的课程。

科学阅读课基本教学模式是：提出问题—猜想假设—阅读资料—整理资料—抽象概括—实践运用。科学课阅读的价值在于获取什么样的事实。为了体现科学阅读的价值，首先，学生要筛选资料，从众多资料中找出与问题有关的内容；其次，通过快速浏览找出与问题有关的事实；再次，用事实尝试解释问题的假设，判断事实的科学性与严密性，如果不能完全解释假设，回到开始补充新的事实，如果能够解释说明假设，就设法将有关的词句、数据、图片进行整理，准备交流。

典型课例：教科版五年级《科学》下册《人类认识地球及其运动的历史》、教科版四年级《科学》上册《相互协作的人体器官》等。

（四）科学讨论课的教学设计

科学讨论课主要是围绕科学问题，让学生展开相互讨论、相互启发、相互交流、相互补充，获取科学事实，形成基本的科学概念，从而培养和发展学生的科学探究能力、情感、态度与价值观。

科学讨论课的特点是：①确定讨论问题。这个问题首先是一个科学问题，而不是一个简单的问题。科学发现论认为，一个问题要与科学发现发生必然的联系，就需要将问题指向已有的知识，使问题从现象的描述触及现象的本质，使简单的问题成为科学的问题，成为学生可讨论的问题。其次这个问题是一个有所知而求知的问题，讨论的问题如果不能与学生的知识经验相联系，那它就不是适宜讨论的问题。再次就是这个问题要是一个能激发学生讨论兴趣的问题。

②营造自主讨论的氛围。学生讨论时，教师不要把学生限制在自己设想好的范围内，而应该让学生围绕主题，充分地思考和交流。当然，自主讨论绝不是随意去想，随便去说。讨论过程中，要有一个无形的框架，它可以约束讨论的范围。

③形成科学思维的过程。科学讨论课的基本模式是：提出问题—收集信息—讨论交流—形成认识。上好科学讨论课，教师要充分地了解学生，要抓住问题的本质让学生进行讨论，要在适当的时候给予帮助，要善于耐心启发和引导，要帮助学生形成结论。

典型课例：教科版三年级《科学》上册《我看到了什么》《植物有哪些相同特点》《寻访小动物》《动物有哪些相同特点》、教科版五年级《科学》上册《维护生态平衡》等。

（五）STEM 课的教学设计

科学技术课是一个需要由一定的科学概念引领的技术设计、技术制作，并在教学活动中进一步发展科学概念为目标的教学活动。

教学模式是：明确任务—技术设计—形成技能—科学解释—展示评价。

科学技术课教学应注意以下问题：明确任务阶段，定目标、定条件、激活概念；构思方案阶段，运用科学知识设计，会选择最优方案；实践阶段，先验证方案的可行性，会调整技术线路；展示与评价，会技术描述，会技术评价，会科学反思。

典型课例：教科版五年级《科学》上册《做个太阳能热水器》《设计制作小赛车》、教科版五年级《科学》下册《造一艘小船》《设计制作一个保温杯》、教科版三年级《科学》下册《做个指南针》等。

四　小学科学教学设计思路

（一）确定教学目标

通过教材分析，了解学生已学知识和已有经验，依据《小学科学课程标准》确定教学目标。教材分析主要是分析教材内容，找到教学内容中的科学知识点、科学探究点、科学态度点；了解学生已学知识主要是确定新授内容，分析《小学科学课程标准》对该部分教学内容的教学要求与建议。

（二）确定重点、难点

教学目标中一定要达到的目标就是重点，估计难以达到的目标是难点。小学科学的重点内容一般是概念性知识和科学探究的过程与方法；难点主要是一些抽象的事物以及结论要精准的实验，有些教学目标既是重点也可能是难点。

（三）选择教学方法和教学资源

选择教学方法的依据有三个，一是根据教学内容选择教学方法，如学习《日食、月食现象》时，最好是采取演示法。二是根据学生的兴趣爱好和学习方式选择教学方法，如观察并记录不同环境条件下绿豆的生长过程，学生亲自种植绿豆，让学生“做中学”，这种教学方法效果明显。三是为了做到重点突出、难点突破而选择相应的教学法。

教学资源的选择要依据教学内容和教学方法，同时要兼顾学校现有的教学条件。

（四）设计教学过程

教学过程设计是课时教学设计的核心，教学过程设计要兼顾知识逻辑和学生认知规律。例如学习“浮力”单元，教师只有对教材内容的逻辑进行了深入的分析，才能设计一条主线使学生感知浮力，其他内容作为多角度认识浮力的素材，而不至于按照教材一节一节地讲，分不清几项内容的关系，造成学生逻辑上的混乱。

教学过程设计就是要理清教学思路、设计教学步骤，既要确定各教学环节的先后顺序，又要使各个环节环环相扣；设计每个环节——教师教什么？怎么教？学生学什么？怎么学？并说明设计意图，估算各环节所需时间。

小学科学倡导探究式学习，设计教学过程时一定要注意突出学生的主体地位，从学生的问题出发营造教学情境，设计教学问题，并引导学生探究、解决问题，减少讲解的时间，增加学生自主探究、分组活动的时间。

（五）设计教学评价

在教学设计中，教师还要根据内容设计学生活动记录单、反馈单，从而了解学生学习情况；设计教师课堂观察记录表，以多种方式对学生进行学习过程评价；掌握命题的基本技能，设计或选择课后的练习题，对学生学习效果进行评价。

五 小学科学教学设计特征

（一）小学科学学科特点

1. 人人都能学的学科

科学课程致力于实现义务教育阶段的培养目标，体现基础性、普及性和发展性。义务教育阶段的科学课程面向全体学生，适应学生个性发展的需要，使人人都能获得良好的科学教育。无论学生存在着怎样的地区、民族、经济条件、文化背景的差异和性别、天资等方面的个体差异，科学课程为每一个学生提供公平的学习机会和发展科学潜能的基础。

2. 以生活中的科学为逻辑起点

科学课程要从学生的认知特点和生活经验出发，让他们在熟悉的生活情景中感受科学的重要性，了解科学与日常生活的密切关系，逐步学会分析和解决与科学有关的一些简单的实际问题。要创造良好的学习科学的条件和环境，使学生在学习中体验科学的魅力和乐趣，培养学生终身的探索乐趣、良好的思维习惯和初步的科学实践能力。

3. 以探究为主的学习方式

科学探究是科学研究过程的本质特征，具有重要的教育价值。在小学科学课堂中，教师是儿童学习科学的支持者和引导者，引导儿童主动探究，亲历科学探究的过程，这将有利于保护儿童的好奇心和激发儿童学习科学的主动性。科学探究是学生学习科学的重要方式，但不是唯一的方式。根据教学内容的不同，学生的学习方式可以是多样的。教学中要根据教学目标和内容采用不同的教学方式与策略，让学生将探究式的学习与其他方式的学习充分结合起来，以获得最佳的学习效果。

4. 科学课程具有开放性

科学课程在学习内容、活动组织、作业与练习、评价等方面给教师和学生提供了选择的机会和创造的空间。

教学观念开放。陶行知先生说过："要解放儿童的头脑、双手、嘴、空间和时间，并且给予充分的营养。让他们置身自然，研究自然，较之于几十平方米的教室，学习的时空更加广阔，手、口也更加自由了，他们就会感到自主、轻松、愉快。"

教学内容开放。要拓展学生的信息渠道，广泛利用教科书以外的各种资源。不要拘泥于教科书上规定的教学内容，孩子眼中的科学世界永远是妙趣横生的。

教学时间开放。教师不要把上、下课铃当作教学的起点和终点，小学生探究科学的活动往往不是一节课所能完成的。科学课不受课时的束缚，教师要鼓励学生参与课外的学习活动。

教学场地开放。课堂是学习知识的一个场所，但不是唯一场所。科学课不受课堂的束缚，教师要带领学生走向校园、家庭、社会和大自然。

教学评价开放。要让学生知道科学探究的答案有时不是唯一的，要允许学生存有己见，既关注别人的答案又反省自己的答案。

（二）小学科学教学设计特征

1. 小学科学教学四维一体的教学目标

小学科学课程的总目标是培养学生的科学素养，学生通过科学课程的学习，了解与认知水平相适应的科学知识，体验科学探究的基本过程，形成尊重事实、乐于探究、与他人合作的科学态度；了解科学、技术、社会与环境的关系。小学科学教学有四维目标，例如《声音的传播》的四维目标中，科学知识目标是"知道声音可以在固体、液体、气体中传播"；科学探究目标是"能自主设计声音在不同物质中可以向各个方向传播的探究"；科学态度目标是"在学习中乐于合作交流，在探究中注重证据"；科学、技术、社会与环境目标是"了解声音传播特性在社会生活中的应用"。

2. 小学科学课程内容贴近学生生活实际

科学源自生活，生活中处处充满着科学。小学科学教学从学生熟悉的日常生活入手，让学生走进生活，接触到科学，感受生活中科学的存在。

科学教学走进大自然。在科学课的教学中，教师应根据教学内容及符合小学生年龄特点的认知规律，让学生接触生动活泼的生命世界，去田野树林、山川湖泊，看花草树木、虫鱼鸟兽，感受生命的丰富多彩。如实施《油菜花》教学时，正值金灿灿的油菜花盛开，带领学生到油菜花地，仔细观察一株油菜的根、茎、叶、花，并让学生采集一些油菜花样品进行解剖，把油菜花的各个组成部分，分别粘贴在记录本上，让每一小组把观察结果记录在表格中，进行交流。

科学教学走进学生的生活。科学教学要创设生活化的教学情景，如在学习《浮力》时，用教室内的水桶盛水，让学生用手指轻压水面上的水勺底部，让他们感受到水对水勺底部向上的力，这个力就是浮力。

科学教学融入学生的爱好。小学生好奇心强、好动、爱玩，教学中应适当设置一些带有“玩”的色彩的科学游戏，让学生从开心的“玩”中悟出科学道理。

3. 小学科学课程倡导以探究式学习为主的多样化学习方式

小学科学课程的学习方式是多种多样的，探究式学习是学生学习科学的重要方式。探究式学习是指在教师的指导、组织和支持下，让学生主动参与、动手动脑、积极体验，经历科学探究的过程，以获取科学知识、领悟科学思想、学习科学方法为目的的学习方式。

4. 充分利用和保护学生的好奇心

小学生的好奇心是与生俱来的。好奇心是推动学生科学学习的内在动力，对其终身发展具有重要作用。教师在教学过程中要创设愉快的教学氛围，保护学生的好奇心，激发学生学习科学的兴趣，引导学生主动探究。

5. 科学课程的评价应能促进学生科学素养的形成与发展

科学课程的教学评价就是要通过评价，了解学生实际的学习和发展状况，改进教学，促进学习，提高每个学生的科学素养。科学课程的教学评价要贯穿在教学的全过程之中。不仅当学习告一段落的时候要进行结果评价，在学习开始的时候，要进行前置性评价，学习之中要开展形成性评价，实现评价时机的全程化。评价时机的全程化是科学课程教学评价的主要特点。同时还要注重评价主体的多元化，评价内容的全面化，评价方法的多样化。

6. 让德育走进科学课堂

小学科学课程的总目标是培养学生的科学素养。小学科学课程内容包含物质科学、生命科学、地球与宇宙科学、技术与工程四个领域。通过科学课程的学习，让孩子们掌握相关的科学知识，了解科学探究的过程和方法，形成大胆想象、尊重证据、敢于创新的科学态度和爱科学、爱家乡、爱祖国的情感；亲近自然、欣赏自然、珍爱生命，积极参与资源和环境的保护，关心科技的新发展。因此小学的科学教育具备德育功能。小学的科学教学应该渗透德育，让学生在认识探索自然、理解社会、体会生命奥秘时受到潜移默化的感染熏陶，在不知不觉中获得情感态度与价值观培养的机会。科学教学的德育渗透，不能仅把科学教育作为一种求知、求真的活动，而应有科学精神的支撑，贯穿社会责任感的培养，与人格培养融为一体。不仅要把学生培养成有世界眼光、更要有中国灵魂的现代人。如学习完《水》单元后，组织学生调查家乡的河流受污染状况，问问父母他们小时候河流是怎样的？为什么现在河流会变成这样？并写成调查报告，再讨论用什么办法可以使河流复原。组织学生向政府部门写信建言献策，这样就让学生充分体会到了主人翁的责任感。

第二节　小学生科学学习认知特征

教学片段

向儿童演示两块方糖在水中溶解的现象，并向儿童提问：有没有什么东西保存在水里？水的重量有没有变化？水平面会上升吗？不同年龄阶段儿童的回答如下：

7 岁以下儿童回答：糖不见了，也不会回来，甚至糖的味道到水里也会消失，就像气味消失一样，水的重量和水面都不会变。

7 岁儿童回答：糖还在，但变成液体了，不会改变水的重量和水面的高度。

8~9 岁儿童回答：糖变成了小的看不见的东西，但仍然还在，我们能尝到。这些看不见的小东西不会增加水的重量，也不会占据空间，所以水面高度不会上升。

10 岁儿童回答：糖的微粒有重量，水和糖的重量之和等于溶解后的溶液的重量。

12 岁儿童回答：既然每个微粒都占空间，那么这些空间加起来应该等于糖加水的空间，所以水面应该上升，然后保持不变。

不同年龄阶段的儿童的认知发展水平是不一样的，在小学科学课程教学过程中一定要遵循小学生的认知发展规律。

一 小学生在科学学习中的观察力

（一）小学生观察力的发展

小学生观察力的发展分为三个阶段。第一阶段，小学低年级，认识“空间联系”阶段。学生可以看到各个对象之间的空间联系，依据各个对象之间可以直接感知到的空间关系认识画面的内容。第二阶段，小学中年级，认识“因果联系”阶段。学生可以看到各个对象之间的因果联系。第三阶段，小学高年级，认识“对象总体”阶段。学生可以从意义上完整地认识整个图画的内容。

小学生观察力的发展通常具有以下几个特征。一是在精准性方面。小学生在观察事物时，主要以感性经验为主，缺乏思维活动的参与，对细小部分则缺乏观察或观察不够精确；低年级小学生不能全面细致地感知事物的细节，只看到事物的表面现象和表面特征，只能说出客体的个别属性，随着年龄的增长慢慢提高。二是在目的性方面。年级越低排除干扰的能力越差，集中注意使观察服从于规定任务的持续时间就越短，观察的错误就越多。三是在顺序性方面。观察时往往只注意事物较突出的特征，如运动的、较大的、对比明显的部分，这样容易导致观察无序，观察的结果缺乏全面性。四是在完整性方面。低年级小学生没有经过训练，观察零散、不系统，中高年级小学生观察能力有较大的发展，并有一定的逻辑。五是在判断力方面。随着年龄的增长，小学生观察的分辨力、判断力和系统化能力明显提高，特别是在三年级之后。

（二）小学生观察时的常见问题

由于小学生的年龄较小，注意力容易分散，容易忘记观察的任务，且观察往往停留于表面，常遗漏或忽视重点的观察内容，习惯过早下结论，等等。小学生在科学观察之中存在以下几个主要问题：

1. 缺乏目的性

小学生在观察活动中，易受外来刺激的干扰，常常在受到新鲜刺激时，就会离开观察对象；同时，观察易受自身的生理状况和个人兴趣等因素的制约，尤其是低年级小学生表现更为明显。例如，在观察鲫鱼的实验中，如果学生不明确观察的目的，只会观察鱼鳍被剪去之后鱼游动不协调的样子，就只会看热闹。教师如果事先提出了观察的目的和重点，学生就会在观察中有意识地去关注鱼鳍的作用。

2. 不能及时客观地记录观察对象

在教师的指导下，学生能够基本明确观察记录的具体内容，也基本能够采用文字或绘图等多种方式进行记录，但不能及时客观地记录。例如，教师要求学生观察高锰酸钾，然后描述观察对象，学生说“高锰酸钾像一粒粒的沙子”“它有一点像灰尘”等，从中可以看出学生对观察对象的描述是不准确、不全面的。

3. 观察描述容易掺杂个人的猜想和推论

很多学生在观察之后不会进行记录，直接抄袭同组或他组成员的观察结果，还有的同学会因为自己的观察结果和别的同学有所不同而进行修改，这样不能保证观察结果的客观性。

4. 观察过程中不能积极提出疑问

例如，教师问学生所观察到的高锰酸钾溶解在水中呈现出什么颜色，学生的回答是“淡粉色”。教师继续追问：“是淡粉色吗？再仔细观察一下。”“粉色。”“是粉色吗?”学生都不回答了。

5. 科学观察活动中的参与度不够

科学观察时，并不是每个学生都能够积极投入到任务中去。一方面可能是学生不感兴趣；另一方面是资源有限，不能保证每个学生都有进行科学观察的材料，只能进行小组活动。另外小组成员的性格和动手能力有一定的差别，所以在小组活动中往往有一两个占据主导地位的同学，其他同学只是旁观而已。

（三）小学生观察力的培养

为了有效地提高小学生的观察力，教师要在教学过程中有意识、有计划地进行培养。

1. 明确观察目的

小学生的好奇心较强、求知欲较盛，知觉的随意性和情绪性比较明显，小学生的观察与平常的观看相似，随意性很大，有意观察不稳定，往往只对观察对象的显眼部分感兴趣。因此，在引导小学生观察时，应首先让其明确观察的目的，让小学生带着明确的观察目标开展观察活动。只有目的明确，目标清晰，观察时才能抓住重点，注意力才能集中指向有关对象，感知和思维也才能紧紧围绕观察对象，并获得清晰的事物表象，给思维活动提供丰富的材料，从而做出符合客观实际的判断。

2. 把握观察顺序

儿童通常习惯从自身所在方位去观察对象，尤其在观察复杂的事物或现象时，往往不容易看到事物的内在联系和本质特征。因此，教师要拟定好观察计划，制订观察程序，引导小学生由整体到局部、由表及里、由先到后、由远及近、由上而下、由显到微进行层次清晰的系统观察，防止主次不分、顾此失彼，让小学生通过观察反映事物的全貌以及各组成部分之间的联系。

3. 力求深刻观察

儿童观察的一个缺点是笼统而不精确，他们不善于区分事物的细微差别，更找不出事物表象背后的本质特征，而某些事物的本质又总是被表面的现象所掩盖。观察的主要目的在于通过观察客观对象所呈现的外部特征去揭示事物的本质。因此，观察不仅要具有全面性，对客观事物的全貌有所了解，而且还要精确深刻地把握事物的特征，揭示事物的本质。在教学中，我们要积极引导小学生运用思维，分析比较，抓住事物的本质。

4. 运用多种感官进行观察

观察是和注意、记忆、思维、想象等智力因素，情绪、意志、兴趣等非智力因素协同活动的过程。只有尽量应用多种感官进行观察，才能获得完整、鲜明、精确和生动的事物形象，才能对事物理解得更加深刻。

5. 应用多种方式进行观察

各种感官直接进行观察是很重要、很方便的，但有一定的局限性，而且直接观察往往会有误差。如显微镜、放大镜就大大增强了视觉的功能；用温度计测量水温比用触觉试水温结果更精确，更能减小误差。

6. 拓展知识领域，提高观察质量

“谁知道的多，谁就看到的多。”一个知识贫乏、经验不足的人，对相应事物不可能做出全面而深刻的观察。在观察前，教师应适当补充相应的知识；在观察中，学生要充分运用已有经验，随时提取与观察事物有关的各个方面的信息，有利于在日常的生活实践中养成良好的观察习惯。

7. 养成良好的观察习惯

观察时，一要细心，即观察时要细致，不放过每一个细小的变化。不细心就不能深入事物的精微之处，就不能留下深刻的记忆，就概括不出事物的规律。所以观察不仅要亲眼看，还要深入看，要方方面面、里里外外周密细致、精细观察。二要耐心，对复杂事物的观察，特别是创造性的观察，往往需要付出艰苦的劳动，需要有顽强的毅力。有些现象稍纵即逝，需要进行重复观察；有些现象变化缓慢，需要长期观察；有些现象因实验失败，需要再实验重新观察。这些都需要耐心，没有耐心就不可能获得可靠、准确、理想的观察结果。三要用心，在观察过程中，教师要指导小学生边观察、边思考，多问几个“为什么”。观察不动脑筋，不积极思考，即使是新奇的东西摆在眼前，也会错过捕捉的机会。而处处留心、善于思考的人，往往可以从人们习以为常的现象中获得重要的发现。观察后要进行认真的思考、分析、比较、综合、概括，做出合理判断，得出正确结论。四要求实观察，对观察结果要抱实事求是的态度，记录要真实，不能凭主观想象任意修改或人为地编造数据。如果实验观察结果与预期的不一致，要查找原因，认真分析，改进后重新再做，直到成功为止。

二 小学生在科学学习中的注意力

（一）小学生注意力的发展

小学生的注意力不稳定、不持久，难以长时间注意同一件事物，容易为一些新奇刺激所吸引。凡是生动、具体、形象的事物，形式新颖、色彩鲜艳的对象，都比较容易引起小学生的兴趣，吸引他们的注意。随着年龄的增长和大脑的不断成熟，内抑制能力得到发展，再加上教学的要求和训练，小学生逐渐理解了自己的角色与学习的意义，有意注意便逐渐得到发展。到五年级，小学生的有意注意基本占据主导地位。

1. 从以无意注意为主逐渐向以有意注意为主过渡

初入学的小学生无意注意占主导地位，有意注意正在发展，总体发展趋势是从无意注意占优势发展到有意注意占优势。从小学一年级到五年级，学生的无意注意基本处于同一水平。有意注意的发展有两个特点。一是有意注意在认识活动中的作用提高。小学低年级学生无意注意已相当成熟，尤其是生动的、新异的能引起他们的注意，到了小学中高年级有意注意迅速发展。二是注意由被动到主动，小学低年级学生有意注意缺乏自觉性，表现为不会主动确定目的，在注意过程中不会组织自己的注意，需要他人不断的提醒，而小学高年级学生能自行确定目的，并根据目的组织注意。

2. 注意的范围较小

小学生注意的范围较小，不善于分配自己的注意，这主要是因为小学生的经验少。实验表明，小学生只能同时注意到 2~3 个客体，而成人能同时注意 4~6 个客体。小学生集中注意某一事物时，经常出现“顾此失彼”的现象，不善于分配自己的注意。比如当他聚精会神写字时，又会忘了正确的坐姿要求。

3. 注意的集中性和稳定性差

一般来说，7~10 岁儿童可连续集中注意力约 20 分钟，10~12 岁儿童约 25 分钟，12 岁以上约 30 分钟。低年级儿童对一些具体的、活动的事物以及操作性的工作，注意容易集中和稳定；对于一些抽象的公式、定义以及单调刻板的对象，注意就容易分散。随着年龄的增长，对抽象事物注意的稳定和集中才会相应提高。

4. 注意的分配和转移能力差

小学低年级学生，特别是刚入学的一年级学生，明显地表现出不善于分配注意的现象，到了小学二年级就大有改观。而且二年级学生和五年级学生的注意分配能力基本处于同一水平。

小学低年级学生注意转移的能力也比较差，到小学中年级以后，学生的注意转移能力逐渐发展起来，小学五年级儿童注意转移速度较小学二年级有明显增长，尤其是男生发展更快。

（二）小学生注意力存在的问题

小学生的注意力不稳定、不持久，常与兴趣密切相关。生动、具体、新颖的事物，较易引起他们的兴趣和注意，而对于比较抽象的概念、定理，他们则不感兴趣，因而不易长时间地集中注意力。另外，小学生的注意范围较小，常出现顾此失彼的现象。比如，边听课边记笔记，同时注意演算速度和准确度对于他们来说都是比较困难的。

小学生注意力不集中的表现：好动、坐不住，无精打采、心不在焉或想入非非，粗心、马虎、差错多，拖沓、磨蹭，一心多用、有始无终，跟不上老师的讲课思路，沉思于上一个问题。

小学生科学学习注意力不集中的原因：一是学生对科学课堂所学的内容不感兴趣；二是教师在教学过程中方法过太死板、陈旧。

（三）小学生注意力的培养

小学生课堂注意力是小学生课上伴随各个心理活动而产生和发展的不可缺少的心理状态，没有注意的参加，也就难以完成对科学知识的认知过程。那么如何提高小学生在科学课上的注意力呢？

1. 创设有趣情境吸引学生注意

上课时，小学生的兴奋点有时还停留在上一节课的内容或课间活动中，能否把学生的注意力由“课下”导入到“课上”，使他们全神贯注地投入到新课的学习中去，在很大程度上决定着一堂课的成败。因此，在导入新课时，通过巧妙的设疑提问、创设有趣情境、运用图片等方法，把学生注意力牢牢地吸引住，以最佳的精神状态迎接新课的到来。教师巧妙地运用直观形象的形式进行教学，能吸引小学生，使他们注意力集中；能激发学生学习科学的浓厚兴趣，使他们易于理解，乐于接受。

如教学《植物的叶》时，教师一开始就发问：“你见过叶子吗？”“怎样形容？”“看见不同的叶子你心里有什么不同的感觉？”好几分钟就过去了，但是有的学生可能头脑还是一片空白，不知道该如何回答这一连串的问题。有经验的老师会让学生带着这些问题直奔主题，在观察和讨论校园中的各种植物的叶子的过程中，让学生自己找到答案，最后教师进行总结性讲解。

2. 明确学习目的吸引学生注意

一个学生对学习关注与否，往往和他的学习目的是否明确有很大的关系。如果学习目的明确，学生就会长时间集中注意力，保证课上学习顺利有效地进行。如果学习目的不强，学生对安排的教学内容不感兴趣，就会出现注意力分散的情况。在课堂上，我们应该提醒学生注意听讲、注意看黑板、注意这个问题等，明确告诉学生，引导他们集中自己的注意力，认真学习。

3. 优化教学内容吸引学生注意

教学内容要尽量考虑学生的需要。一般而言，丰富、新颖并具有思想性、科学性、系统性和实践性的内容，容易使学生产生兴趣，从而保持注意。相反，内容贫乏、零乱、理论脱离实际，学生往往不感兴趣，注意力容易分散。

4. 改进教学方法吸引学生注意

长时间的单调刺激使大脑皮层产生抑制，使人容易疲劳，难以使注意稳定。因此，教师的教学方法应注意生动、活泼、灵活、多样。如讲解教学重点时可以加强语气、适当重复、适当板书；教学中把教师的讲述、提问、演示与学生看书、回答、做练习、做实验等各种教学手段有机结合起来。

5. 丰富语言艺术吸引学生注意

课堂教学语言离不开情感，缺乏感情的教学语言就像失去绿叶衬托的红花一样黯然失色，会影响学生注意力集中的持久性。教师教学时要注意语音语调，充满感情的语言，不但能唤起学生的积极思维，激发学生的热情，还能使师生之间产生情感上的共鸣，可以取得好的教学效果。教师的教学语言既要有思想性，又要有趣味性；既要形象生动、简洁流畅，又要抑扬顿挫，声音大小、节奏快慢适中；要防止那种平铺直叙、单调呆板、含糊不清、枯燥无味的讲述。

6. 加强课堂管理保持学生注意

课堂秩序在很大程度上影响着学生上课时的注意力。在良好的课堂环境中，教师教得舒心，同学学得惬意；而混乱的课堂则让教师和同学都难以专心于教和学。我们要在科学课堂中形成良好的学风，强化课堂纪律，维持良好的课堂秩序，减少无关因素对课堂的影响，以提高课堂效率。

三　小学生在科学学习中的想象力

想象力是科学探究的引航灯。爱因斯坦认为想象力比知识重要，因为知识是有限的，而想象力概括着世界的一切，推动着社会的进步，而且是知识的源泉。可以说一个人的想象力决定了他们的创新思维和创新能力。因此，在科学教学中，我们要重视和发掘学生自由想象的潜能，培养学生积极动脑。

（一）小学生想象力的发展

1. 小学生想象的有意性增强

小学低年级学生的想象具有学前儿童想象的特点，仍以无意想象为主。到了小学中、高年级，儿童再造想象的内容趋于完整，有意想象的成分大大增加，其精确度亦明显提高。

2. 想象的创造成分增多

小学低年级学生再造想象的成分占较大比例。随着他们的活动不断增多，经验逐渐丰富以及认识能力的提高，大脑中的表象越来越多，因而想象的创造成分逐渐增多。

3. 想象更富于现实

学前儿童的想象往往与现实不符，有时会出现“想入非非”的空想。小学中、高年级学生的想象就更接近现实。如教学《运动与摩擦力》一课，通过教师的讲授，学生对摩擦力有了一定的认识，此时可以让学生进行大胆想象：如果没有摩擦力，世界将会变成怎么样？学生会联想到没有摩擦力汽车将会横冲直撞，人们不能走路，人们将会很难拿起物体等多种很难想象的事情，世界将会变得一塌糊涂。通过这样的突破常规的想象，进一步引导学生理解摩擦力存在的重要性，也培养了学生的空间想象能力。

（二）小学生想象力存在的问题

小学生的想象从形象片段、模糊向着越来越能正确、完整地反映现实的方向发展。比如，在做游戏时，他们已不满足于用两根交叉的棍子表示飞机，而要求飞机要有机翼和螺旋桨等。低年级的小学生，想象具有模仿、简单再现、直观、具体的特点，他们在游戏中常重复从成人那里看到的动作和姿势，而且他们想象的游戏动作一般要有某种具体实物的支持。例如，他们把沙子堆成桥梁、地道等。

（三）小学生想象力的培养

1. 培养再造想象

学生掌握知识技能需要再造想象。一方面，学生学习的书本知识主要是前人积累的间接经验，有许多事情是没有亲身经历、感知过的。另一方面，学习中对于抽象概念的理解也需要想象活动的支持。再造想象的准确性和生动性取决于以下两个条件：一是学生必须正确理解作者和教师使用的语言、符号的含义；二是学生必须有足够的表象储备，已有表象越多，情节越细，想象的内容就越丰富、越具体。

2. 培养创造想象

美国创造力研究专家托兰斯认为，创造力的发挥必须在自由而安全的气氛中才能进行。对于课堂来说，自由就是减少对学生行为和思维的无谓限制，给其表现自我的机会；安全就是对于学生的奇思妙想不做批评和挑剔，使其毫无顾忌，获得创造的安全感，敢于表达自己的见解。作为教师，在学生展开想象、各抒己见的过程中，不能做自我权威的维护者和教材的代言人，而应成为学生积极发言的引导者和欣赏者。如跟学生讲话时，要尽可能使用他们的语言，缩短与学生的距离；讲课时面带微笑，使孩子们感到亲切；要注意留给孩子们充分想象的时间。同时，教师还要鼓励孩子们大胆进行想象。小学生由于身心各方面发展水平的约束，产生一些离奇甚至荒谬的想法是难免的。在这种情况下，教师首先要认真分析孩子们的思维过程，在对其进行耐心引导与纠正的同时，要肯定孩子大胆想象的精神。对于小学生来讲，错误的想法可以纠正，但想象的积极性一旦消失，则无法挽回。

提高小学生在科学课上创造想象的能力，可考虑以下几方面：激发兴趣，培养学生的创造欲望；鼓励求异，培养学生的创新精神；注重参与，培养学生的创新能力；创设氛围，提供给学生创造想象的机会；丰富知识面，扩大学生的知识经验以发展学生的空间想象能力；发展语言表达能力，有利于学生能将想象活动以语言的形式表达出来。

四　小学生在科学学习中的思维力

思维是小学生进行科学学习的重要支撑。思维活动的过程表现为比较、分类、概括、分析、综合、抽象和具体化等。比较是在认识上确定事物之间共同点和差异点及其关系的过程，比较可以是同中求异或异中求同，也可以是横向比较或纵向比较。分类是以比较为基础，按事物属性的异同，把事物分为不同种类的过程。概括是在认识上把同类事物的本质特征加以综合并推广到同类其他事物的思维过程。抽象是概括的基础，概括是抽象的发展。概括的作用在于使人的认识由感性上升到理性，由特殊上升到一般。任何一个概念，一条规律，一个公式或原则都是抽象和概括的结果。分析是在认识上把事物的整体分解为各个部分个别特性或个别方面的过程。综合是在认识上把事物的各个部分或不同特征、不同方面结合起来形成一个整体的过程。抽象是在认识上抽取同类事物的本质特征，舍弃非本质特征的过程。具体化是将通过抽象和概括而获取的概念、原理、理论应用于实践中，以加深、拓宽对各种事物的认识。在教学中，具体化常常表现为引证具体事例来说明理论问题或者应用一般原理来解决某个具体问题。

（一）小学生思维力的发展

小学生的思维从以具体形象思维为主要形式逐步向以抽象逻辑思维为主要形式过渡，但他们的抽象逻辑思维在很大程度上仍是直接与感性经验相联系的，具有很大成分的具体形象性。

1. 从以具体形象思维为主逐渐向以抽象逻辑思维为主过渡

小学低年级学生的思维虽然有了抽象的成分，但仍然是以具体形象思维为主。他们所掌握的概念大部分是具体的、可以直接感知的，难以区分概念的本质和非本质属性，而中高年级小学生则能区分概念的本质和非本质属性，能掌握一些抽象概念，能运用概念、判断、推理进行思考。小学生的思维由具体形象思维向抽象逻辑思维过渡的转折期一般出现在四年级。

2. 抽象逻辑思维发展不平衡

在整个小学时期，儿童的抽象逻辑思维水平不断提高，思维中抽象的成分日渐增多，但在不同的学科、不同的教学内容中表现出不平衡性。例如，对于儿童熟悉的学科、难度小的任务，儿童思维中抽象的成分较多，抽象的水平较高；而对于儿童不熟悉的学科、难度大的任务，儿童思维中的具体成分就较多。

3. 抽象逻辑思维从不自觉到自觉

小学低年级学生虽然已掌握一些概念，并能进行简单的判断、推理，但他们尚不能自觉地调节、控制自己的思维过程。中高年级小学生在教师的指导下，对自己的思维过程进行反省和监控的能力有了提高，能说出自己解题时的想法，能弄清自己为何出错，思维的自觉性有了发展。

（二）小学生思维力存在的问题

小学低年级学生在不能直接观察到事物特征的情况下，对某些概念进行概括会感到困难。比如对于“大与小”的概念，他们通常是通过对大、小物体的直接感知获得的。而到了高年级，他们则开始能够依靠表现一定数量关系的词语来进行概括。随着年龄的增长，他们掌握概念中直观、外部特征的成分逐渐减少，而掌握抽象、本质特征的成分不断增多。小学生缺乏变通能力，思维较单一，这是普遍存在的现象。小学生的依赖性较强，多处于被动思维状态，在小学科学教学中，部分教师往往不自觉地扮演着知识灌输者、课堂管理者的角色，使学生处于被动、被控、单向接受的状态。久而久之，很多学生都失去了自己的个性，总是习惯等答案、靠答案，严重阻碍了学生思维的发展。

（三）小学生思维力的培养

1. 低年级段，着重培养比较、分类等思维能力

比较和分类能力在逻辑思维能力中属于较低的层次，所以低年级培养思维能力可以从培养比较和分类能力开始。比较是分类、抽象、概括和归纳的基础。如《相同和不同》一课，是专门训练学生比较能力的一课。分类能力是根据对象间的共同点和差异点，将对象区分为不同种类的能力。如《小学科学课程标准》规定要认识几种常见植物果实的外形特征，在教学这一知识时，可以让学生观察一些常见的植物的果实外部特征，通过观察、比较，知道果实的形态是多种多样的，然后指导学生给果实分类。

2. 中年级段，着重培养概括、推理等思维能力

通过抽象概括和归纳推理，可以形成概念，发现规律。在《小学科学课程标准》规定的中年级的知识要点中，有不少是要求形成概念和发现规律的。在学习这些知识内容时，可以同时培养学生抽象概括和归纳推理的能力。例如“物体的热胀冷缩”这一内容，要求学生认识液体、气体、固体在一般情况下都有热胀冷缩的性质，物体的热胀冷缩是生活中常见的一种现象。在中年级还要培养学生演绎推理的能力，演绎推理是从一般到个别的认识方法，用归纳推理的方法可以形成概念和发现规律，用演绎推理的方法可以应用概念和规律去推断未知事物的结论。例如学生通过观察、比较各种鱼，认识鱼在外形上和繁殖上的相同点，在这个基础上归纳概括鱼类外形和繁殖的共同特征：身体表面有鳞，头部有鳃，靠鳍运动，终生生活在水里，用卵繁殖后代，从而形成鱼类的概念。然后要求学生应用鱼类的概念进行演绎推理，判断其他

一些生活在水里的叫“鱼”的动物，如鲸鱼是否属于鱼类？为什么？推理如下：凡是鱼类都用卵繁殖后代，鲸鱼不用卵繁殖后代，所以鲸鱼不属于鱼类。演绎推理也是科学研究中一种重要的方法，它能丰富和发展所学的知识，还可以用来检验得出的概念和规律是否正确和严密。

3. 高年级，着重培养分析、综合的思维能力

在小学科学教学中培养学生的分析、综合思维能力，对于开发学生智力、提高学生的科学素养具有十分重要的意义。分析是把事物的整体分解成各个部分，把复杂的事物分解为简单的要素，然后分别加以研究的一种思维方法。综合是把事物的各个部分或各个方面联合成一个整体。分析以综合为目的，综合以分析为基础，教师要依据每一节课的教学内容不同，选择恰当的方法，通过学生看、说、想、做等方式培养学生的分析与综合能力。例如《水在自然界里的循环》一课，从能力培养看，属于分析综合能力的系列。

第三节　小学 1~2 年级科学教学设计

一　小学 1~2 年级科学主要教学内容和方法

（一）《小学科学课程标准》中规定的小学 1~2 年级科学主要教学内容

表 6-1　《小学科学课程标准》中规定的小学 1~2 年级科学主要教学内容

学习领域	主要教学内容和方法
物质科学	通过观察，描述物体的轻重、薄厚、颜色、表面粗糙程度、形状等特征；根据物体的外部特征对物体进行简单分类；辨别生活中常见的材料。
	观察并描述水的颜色、状态、气味等特征；知道有些物质能够溶解在一定量的水里，有些物质很难溶解在水里。
	观察并描述空气的颜色、状态、气味等特征；使用前后左右、东南西北、远近等描述物体所处位置和方向。
	知道推力和拉力是常见的力；知道力可以使物体的形状发生改变。
	列举生活中常用的不同外形的磁铁；描述磁铁可以直接或隔着一段距离对铁、镍等材料产生吸引作用；知道指南针中的小磁针是磁铁，可以指示南北；说出磁铁总是同时存在着两个不同的磁极；知道相同的磁极相斥，不同的磁极相吸。

续表

学习领域	主要教学内容和方法
生命科学	知道动物和植物都是生物；说出生活中常见动物的名称及其特征；说出动物的某些共同特征；说出周围常见的植物名称及其特征；说出植物需要水和阳光以维持生存和生长。
	举例说出动物可以通过眼、耳、鼻等感知环境；识别眼、耳、鼻、舌、皮肤等器官。
地球与宇宙	描述太阳每天在天空中东升西落的位置变化；描述怎样利用太阳的位置辨认方向；描述一年中季节变化的现象，举例说出季节变化对动植物和人类生活的影响。
	描述月相的变化现象；知道太阳能够发光发热，描述太阳对动植物和人类生活有着重要的影响；知道有阴、晴、雨、雪、风等天气现象，描述天气变化对动植物和人类生活的影响。
	观察并描述周围的土壤上生长着的植物和生活着的动物；说出人类生活离不开动植物的实例，初步树立珍稀动植物资源的意识。
技术与工程	知道植物、动物、河流、山脉、海洋等构成了自然世界，而建筑物、纺织产品、交通工具、家用电器、通信工具等构成了人工世界；知道我们周围的人工世界是由人设计并制造出来的。
	体会生活中的科技产品给人们带来的便利、快捷和舒适；认识周围简单科技产品的结构和功能。
	认识常见工具，了解其功能；使用工具对材料进行简单加工；描述肉眼观察和简单仪器观察的不同；利用提供的材料和工具，通过口述、图示等方式表达自己的设计与想法，并完成任务；对自己和他人的作品提出改进建议。

（二）基于《小学科学课程标准》和学情设计的教学方法

2017版《小学科学课程标准》把小学阶段的学习，划分为三个阶段，即低段1~2年级，中段3~4年级，高段5~6年级，相应的内容标准与之匹配。学习内容的呈现，融入了学习进阶的理念和成果，使学生对科学概念的学习呈现螺旋式上升的趋势。这就要求科学课教师严格把握不同学段的教学目标要求，把握好教学内容的深度和广度，不超越《小学科学课程标准》的规定。教师在教学设计中，要注重将科学知识与实际生活中的应用紧密相连，而不是一味加深科学概念的教学。在低年级学段科学课程的教学中，建议做到如下几点。

1. 突出兴趣的激发和培养，注重学习习惯的养成

兴趣和习惯，在低年级的科学教学中十分重要，应予以足够的重视。如对科学的好奇心和求知欲，观察的有序性，及时记录的习惯，尊重事实和证据的意识，科学方法的渗透，等等。教学方法上可以衔接幼儿园大班的教学方式，适当利用一些游戏，增加趣味性，注重实践性，让学生积累更多的感性经验和直接感受。

2. 把握低年级学生的心理特点和年龄特点

低年级学生有意注意时间短，自我控制能力弱，教学中经常需要进行组织和管理。教学管理上要注意掌握一些低年级学生的管理技巧，巧妙把握低年级学生的年龄特点和心理特点，采取针对性的教学策略和手段。

3. 基于学科特点进行教学

小学科学是一门实践性课程，也是一门综合性课程。要爱护学生的好奇心和求知欲，注重学生的亲自动手、亲身体验、通过实践获得经验和知识，让学生在实践中获得成功，获得成就感，激发并保持学生的兴趣，增加学习的动力。因此，在科学课堂上，要加强观察、实验活动，倡导开展教师指导下的探究式教学。同时，不要只局限于科学学科的教学，要以科学为主线，综合语文、数学、艺术、技术等学科的元素，体现学科的综合性。

4. 协调好探究活动的实施与教学目标的达成

小学的科学教学由于教学内容与目标相对较高，我们的科学探究都是在一定条件下开展的，学生自主探究的时间和空间相对于幼儿园教学而言较少，不知不觉中可能会把探究式变成灌输式的教学，所以小学科学教师要做好协调，既能让学生更多地去尝试自我总结又能落实教学目标，这一点很值得思考。

5. 注重全体学生的学习参与

教学要面向每一个学生，在人数比较多的班级如何让所有孩子的注意力集中，让所有孩子参与教学很值得思考，要让课堂更吸引孩子。针对低年级学生认知水平欠缺、语言表达能力不够准确的特点，要听懂学生的发言，使师生互动更准确有效。

二 小学 1~2 年级科学教学设计实例

课题：认识空气

课例设计依据青岛出版社 2018 年义务教育教科书《科学》（一年级下册）。《小学科学课程标准》中相关学习目标：3. 1 观察并描述空气的颜色、状态、气味等特征。

教学目标：

1. 知道空气没有颜色，没有味道，能流动；了解空气与人类生活的关系。
2. 能用简单的器材探究空气的特点；并运用多种感官从颜色、气味、状态等方面认识空气。
3. 培养思考和提出问题的能力，培养合作交流的能力。

教学设计：

1. 课前准备材料：塑料袋、矿泉水瓶、纸杯、蚊香、气球、蜡烛等
2. 课堂教学活动过程：

教学环节【导入】

在上节课学习中，我们知道空气就在我们周围，处处都有空气，今天这节课我们一起继续认识空气，了解空气的特点。要认识一样事物，可以用什么办法呢？就像我们小时候刚开始探索这个世界一样，充分利用我们的眼睛、耳朵、鼻子还有我们灵巧的双手吧！

教学活动【探究空气的特点】

看一看——观察空气的颜色

活动材料：透明玻璃杯数个，观察材料若干，如牛奶、橙汁、沙土、河湖水、冰块等，同时留一个空杯子。

活动步骤：学生依次观察玻璃杯中的物品，并根据生活经验辨认，同时隔着杯子观察自己的手，并记录观察结果，填写到下列表格中。

表 6-2 空气颜色观察结果记录表

物品辨认				
观察结果				

观察到最后一个空杯子时，学生可能会说，杯子是空的。教师启发学生，这个空杯子里装的是什么呢？有学生会依据上节课的学习内容回答有空气。

汇总同学们的观察结果，发现隔着盛水、冰块和空气的杯子都能看见手，而隔着牛奶、橙汁、沙土的杯子看不到手，这说明水、冰块以及空气都是透明的。这就是空气的第一个特点：空气没有颜色。

闻一闻——观察空气的气味

活动材料：透明玻璃杯数个，观察材料若干，如牛奶、橙汁、沙土、河湖水、冰块等，同时留一个空杯子（与第一个实验相同）。

活动步骤：请同学蒙上眼睛，还能不能区分上面各个玻璃杯中的物品？

观察结果发现，牛奶、橙汁能根据气味闻出来，其他很难确定，包括空气、水、冰块、沙土都是无味的。

教师讲解说明：在自然界中，空气没有气味，我们在生活中偶然闻到空气中的味道，往往是空气中有了其他的成分。这就是空气的第二个特点：没有气味。

动动手——探究空气的流动性

活动材料：用一个气球套在矿泉水瓶口并扎紧

活动步骤：用力捏矿泉水瓶身，气球会鼓起来，松开手，气球又瘪下去。可让学生动手反复操作，思考原因是什么。

观察思考的结论是：瓶子里有空气，空气是会运动的，捏瓶子时空气跑到了气球里，松手后气球里的空气又回到瓶子里。

教师进一步启发学生：空气没有颜色没有气味，看不到摸不着，我们怎么才能观察到空气的运动呢？

活动材料：蚊香、蜡烛（特别提醒注意安全使用明火）

活动步骤：点燃一盘蚊香，两支蜡烛，学生依次观察，可用手轻轻扇动，观察蚊香燃烧时产生的烟雾飘动以及蜡烛火焰的摆动。

观察结论：空气是流动的。虽然看不见摸不着，但是可以借助其他物品观察到空气的流动。

同学们想一想，在生活中还看到过哪些能证明空气流动的现象。

学生：旗子的飘扬，风筝的飞行，扇扇子，枝叶在风中摇动，等等。

教学环节【拓展学习】

在这节课的学习中，我们了解了空气的几个特点：无色，透明，能流动。在自然界中，水也具备这些特点。那么我们怎么区分空气和水？空气和水有什么不同吗？由学生根据生活经验提出猜想再加以验证：空气比水轻。

活动材料：同样两个矿泉水瓶，一个装满水，一个是空瓶子装满空气，一架简易天平。

活动步骤：学生用手掂一掂两个瓶子的分量，再用简易天平称量一下，称量结果非常明显，结论是同样多的水和空气，空气更轻。

请同学们课后继续探究，空气和水还有什么不同呢？从中学会比较观察的方法。

课例剖析：

该课例选取的课题为“认识空气”，观察并描述空气的颜色、状态、气味等特征，这是物质科学领域小学 1~2 年级学段的学习内容。课例设计中的观察空气的颜色、闻一闻空气的气味、动动手探究空气的流动性等教学活动设计可以让全体学生参与，每一项观察活动均指向相应的空气特征，学生从中获得直观经验，从而有利于探究兴趣的激发。

第四节 小学 3~4 年级科学教学设计

一 小学 3~4 年级科学主要教学内容和方法

（一）《小学科学课程标准》中规定的小学 3~4 年级科学主要教学内容

表 6-3 《小学科学课程标准》中规定的小学 3~4 年级科学主要教学内容

学习领域	主要教学内容和方法
物质科学	能够使用简单的仪器测量物体的长度、质量、体积、温度等常见特征，并使用恰当的计量单位记录。
	描述某些材料的导电性、透明程度等性能，说出它们的主要用途；根据物体的特征或材料的性能将两种混合在一起的物质分离开来。
	知道固体的形状、体积和质量；液体有确定的体积和质量，液体的表面在静止时一般保持水平；气体有确定的质量，没有固定的形状和体积。
	知道有些物体形状或大小发生变化但性质不变；知道冰、水、水蒸气在形状和体积方面的区别；观察并描述一般情况下水的沸腾和结冰。
	观察并描述一定量的不同物质在水中的溶解情况；通过实验知道搅拌和温度是影响物质在水中溶解快慢的常见因素。
	知道空气具有质量并占有一定的空间，会充满各处；知道空气中的氧气和二氧化碳对生命具有重要意义；通过观察，描述热空气上升的现象；知道空气流动是风产生的原因；列举生活中常见的形成风的方法。
	知道可以用相对于另一个物体的方向和距离来描述运动物体在某个时刻的位置；知道测量距离和时间的常用方法；知道用速度描述物体运动的快慢；知道自行车、火车、飞机等常用交通工具的速度范围；列举并描述常见物体的直线运动、曲线运动等运动方式；比较不同的运动，举例说明各种运动的形式和特征。
	知道日常生活中常见的摩擦力、弹力、浮力等都是直接施加在物体上的力；举例说明给物体施加力，可以改变物体运动的快慢，也可以使物体启动或者停止。
	举例说明声音在不同物质中可以向各个方向传播；举例说明声音因物体振动而产生；知道声音有高低和强弱之分；制作能产生不同高低、强弱声音的简易装置，知道振动的变化会使声音变化；知道噪声的危害和防治；知道保护听力的方法。
	描述行进中的光被阻挡时，就会形成阻挡物阴影。
	知道一般物体具有热胀冷缩的性质；知道水结冰时体积会膨胀；描述加热或者冷却时常见物质的状态变化。
	说出电源、导线、用电器和开关是构成电路的必要元件，说明电路形成的基本条件；解释切断闭合回路是控制电路的一种方法；知道有些材料是导体，易导电，有些是绝缘体，极不易导电；列举电的重要用途，知道雷电、高压电、交流电会对人体产生伤害；知道安全用电常识。
	识别生活中的能量；知道运动的物体具有能量。

续表

学习领域	主要教学内容和方法
生命科学	描述生物的特征；知道生物和非生物具有不同特点；能根据某些特征对动物进行分类；识别常见的动物，描述某一类动物的共同特征；列举我国的几种珍稀动物；举例说出动物如何感知环境；举例说出动物适应季节变化的方式及作用。
	说出植物的某些共同特征；列举当地的植物资源，尤其是与人类生活密切相关的植物；描述植物组成部分及相应功能；说出植物从种子萌发成幼苗到开花、结出果实和种子的过程；举例说出生活在不同环境中植物的外部形态的特点及作用；简要描述人体用于呼吸的器官，用于摄取养分的器官，列举保护这些器官的方法。
	举例说出动植物的生命过程；描述植物繁衍后代的不同方式；描述胎生动物和卵生动物繁衍后代方式的不同；描述动植物维持生命的基本条件；列举动物对巢穴庇护所的依赖实例；列举动物帮助植物传粉或传播种子的实例；举例说出人类生产、建筑对动植物生存产生的影响。
地球与宇宙	描述一天中太阳光的照射下，物体影子的变化规律；知道月球是地球的卫星；描述月相的变化规律；知道地球是一个球体，是太阳系中的一颗行星；描述月球表面的概况；知道太阳是一颗恒星。
	使用气温计测量气温，描述一天中气温变化的大致规律；利用气温、风向、风力、降水量、云量等可测量的物理量描述天气；知道气候和天气的概念不同；了解台风、洪涝、干旱等气象灾害对人类的影响。
	知道地球表面海陆分布的情况；知道地球陆地表面有河流、湖泊等水体类型；知道土壤是地球上重要的资源；知道土壤的组成部分；观察并描述沙质土、黏质土和壤土的不同特点；举例说出不同土壤适宜生长不同类型的植物；知道岩石是由矿物组成的；观察花岗岩、砂岩、大理岩的标本，认识常见岩石的表面特征；知道矿产是工农业生产的重要资源。
	举例说出人类生活离不开淡水，树立节水意识；说出人类利用土壤进行农业生产的例子，树立保护土地资源的意识；说出人类利用矿产资源进行工业生产的例子，树立合理开采利用矿产资源的意识。
技术与工程	区分生活中常见的天然材料和人造材料。
	举例说出制造技术、运输技术、建筑技术、能源技术、生化技术、通信技术的产品。
	知道一些著名工程师、发明家的研究事迹，了解他们的设计和发明的过程。
	举例说出改变方法和程序可以提高工作效率；使用和制作简易的古代测量仪器模型，如日晷、沙漏等；知道使用工具可以更加精准、便利和快捷。
	举例说出一项工程运用到的科学技术和原理；知道工程设计的基本步骤；针对一个具体任务，按照设计的基本步骤来设计一个产品或完成指定任务；对自己或他人的想法、草图、模型等提出改进建议，并说明理由；在制作过程中及完成后进行相应的测试和调整。

（二）依据《小学科学课程标准》和学情设计的教学方法

中年级学段是科学课程学习的关键阶段。在这一阶段，学生的学习视野进一步开阔，学习资源愈加丰富，学生更乐于通过动手操作的过程体会科学探究的乐趣。因此在这一阶段的课程学习中，应充分体现出学习进阶的特征，把握好教学目标的设计，从而达成科学素养的提升。

1. 体现学习进阶的学业要求

学习进阶是基于教学理论、实证研究和教学经验而提出的针对学生特定年级认知发展的学业要求，这些要求以科学课的内容主题为线索，描绘了随着学生年龄增长在学习内容上由浅入深、循序渐进的学业范围和深度，为教师有效教学提供了直接的依据。

例如，对比试验的感受、理解和设计，不同学段的要求是不一样的。低学段学生只需要感受对比实验的要求，体会到公平的思想；中学段学生可以在实验中体会对比实验的方法，有感性的认识，能初步运用公平的思想，在教师指导下进行简单的对比试验；高学段学生可以初步接触变量，识别实验中的变量，设计单变量实验，并在实验中学会单变量实验的方法，掌握对比实验的精髓。

2. 细化教学目标，并以教学目标引领教学全过程

教师在备课的时候，首先要写好教学目标。但是在具体的教学过程中，却很难达到教学目标设置的理想程度。究其原因，在于在教学过程中，教师没有把教学目标落实到具体的教学环节中，没有清晰的环节目标支撑，整节课的教学就会泛泛而过，蜻蜓点水，导致学生的新认识增加不多，技能没有得到足够的训练，思维在原有水平上重复。由此可见，教师在明确教学目标的同时，还要思考与之相匹配的教学环节达成的分目标，即分解课时目标，便于教学时落实。

教师在备课时，对每一个教学环节的设计都要想一想：这个环节指向什么目标，对教学目标的达成起到什么作用；教学时，要及时反思是否达到了环节的目标要求。教师要学会把一个教学目标细化为环节目标，便于在即时教学中操作落实。只有对学生的学习水平有足够的了解，才能准确合适地细化目标，落实到各个教学环节中。

3. 探知学生的元认知，基于学生的基础进行教学

在教学中经常出现这样的状况：教师反复研读教材，精心设计教学活动，但实际情况却不尽如人意，学生兴趣不足，参与低下，学生思维投入不深。很重要的一个原因，是教师没有充分把握学生的已有水平，导致教学时在学生原有水平上重复。因此制定目标之前，教师要探知学生的原有认知，确定准确的教学目标，特别要在学生易错处着力，设置相应的教学环节，实现突破重点、难点，从而达成学习目标。

学生的学习起点是先前已有的知识经验，科学课程的学习必须从学生原有的经验出发，要根据学生的实际情况，恰当调整教学目标的内容和方向，使学生的发展在原有的基础上向前迈进，通过一系列的探究活动，逐步达成对概念的理解。在教学中，教师可以通过画图、预测、

提问、回答等方式了解学生的前概念，并以此为依据调整教学的内容和策略，引导学生提出合适的探究问题。在教学过程中，教师也要根据学生和课堂教学的具体情况，及时调整教学内容和方法，确保更好地实现教学目标。

二　小学 3~4 年级科学教学设计实例

课题：太阳和影子

课例设计依据青岛出版社 2014 年第 4 版义务教育课程标准实验教科书《科学》（三年级下册）。《小学科学课程标准》中相关学习目标：13.1　描述一天中在太阳光的照射下，物体影子的变化规律。

教学目标：

1. 知道影子产生的条件；描述一天中在太阳光的照射下物体影子的变化规律；说出一天中太阳的运动对气温变化的影响。

2. 做实验探究影子形成的条件，学会在实验中控制实验变量的对比方法。

3. 做实验记录一天中太阳光照射下同一物体影子的变化，并归纳数据。

4. 尊重通过实验获得的科学数据，并与其他同学分享交流；能将所学到的太阳与影子的知识应用于实际生活。

教学设计：

（一）课前活动设计

分组实验，完成测量数据的表格填写，并绘制柱状图。选取学生合适测量的目标物，如校园的国旗杆、校园里的雕塑、校园里相对较孤立的大树、班内某一名同学的身高等，依据分组数目确定组员，每组成员 2~4 人；选取适合学生作息安排的观测时间段，完成下列表格，并根据测量数据制作柱状图。

表 6-4　太阳和影子的测量结果记录表

观测时间点	8 点	10 点	12 点	14 点	16 点
影子高度					

班内同学分组合作完成选定测量目标的数据采集和整理工作（不必全班同学都要完成此项工作，可依据学生的意愿事先确定 2~4 组同学提交数据即可）。

（二）课堂教学活动过程

1. 导入

教师利用手电筒做光源在大屏幕上做几个手影，然后请学生到讲台模仿老师做手影，在学生展示的过程中，关掉手电，学生发现没有光源就没法做手影，由此引出本节课探究的第一个问题：影子的产生条件。

2. 教学活动一：实验探究影子的产生条件

引导学生聚焦问题：影子是怎么形成的？

引导学生猜想问题的答案：影子的形成和光源有关。

引导学生设计实验，验证猜想：打开手电筒，依次照射课本、手掌、笔盒、水杯、透明玻璃、透明胶袋等物品，学生发现不透明的物品影子明显，透明的物品很难形成影子。

引导学生修正对问题的假设：影子的形成不仅和光源有关，也与被照物品的透明程度有关；产生影子有两个条件：光和不透光的物体。

引导学生进一步观察影子，并在实验中设法改变影子的形状、大小和方向，使学生发现影子的本质是与光源及物体自身有关。

引导学生进一步思考：生活中有哪些常见的光源？物体的影子对我们的生活有什么影响？有消除影子的办法吗？通过学生自由发言，列举事例，充分表达观点。

教学环节【承转】：自然界中最重要的光源就是上节课中认识的太阳，太阳每天东升西落，在阳光的照射下，不透光的物体都产生影子。那么在一天中，阳光下同一物体的影子长短有什么变化呢？

教学环节【小组课前活动成果展示】：由前期完成数据采集和整理工作的小组同学展示测量结果。

学生根据数据以及整理的柱状图归纳结论：在一天中，同一物体的影子都是中午短，早晚长。

教学环节【承转】：接下来教师用手电筒模拟太阳在天空中的运行，用放在标明地平方位的底板上能竖立的铅笔模拟观测目标，请大家观察同一物体的影子长短变化，验证结论。

3. 教学活动二：观察模拟实验探究太阳和影子的关系

学生通过观察模拟实验，验证了在一天中同一物体影子长短的变化规律。引导学生进一步观察，在模拟实验中，除了影子长短的变化外，还能发现影子有什么变化？学生在前期观察影子的过程中已经积累较丰富的经验，因而能发现影子的方向会随着光源的方向而变化，并总是与光源方向相反；还有细心的同学可能会观察到影子的长短变化的同时还有浓淡变化，并引发进一步思考变化的原因。

归纳实验结论：一天中，同一物体的影子早晚长，中午短；早晨太阳在东方，影子朝西；中午太阳在南方，影子朝北；下午太阳在西方，影子朝东。

教学环节【拓展交流】：太阳的位置变化与我们的实际生活有什么关系？学生自由发言，充分表达意见。

教师可以提出引导学生深入研究的观测问题：如果是不同的日期，同一物体的影子又会有怎样的变化呢？期待有青钻研的、能坚持的同学带这个问题持续记录数据，到高年级的时候就可以解决更精深的问题了。

总结归纳本节课主要学习内容。

课例剖析：

该课例的主题是太阳和影子，是三年级下册“太阳与时间”单元第二课时内容。《小学科学课程标准》中“地球与宇宙”领域对这部分的学习要求，是描述一天中太阳光的照射下，物体影子的变化规律。在教学设计中，通过课前大量实测数据的采集和处理，弥补学生原有认知的模糊性，再通过课堂上丰富的实验活动设计使学生真正明确影子的形成条件，进而根据实测数据归纳一天中同一物体的影子的变化规律，体现中年级学段学习进阶的学业要求。

第五节　小学 5~6 年级科学教学设计

一　小学 5~6 年级科学主要教学内容和方法

（一）《小学科学课程标准》中规定的小学 5~6 年级科学主要教学内容

表 6-5　《小学科学课程标准》中规定的小学 5~6 年级科学主要教学内容

学习领域	主要教学内容和方法
物质科学	观察常用材料的漂浮、导热等性能，说出它们的主要用途；知道有些物体发生变化，如燃烧、生锈等，构成物体的物质也随之变化。
	列举日常生活中水的蒸发和水蒸气凝结成水的实例；知道温度是影响水结冰和水沸腾过程的主要因素。
	知道空气是一种混合物质，氮气和氧气是空气的主要成分；知道地球不需要接触物体就可以对物体施加引力。
	识别来自光源的光；识别来自物体反射的光；知道人眼看到物体是因为有光源或者反射光；知道光在空气中沿直线传播；知道行进中的光遇到物体时会发生反射现象，光的传播方向会发生变化；描述太阳光穿过三棱镜后形成的彩色光带，知道太阳光中包含有不同颜色的光。
	说出生活中常见的热传递的现象，知道热通常从温度高的物体传向温度低的物体；举例说明影响热传递的因素，列举它们在日常生活和生产中的应用。
	知道声、光、热、电、磁都是自然界中存在的能量形式；调查和说明生活中哪些器材、设备或现象中存在动能（机械能）、声能、光能、热能、电能、磁能，以及它们之间的转换。

续表1

学习领域	主要教学内容和方法
生命科学	对常见植物进行简单的二次分类；说出细胞是生物体的基本组成单位；知道蘑菇和木耳是生活中可以直接看到的微生物；知道感冒、痢疾是由肉眼难以观察到的微生物引起的；知道植物可以吸收阳光、空气和水分，并在绿色叶片中制造其生存所需的养分。
	举例说出动物在气候、食物、空气和水源等环境变化时的行为。
	举例说出人体对某些环境刺激的反应方式和作用；列举保护人体器官的方法；简要描述人脑是认知、情感、意志和行为的生物基础；举例说出为保护脑的健康需要采取的主要措施；列举睡眠、饮食、运动等影响健康的因素，养成良好生活习惯。
	列举噪声、雾霾、污水等对人体健康的影响，养成环保意识。
	描述和比较植物后代与亲代的异同；描述和比较动物后代与亲代的异同；根据化石资料举例描述已灭绝的生物；描述和比较已灭绝生物和当今某些生物的相似之处；举例说出常见的栖息地为生物提供光、空气、水、适宜的温度和食物等基本需要。
	说出不同动物以植物或其他动物为食，动物维持生命需要消耗这些食物来获得能量；说出常见植物和动物之间吃与被吃的链状关系；认识到人与自然环境应该和谐相处；认识到保护身边多种多样的生物非常重要。
地球与宇宙	知道地球自西向东绕地轴自转，形成昼夜交替与天体东升西落的现象；知道地球自转轴及自转的周期、方向；知道正午时物体影子在不同季节变化规律；知道四季的形成与地球围绕太阳公转有关。
	知道太阳是太阳系的中心；知道太阳系中有八颗大行星，描述它们在太阳系中的相对位置；描述月球、地球和太阳的相对大小和相对运动方式；知道宇宙中有无数星系，银河系是其中的一个；知道大熊座、猎户座等主要星座；学习利用北极星辨认方向；了解人类对宇宙的探索历史，关注我国及世界空间技术的最新发展。
	描述雾、雨、雪、露、雹等天气现象的形成原因；描述地球上的水在陆地、海洋及大气之间处于不断的循环之中；举例说明水在地表流动过程中塑造地表形态。
	描述地球内部有地壳、地幔、地核三个圈层；知道地壳运动是地震、火山喷发等自然现象的成因；说出地壳主要由火成岩、沉积岩和变质岩三大类岩石构成。
	了解地球上的海洋为人类生存提供了生物、矿产、能源等多种资源；知道一些资源是可再生的，一些资源是不可再生的，列举日常生活中一些可回收或可再用的资源，树立资源回收再利用的意识；树立保护资源的意识，说出自己力所能及的保护资源的举措。
	描述人类的生产生活离不开能源；知道太阳能是生活中可利用的一种清洁、可再生的能源；描述煤炭、石油和天然气是目前人类利用规模最大的能源，知道它们的形成与太阳能有关；树立节约能源的意识，了解开发利用新能源的一些举措。
	了解火山喷发、地震等自然灾害对人类的影响，知道抗震防灾的基本常识；说出人类不合理活动对自然环境的影响，树立保护环境的意识。
	举例说出人类保护环境的举措，能够针对现实环境问题提出适当建议。

续表2

学习领域	主要教学内容和方法
技术与工程	知道重大的发明和技术会给人类社会发展带来的深远影响和变化；知道某些科技产品可能对人类生活和环境产生负面影响。
	知道很多发明可以在自然界找到原型，能够说出工程师利用科学原理发明创造的实例。
	认识生活中保温、防霉、防锈等技术的应用。
	知道完成某些任务需要特定的工具；知道杠杆、滑轮、轮轴、斜面等是常见的机械；使用杠杆、滑轮、轮轴、斜面等简单机械解决生活中的实际问题。
	了解一项工程需要由多个系统组成；利用摄影、录像、文字与图案、绘图或实物，表达自己的创意或构想；将自己的简单创意转化为模型或实物；根据现实的需要设计简单器具、生产物品或完成任务；根据设计意图，分析可利用的资源；简单评估完成一个产品或系统的可行性，预想使用效果。
	从经济效益、社会效益、环境效益等方面评价某个工程设计，并提出改进和完善建议。

（二）依据《小学科学课程标准》和学情设计的教学方法

高年级学段的科学内容与初中各分科教学的物理、化学、生物、地理等课程有密切联系，但此阶段的科学教学一般也不提倡提前学习初中水平的科学概念，同时还应注意适当精简课程内容，降低课程难度。

1. 准确把握科学知识和概念的深度

教学中，一般对已经明确删除的内容，如了解“四季的成因”“月相变化的成因”不必再当作必学内容。有些地区和学校可根据学生的实际情况，适当拓展知识应用和工程技术的内容。

2. 重视科学思维，重视真实探究

科学家从真实世界中发现、总结科学知识，而后应用于生产生活，从而带来社会的发展和进步。学生在课堂上模拟科学探究的过程，设计实验，并依据实验结果得出结论，但是这样的过程未必一定是成功的实验，一定是得出正确结论的实验。科学史上每一点滴的成就都经历了无数的曲折。因此，要让学生认识到不成功也是一种探究的结果，虽然不是希冀的结果。

在探究实验的过程中，教师多采用小组合作学习的方式，多引导学生思考过程中的现象，多问几个为什么，重视学生思维的发展，重视真实探究，从而着力于科学素养的提升。

3. 准确把握考试评价的要求

要注重考查学生的探究能力和实践能力，考查知识应用的能力，避免考试过深过难，避免考死记硬背的题目。

二 小学 5~6 年级科学教学设计实例

课题：四季更替

课例设计依据青岛出版社2014年第3版义务教育课程标准实验教科书《科学》（六年级上册）。《小学科学课程标准》中相关学习目标：13. 2 知道正午时物体影子在不同季节的变化规律；知道四季的形成与地球围绕太阳公转有关。

教学目标：

1. 能依据所观察到的星空变化、动植物随季节的变化等自然现象感受四季的更替，并对季节交替的形成原因提出科学假设；学会运用从多种途径获取科学资料，并能对所获得的资料加以整理，进行合理的科学推理和分析、归纳，从而知道四季的变化与地球的公转运动有关。

2. 坚持一年以上时间周期内对星空的观测，记录视野范围内的主要亮星以及北斗七星的位置形状；坚持一年以上周期内对校园内绿化植物的观测，记录主要的物相变化；坚持一年以上周期内对同一物体正午时影子长短的数据记录，并可根据数据处理后绘制曲线图或折线图；利用手电筒和地球仪模拟地球围绕太阳的公转运动，从而探究四季的形成原因；初步了解科学思维常用的对比、分析、归纳等方法，发展运用科学语言与他人沟通交流的能力。

3. 激发学生对自然现象保持长久的好奇心和探究热情，养成对各种自然现象长期观测记录的科学习惯；了解古代劳动人民的智慧结晶，增强民族自豪感。

教学设计：

一、课前活动设计

至少提前一年安排有兴趣、能坚持的同学分组选取观测目标并完成记录。

第一组：星空观测

观测周期：每半月观察记录一次。观测目标包括大角星、轩辕十四、牛郎星、织女星、天津四、参宿四、参宿七、天狼星、毕宿五、五车二等，特别留意北斗七星的勺柄指向，可依据天气情况适当调整，将观测到的结果填写到表 6-6 中。

表 6-6　星空观测结果记录表

观测日期			
视野中主要亮星			
北斗七星的形状			

第二组：对植物的观测

可选取校园绿植如标志性的大柳树、杨树、桃树或者木本的花卉等作为观测目标。

观测周期：每天观察，依据观察到的物象显著变化做记录，包括发芽、开花、树叶变化等等，将观察到的结果填写到表 6–7 中。

表 6–7　植物观测结果记录表

物象变化			
观测日期			

第三组：正午太阳下同一目标物体影长的观测记录

观测周期：每半月观察记录一次，可依据天气情况适当调整，将观察到的结果填写到表 6–8 中。并依据所获得数据进行整理，将其制作成折线图或者曲线图。

表 6–8　正午太阳下同一目标物体影长的观测结果记录表

观测日期			
物体影长			

第四组：记录日出、日落时间，并依据数据制作统计表格

观测周期：每半月观察记录一次，可依据天气情况适当调整。此项观测记录活动内容及数据分析在前面“昼夜交替”课题的学习中已有应用。

如有条件，可饲养小型动物比如兔子，观察其生活习性并做记录。总之，本节课授课目标的达成需充分借助学生原有的较为丰富的对自然现象的观察经验。

二、课堂教学活动过程

（一）导入

我们在地球上生活，能感受到两种显著的自然现象有规律的周期，一种就是我们前面学过的昼夜交替现象，一天有 24 个小时，昼夜交替出现，是地球自转运动的结果；另一种就是今天这节课要研究的四季更替现象。请同学们先告诉我：

一年中有哪四个季节呢？（学生回答）

那现在是什么季节？（学生回答）

我们怎么知道目前已经是秋季（可依据实际教学季节来提问）呢？（学生回答）

在前期，我们已经有同学加入观测小队，着重观察记录了几种自然现象，现在就有请他们分别来展示一下一年来观察记录的成果。各位同学在观摩展示的过程中，依据自己的经验思考：四季更替带来了哪些变化？

（二）教学活动一【感受四季更替带来的变化】

交流前期对星空、动植物、正午太阳下同一物体的影长等自然现象的观察研究记录，学生可采取多种形式比如呈现完整观测记录资料的展板、依据观测记录绘制的星空图、依据观测记录绘制的折线图、曲线图等。在此基础上，教师也可根据自己的观察提供图片资料或者视频资料，比如同一场景的校园四季照片或视频，让学生充分回忆起在不同季节中各种自然事物发生的变化。教师在教学时，应启发引导学生开展交流活动，总结归纳前期观察记录的成果。

1. 四季更替，星空也会不同

在不同的季节，我们能看到的星空中的亮星不一样：春季夜空中能看到橙黄色的大角星从东方升起，狮子座的轩辕十四已经到了天顶附近，北斗七星的勺柄指向东方；夏秋季节的夜空中可以看到白色的织女星慢慢移到了天顶附近，越过银河东南方是明亮的牛郎星，而东北方向同样有颗明亮的天津四（天鹅座 α 星）挂在银河边，此时的北斗七星的勺柄指向南方，逐渐偏西；冬季的夜空中，明亮的星星数量更多，包括东南方向正在升起的最亮的天狼星，南方天空高挂着的是整个猎户座，包括令人瞩目的参宿四、参宿七等，此时出现在天顶附近的亮星是五车二以及略带金黄色的毕宿五，但是这时的北斗七星已经不容易观赏，很难观赏到长长的勺柄。

2. 四季更替，植物有显著的季节变化

校园的大柳树，春季发芽，柳絮飞扬；夏季柳叶茂密；秋季在寒风冷雨中慢慢变得枯黄，凋落；到了冬季只剩下长长的柳枝（依据各地实际适合观测的植物变化而总结归纳）。

3. 四季更替，正午时同一物体的影长有显著变化

在中年级时，我们就曾经关注过一天中阳光下同一物体的影长变化规律，有同学持之以恒地延续了这项观测活动，着重观测记录正午时刻同一物体的影长的变化。根据观测数据可得出以下结论：夏季物体影子长，特别是 6 月底一段时间；冬季物体影子短，集中在 12 月底一段时间；春季秋季物体的影子长度居中。

4. 四季更替，昼夜长短也有显著变化

这一现象在“昼夜更替”课题学习中已有研究，在长达一年以上的记录中发现，夏季白天时间长，在所在地区（依据所在地区实际情况说明）也是最长 6 月底，早晨不到 5 点钟太阳就出来了，晚上太阳落山时接近 7 点半左右，白天的时间长达 14.5 小时；冬季白天时间短，在所在地区（依据所在地区实际情况说明）也是最短 12 月底，早晨 7 点半太阳才出来，晚上太阳落山时不到 5 点钟，白天的时间持续 9.5 小时；春季秋季昼夜大致相当。

请同学们依据各自的经验说说看，四季更替还会带来哪些变化呢？

教学环节【承转】

在交流的过程中，学生就会产生疑问：这些事物为什么在不同的季节会发生不同的变化？是由什么引起的呢？

（三）教学活动二【探究四季更替的产生原因】

教师引导学生在丰富的观测记录成果基础上，借助生活经验感受，大胆提出猜想：可能与气温的变化有关，冬季气温低，草木枯黄；夏季气温高，枝叶茂盛。引导学生思考：为什么冬季气温低，夏季气温高？

学生根据观测记录可能会发现：夏季物体影子短同时白昼时间长，冬季物体影子长同时白昼时间短，这种现象会影响地面热量的获得，进而影响气温的高低。

教师继续启发学生：不同季节感受到的气温显著变化又与谁有关呢？是因为太阳，与太阳有关，与太阳的运动有关。

在“昼夜交替”课题的学习中，我们发现昼夜交替的自然现象是和地球自转运动有关系，因此猜测四季更替的自然现象可能和地球的公转运动有关系。那么，什么是地球的公转运动呢？

（四）教学活动三【模拟地球的公转运动实验】

教师用地球仪和手电筒模拟地球的公转运动，边演示边讲解：地球绕着太阳自西向东的转动，就是地球的公转运动。在地球公转时，地轴是倾斜的，并且倾斜的方向保持不变。地球公转一周的时间为一年。

教师引导学生进一步观察：在演示实验中，手电筒的光是模拟的太阳光源，在地球仪绕着光源转动时，可以看到光有时候直射北半球，有时候直射南半球，有时候直射赤道。对于我们所在的地区来说，一年中有时候得到的太阳光照多，有时候得到的太阳光照少，就有了季节变化。

有条件的情况下可让学生动手，分组完成模拟实验，进一步细致观察。

（五）教学活动四【承转】

地球公转的过程中是倾斜的，并且倾斜的姿态不变。有没有想过，如果地球围绕太阳公转的时候不是倾斜的而是直立的，会出现什么情况呢？

（六）教学活动五【对比试验——模拟地球直立时的公转运动实验】

由教师或学生完成地球直立姿态的公转运动模拟实验，观察发现，如果地球在绕太阳运动时是直立的而不是倾斜的，手电筒模拟的太阳光源就会在地球仪的转动过程中始终直射在赤道上，对于我们所在的地区来说，一年当中就不会有变化了。

归纳总结实验结果：四季的更替是与地球的公转运动有关，并且与地球公转运动中的姿态有关。

（七）教学活动六【拓展交流】

我国古代的劳动人民根据长期观察和农业生产活动经验，对四季的变化有更详细的认识和划分，有同学会背诵《节气歌》吗？

春雨惊春清谷天，夏满芒夏暑相连。

秋处露秋寒霜降，冬雪雪冬小大寒。

请同学们课后研究这首节气歌是怎样反映农时季节的，从中体会我国古代人民对四季变化的认识以及利用，感受祖先的聪明智慧，增强民族自豪感。

课例剖析：

该课例的主题是季节更替，是六年级上册“太阳、地球和月球”单元第三课时内容。该内容在初中地理课程中也会涉及，因此在教学设计中，教师要特别注意把握教学的深度和难度，虽是高年级学段的学习内容，仍需了解学生的抽象思维能力尚未完全建立。因此在教学设计中安排了大量的并且是长时间（一年以上）对生活中各种熟悉的自然现象的观测和记录，在课堂教学中则充分利用观测记录的实证资料展开分析，让学生充分感知四季的变化，为中学阶段的学习做好铺垫。

第六节 教学设计的表述——说课

一 什么是说课

所谓说课，就是教师以教育教学理论为指导，在精心备课的基础上，在没有学生参与的情况下，于课前或课后面对参与教学研究的人员，主要用口头语言和有关的辅助手段等阐述某一具体课题的教学设计或教学得失，并就课程目标的达成、教学流程的安排、重点难点的把握及教学效果与质量的评价等方面进行预测或反思，与听者一起共同研讨进一步改进和优化教学设计的教学研究过程。说课包括课前说课和课后说课。课前说课，即教学设计阐述；课后说课，即教学反思。

说课不仅要说清“怎样教”，而且要说清“为什么这样教”。这是提高教师教学素养、增强教学能力的一种有效的教学活动，现在已经成为师资培训的一种有效的组织形式。

说课的教师要全面熟悉自己的教案，做到心中有底；说课时中心要突出，条理要清晰；要紧凑连贯，简练准确；要努力表现专长，突出特色。

二　说课的意义

（一）说课有利于提高教研活动的实效

通过说课，让授课教师说说自己教学的意图，说说自己处理教材的方法和目的，让听课教师更加明白应该怎样去教，为什么要这样教。从而使教研的主题更明确，重点更突出，提高教研活动的实效。另外，我们还可以通过对某一专题的说课，统一思想认识，探讨教学方法，提高教学效率。

（二）说课有利于提高教师备课的质量

大部分教师备课时都只是简单地备怎样教，很少有人会去想为什么要这样教，备课缺乏理论依据，导致备课质量不高。通过说课活动，可以引导教师去思考，思考为什么要这样教学，这就能从根本上提高教师备课的质量。

（三）说课有利于提高课堂教学的效率

教师通过说课，可以进一步明确教学的重点、难点，理清教学的思路。这样就可以克服教学中重点不突出、训练不到位等问题，提高课堂教学的效率。

（四）说课有利于提高教师的自身素质

一方面，说课要求教师具备一定的理论素养，这就促使教师不断地去学习教育教学的理论，提高自己的理论水平。另一方面，说课要求教师用语言把自己的教学思路及设想表达出来，这就在无形中提高了教师的语言组织能力和表达能力，提高了自身的素质。

三　说课与上课的区别

说课与上课从本质上讲是不同的。上课属于教学业务工作的范畴，而说课是教学研究的一种活动形式，说课是在备课与上课两个环节之间插入的一个独立的新的环节。

说课与上课的区别如表 6-9 所示。

表 6-9 说课与上课的区别

	说课	上课
对象	同行、专家	学生
目的	展示自我，交流经验	传授知识
内容	教什么？怎么教？为什么？	是什么？怎么做？
方法	说课者讲解、演讲	师生互动

四 说课内容

（一）说教材——阐述对教材的理解

说教材主要阐述对教材内容的理解、分析和处理，阐述本课教学内容在单元、教材甚至课程中的地位、作用与意义，以及该内容与其他单元之间的联系，明确“教什么”。以《种子发芽实验》一课为例，《种子发芽实验》是新教科版小学《科学》（五年级上册）第一单元的第一课。在上学期经历了牵牛花种子发芽、生长、开花的种植活动过程后，学生对植物生长有一定的了解。然而，对于种子发芽的条件进行过研究的学生并不多。哪些是必要的条件、哪些是可要可不要的条件，有一些知识经验，也有不少“想当然”的观点。本课从学生熟悉的绿豆发芽所需条件开始研究，经历提出问题—猜测—设计实验—制订实验计划—实施计划（实验）—观察记录的过程，通过对比实验进行科学探究活动。其中，对比实验是本课的重点，而改变条件和控制条件是一个难点。

（二）说学情——分析教学对象

说学情主要是分析学情，如学生的原有基础，学习本课题的有利因素和存在的问题以及学法指导等。学生情况是教学的重要依据，难点的确定、教法的选择、课堂训练的设计都应根据学情而定。说学情往往是常规备课中最薄弱的一环。大多数教师习惯于精英教学，喜欢从高点来设计，而忽视学生的实际接受能力。说课，把说学情提出来，就是为了加强教与学的针对性，使教师的每一分努力都能作用在全部学生身上，收到实在的课堂效果。

（三）说课标——确定教学目标

教学目标既是教学活动的出发点，也是预先设计的可能达到的结果，对教学活动起宏观控制作用，是教学评价的重要依据。教学目标的制订要考虑目标的“四性”，即“完整性、可行性、可操作性、科学性”，并通过目标的具体内容体现出来。目标的完整性指的是小学科学教学目标应包括科学探究，科学态度，科学知识，科学、技术、社会与环境；目标的可行性指教学目标要切合学生实际；目标的可操作性指目标要具体、明确，能直接用来指导、评价和检查该课的教学工作；目标的科学性指教学目标确定的依据——课程标准、教材分析、学情分析等。

确定教学目标后分析重点与难点，即说明本课的重点、难点是什么，这些重点、难点是怎么提出来的，解决难点的关键是什么。

（四）说教学方法——介绍教学方法和教学手段

教学目标能否实现，很大程度上取决于教学方法的选择。说教学方法就是根据课题内容的特点、学情与教学目标，阐述选用的教学方法和教学手段。第一，说教法及其依据，要从教学目标、教学内容、学生知识基础与年龄特征等方面进行说明。第二，说教学手段及其依据。教学手段是指教具的选择及使用方法。科学教学手段的选择要以实效性为目标。对教学手段的依据，要联系教学目标、教材内容、学生的年龄特征、学校设备条件、主要教具的功能等方面进行说明。第三，说学法指导及其依据。科学课的学法包括：探究、观察、小组交流、质疑、记录、查阅资料等。学法指导就是通过教学及教师引导，指导学生学会什么样的学习方法，培养哪种能力，达到怎样的学习效果。学法指导的依据，可以从该课的知识培养目标、学生基础、年龄特征、教法选择与教学手段等方面进行说明。教学设计中提出的教学目标是否达成，需要对教学效果进行评价。评价内容要从科学探究、科学态度、科学知识等方面进行，用“科学性、参与度、交往度、有效度”来进行评价。

（五）说教学程序——介绍教学过程设计

说教学程序是说课的重点部分，它体现着教师的教学理念及教学能力。通过对教学过程设计的阐述，能看到其教学安排是否合理、科学。第一，教具和学具的准备，要注意选择有结构的材料。第二，设计思路。设计思路就是对教学流程环节的概括。说设计思路，有助于听者更清晰地了解和把握说课者关于教学活动的整体安排。第三，教学流程。说教学流程就是围绕设计思路，说具体的教与学的活动安排及设计依据。通常按活动进行描述。首先要注意处理教材，尤其是对活动的选择，要体现“用教材教”，要明确哪些活动是重点活动，哪些活动不是重点；哪些活动应该在课内进行，哪些活动可以放在课外；哪些活动需要了解，哪些活动可以删减。其次是要注意活动的组织，比如活动线索和顺序的安排、教法学法的选择、教具学具的准备等。说教学流程切忌照搬教案详细讲解，而是要让听者清楚“教什么”“怎样教”“为什么这样教”。第四，板书设计。说板书设计，主要介绍板书时机、板书的具体内容等。板书设计要注意系统性与简洁性，文字要准确、简洁。

（六）说效果——预测教学目标是否达成

说效果主要包含：说教学落实的情况、成功与失败、改进方法与设想，说“教什么”“怎么教”“为什么这样教”的内容在实际操作中的成效。

本章知识结构导图

- 小学科学教学设计
  - 小学科学教学设计概述
    - 小学科学教学设计理念
    - 小学科学教学设计原则
    - 小学科学教学设计类型
    - 小学科学教学设计思路
    - 小学科学教学设计特征
  - 小学生科学学习认知特征
    - 小学生在科学学习中的观察力
    - 小学生在科学学习中的注意力
    - 小学生在科学学习中的想象力
    - 小学生在科学学习中的思维力
  - 小学 1~2 年级科学教学设计
    - 小学 1~2 年级科学主要教学内容和方法
    - 小学 1~2 年级科学教学设计实例
  - 小学 3~4 年级科学教学设计
    - 小学 3~4 年级科学主要教学内容和方法
    - 小学 3~4 年级科学教学设计实例
  - 小学 5~6 年级科学教学设计
    - 小学 5~6 年级科学主要教学内容和方法
    - 小学 5~6 年级科学教学设计实例
  - 教学设计的表述——说课
    - 什么是说课
    - 说课的意义
    - 说课与上课的区别
    - 说课内容

知识点检测

一、简答题

1. 小学科学倡导探究式学习，你是怎么理解的？

2. 简述科学观察课教学设计要点。

3. 陶行知先生说过：“要解放儿童的头脑、双手、嘴、空间和时间，并且给予充分的营养。让他们置身自然，研究自然，较之于几十平方米的教室，学习的时空更加广阔，手、口也更加自由了，他们就会感到自主、轻松、愉快。”这段话体现了什么教学观念？

4. 小学科学课四维教学目标是哪四个？

参考答案

5. 简述小学生在进行科学观察时的常见问题。

6. 在培养小学生科学思维能力时，低、中、高年级要有所侧重，谈谈你的想法。

7. 教育专家提出，“听”会忘记，“看”会记住，“做”才会理解。你如何理解这句话在科学教学中的运用？

8. 问题分析：在小学科学课“探究—体验”式教学策略中，让学生提出有价值的问题是关键一环，而小学生受知识水平、生活阅历、年龄特点的影响，往往难以提出可供探究的高质量问题。下面是小学生关于地球形状提出的 3 个问题：地球是圆的吗？地球为什么是圆的？地球的形状是什么？请分析这 3 个问题，哪种提法更适合于学生的科学探究活动？为什么？

二、实操训练

教学设计

第七章

小学科学课堂教学

科学的探讨与研究，其本身就含有至美，其本身给人的愉快就是报酬；所以我在我的工作里面寻得了快乐。

——居里夫人

学习目标

✦ 掌握科学课堂教学的主要技能。

✦ 知道现代教育技术在小学科学教学中的作用，了解在科学教学中如何运用现代教育技术，知道运用现代教育技术时要注意的问题。

✦ 知道小学科学听课与评课的意义，掌握听课与评课的主要内容和方法。

情景导入

一名实生习对指导老师说：“为了上好这一堂课，我精心准备了教案，之后又面对一同来实习的同学演练了几遍，可是在课堂教学中却乱了方寸。”这种现象在新教师中普遍存在，教学设计是否合理是需要课堂教学实践来验证。课堂教学是千变万化的，往往会出现意想不到的问题。如何及时机智地处理出现的问题，需要教师具备经验丰富的课堂教学技能。

第一节 小学科学课堂教学主要技能

课堂教学是学校教育教学的基本形式。课堂教学能力是教师的基本职业素质。教师课堂教学能力可大致按两个维度分类：一是教师的学科知识体系；二是教师的课堂教学技能。课堂教学技能是教师组织课堂教学，引导学生学习学科知识的有效手段，在一定程度决定了教学效果。

一 小学科学课堂教学技能概述

（一）课堂教学技能

课堂教学技能水平高低直接影响了教学效果。广义地看，课堂教学技能是教师顺利实施教学、学生完成学习的活动方式，包括保障教学实施、涵盖课前至课后的所有教师技能。课前准备、教学实施、课后评价反思等环节都是课堂教学的重要组成，与之对应的教师技能即课堂教学技能。狭义地讲，课堂教学技能专指课堂上教师实施教学，指导、引导学生完成学习所使用的技能。本节所说课堂教学技能单指狭义的课堂教学技能。

（二）课堂教学技能分类

20 世纪 80 年代初期，我国引入了微格教学，用于师范生教育。微格教学的思想侧重从微观层面研究教学。即将课堂教学分解为相互联系的单项技能，在练习时通过先掌握每种单项技能，再进一步形成综合的课堂教学技能。遵循这一思想，我国研究者对课堂教学技能有以下几种常见分类。

1992 年出版的孟宪恺主编的《微格教学基础教程》中，将课堂教学技能分为导入、提问、讲解、变化、强化、演示、板书、结束、教学语言和课堂组织等 10 项技能。1994 年国家教委发布的《高等师范学校学生的教师职业技能训练大纲》将课堂教学技能设定为导入、板书板画、演示、讲解、提问、反馈和强化、结束、组织教学和变化技能等 9 项。随后，伴随我国基础教育改革推进以及师范生培养的不断发展，对课堂教学技能分类的研究也持续更新。杨金花在《师范生课堂教学技能实战演练》一书中，将课堂教学技能分解为导入、讲授、提问、课堂观察、课堂倾听、板书、演示、课堂组织与管理、结课等 9 项技能。2018 年出版的邹尚智主编的《课堂教学技能：名师经验》将课堂教学技能分成了语言、导入、情境创设、提问、板书、组织学生合作学习、学习方法指导、调控、反馈与强化、结束教学、指导学生研究性学习、现代教育技术运用等 12 项技能。不难看出，关于课堂教学技能的分类，大多数研究者都达成了共识，按教学实践常用的基本技能进行，以满足培养合格师范生的需要。

结合小学科学学科和小学生身心发展的特点，可将小学科学课堂教学技能分为导入、提问、讲授、情境创设、板书、实验操作、教学组织、学法指导、评价、结课等。本节主要讨论课堂教学组织、课堂教学情境创设和课堂教学实验操作三个课堂教学技能。

二 小学科学课堂教学组织技能

（一）课堂教学组织技能

在课堂教学过程中，教师不断地组织学生注意、管理纪律、引导学习，建立和谐的教学环境，帮助学生达到预定的课堂教学目标的行为方式，称为教师的课堂组织技能。有效的课堂组织能引发学生学习动机和兴趣，培养学生的自信心和进取心，帮助学生建立起学习和行为习惯，创造课堂氛围以便于师生感情交流，组织和维持学生的学习热情。根据功能的不同，课堂组织教学一般被划分为三种类型：管理性组织、指导性组织、诱导性组织。

1. 管理性组织

管理性是指课堂纪律的管理，其作用是使教学能在一个有秩序的环境中进行。

（1）预防性管理。指要求学生保持良好的学习行为，防止课堂问题行为的出现。科学教师制订科学学习的规范，指出受约束的行为，保证课堂教学的正常进行；同时还应制订小组内的行为规范，规定每个小组的成员在组长的组织下有序地开展探究活动。

（2）支持性管理。当学生出现问题行为的预兆时，教师及时运用技巧将学生导入正轨，避免学生的问题行为进一步发展。在课堂中，学生出现问题行为是很正常的，处理方法如下：小组管理法，在教师发现问题后可以提示小组长，让其提醒组员；暗示处理法，教师面对一些小问题的时候可以用期待的眼光来暗示学生或者用其他方法提示学生；旁敲侧击法，教师通过吸引学生注意到不同的内容而得到意想不到的效果；延后评价法，教师在课后再和学生谈起课堂中的一些小问题。

（3）矫正性管理。矫正性管理是在学生出现问题行为后设法禁止、矫正。解决学生问题行为的办法包括说理、增强、示范、削弱、惩罚、幽默化解。

2. 指导性组织

指导性组织是指对阅读、观察、实验、课堂讨论等的指导组织。

（1）对阅读的指导。定好合理的阅读目标，选择适合的阅读内容，加强阅读方法指导。

（2）对观察的指导。让学生明确为什么要观察、观察什么和如何观察。

（3）对实验的指导。让学生明确实验目的、实验内容、实验步骤，并引导学生得出实验结论。

（4）对课堂讨论的指导组织。指导讨论要注意等学生充分发表意见后再作总结，要给学生适当的时间事前准备，要兼顾大部分学生，让学生轮流发言，要防止乱吵或把争论变成个人冲突。

3. 诱导性组织

诱导性组织是指在教学过程中，教师为了强化学生的学习动机，用生动有趣、富有启发性的语言引导学生积极思维，使学生顺利完成学习任务。诱导性组织的方式有两种。

（1）情感诱导。对面临学习困难的学生热情鼓励，给予足够的关心和帮助。对学生的学业成功抱有真诚的期待，增加学生的学习信心。

（2）创造有利于吸引学生注意力的情境。在教师营造的和谐融洽的课堂氛围中，学生变得乐学、好学，教学活动就能顺利有效地开展。

（二）小组合作学习的组织

小学科学倡导探究式学习。探究式学习在课堂教学中常以小组合作的形式组织进行。因此，小学科学课堂教学组织的关键在于组织好学生小组合作学习。

1. 小组的编制原理

小组合作学习的基础单元是小组，科学编制小组才能顺利有效地完成学习。钟启泉指出，应尽可能按让不同学生组成一个集体的方式编制小组①。按“异质编制”原理，把学生依据不同的背景、个性、能力、学习风格、学习成绩等组成一个小组，能促进组员之间相互交流，拓展各自的见识和想法，弥补短板、发挥长处，在合作学习的氛围中，既学习知识也培养处理事务的能力。

2. 小组编制方法

研究表明，小组成员由4~6人构成为佳，可以保证每一个成员都发挥作用。教师在指导小组构建时，要有意识地要求学生在小组中扮演不同角色。在陈向明的《小组合作学习的组织建设》一文中，对小组的角色有以下几种界定②：

（1）协调员。小组内自然的领导者；充满自信，谈话轻松，认真倾听；能够促进小组决策；能够鼓励大家发言；不需要智力上非常出色。可以容忍的不足：有一点爱操纵别人。

（2）活跃分子。小组最关键的火花，主要的思想来源；富有创造性，不循规蹈矩，有想象力。可以容忍的缺点：脱离实际，有点难以控制，想入非非。

（3）实施者。小组中勤奋的劳作者；善于将想法付诸实施，逻辑地、忠实地执行任务；有纪律观念，忠实可靠，思想保守。可以容忍的缺点：只有在别人告诉他们为什么要调整时，他们才会调整；缺乏想象力。

（4）资源开发者。小组的修补工；性格外向，友好，善于建立和利用人际关系；勤于探索，能够抓住机会。可以容忍的不足：纪律性比较差；关注力保持时间比较短。

---

① 钟启泉. 读懂课堂［M］. 上海：华东师范大学出版社，2015：100.

② 陈向明. 小组合作学习的组织建设［J］. 教育科学研究，2003（02）：5-8.

（5）引导者。通常是自我任命的领导；充满活力，积极上进，性格直率，善于争辩；能够应对压力，遇到障碍时能找到出路。可以容忍的缺点：不总是让人喜欢；有称霸的倾向，容易在组内引发对抗情绪。

（6）监测/评估员。这种人就像是小组的岩石，具有战略眼光，分析能力强；性格内向，冷静；能够对大量信息进行分析，很少出错。可以容忍的缺点：沉闷的事务主义者，缺乏想象力。

（7）合作者。小组的咨询师，调停者；善于社交，知觉敏锐，容易合作；能够意识到尚未爆发的问题和其他人的困难；善于促进小组的和谐，在小组遇到危机时特别宝贵。可以容忍的缺点：犹豫不决。

（8）完成者。小组的担忧者，对细节十分在意，非常守时，按时完成任务；能够坚持到底，能够捕捉到错误和失误。可以容忍的缺点：不情愿放手；对小事情过分担忧。

（9）专家。小组稀有知识和技能的来源，孤独的思考者；能够自我启动，工作负责任，不时做出令人瞩目的创新。可以容忍的缺点：只能在一个非常狭窄的前沿做贡献。

三 小学科学课堂教学情境创设技能

（一）小学科学教学情境

教学情境是为达到教学目标而创设的，应该具有一定的教育意义和价值。小学科学课堂教学情境是指为了达到小学科学课堂教学目标，教师通过文字、音乐、图片、实物等多种资源为学生提供信息，创设能引发学生与学习内容、学生与教师之间的相互联系的逻辑关系。小学科学教学强调从学生熟悉的日常生活出发，创设情境需基于学生实际生活，设计严谨的、真实的情境，帮助学生建立联结，更加容易开展学习。

（二）小学科学课堂教学情境创设技能

可以说，每一次课堂教学都需要创设情境。教师的语言描述、实验活动、讨论指导等，都在创设一个个情境。我们常用的创设情境方式有讲故事、猜谜语、设悬念、提问题、做游戏、搞竞赛、做实验等。简单分成两个类别：一是利用语言创设情境；二是利用活动创设情境。

1. 利用语言创设情境

课堂教学少不了语言交流，对话是课堂教学连接师生的重要桥梁。用语言创设情境，是课堂教学创设情境的有用方法。其主要表现形式包含讲故事、猜谜语、设悬念、提问题。以上四种都是主要以语言为载体，配合现代教育技术营造氛围，激发学生的好奇心和兴趣，引发学生的认知冲突，鼓励学生自己动手自主探究科学世界，最后达到破除悬念获得真知的目的。例如，五年级上册“生物与环境”单元第5个内容“食物链和食物网”，可以使用讲故事的方式创设情境。配合多媒体，教师讲述“螳螂捕蝉黄雀在后”的故事，带领学生进入情境：炎炎夏日，一只蝉正在树梢吱吱地叫，螳螂举起自己两个大钳子式的前肢，蹑手蹑脚地慢慢向蝉靠近，准备捕捉蝉。但是，螳螂不知道的是，一只黄雀站在更高处虎视眈眈地看着它，就等螳螂把蝉捕获后，一举拿下螳螂……用语言营造气氛，适时提出问题：“‘螳螂捕蝉黄雀在后’的故事，向我们揭示了自然界的哪个常识?”使学生在熟悉的情境思考问题，融入课堂。

2. 利用活动创设情境

小学科学教学离不开活动。科学实验、调查研究、观察记录等都是一个个活动，可以说小学科学课堂教学主要是以活动的形式展开的。教师利用活动创设情境，引发学生认知冲突，并以活动为载体指导学生科学探究，帮助学生体验科学探究过程，学会学习，掌握知识。例如在《马铃薯在水中是沉还是浮》一课中，教师就通过实验活动创设情境。老师将大小相差较大的两个马铃薯分别放入装有清水和浓盐水的水槽里，学生会观察发现大马铃薯放入装有浓盐水的水槽里后会浮在水槽里，而放在清水中的小马铃薯却慢慢沉到了水槽底部。当然学生是不知道水槽中的水不同。于是，这个新奇的现象就成了一个小小的悬念，然后学生会带着这个问题去思考、探究马铃薯沉浮的秘密。马铃薯沉浮的实验，引发了学生的认知冲突，激发了学生的求知欲望，老师也完成了前期铺垫，为接下来学生的主动探究创设好了问题情境。

四　小学科学课堂教学实验操作技能

在小学科学课教学开展科学实验，是培养学生科学素养的有效手段。实验操作技能也是科学教师应具备的基本素质之一。

（一）小学科学常用实验仪器

物理基本仪器：刻度尺、量筒、游标卡尺、螺旋测微器、秒表、天平、温度计、压强计、安培表、伏特表、滑动变阻器、电阻箱、万用欧姆表等。

化学基本仪器：加热仪器——酒精灯、酒精喷灯；不能加热的仪器——量筒、集气瓶、漏斗、温度计、滴瓶、表面皿、广口瓶、细口瓶等；能直接加热的仪器——试管、蒸发皿、坩埚、燃烧匙等；间接加热的仪器——烧杯、烧瓶、锥形瓶等。

生物基本仪器：放大镜、显微镜、血压计、电热恒温干燥箱、电热恒温培养箱、电热恒温水浴锅、解剖工具、生物标本采集工具等。

地理基本仪器：风力风向计、风力风向标等。

小学科学教师应该会使用常用实验仪器，此处不对具体使用方法做解释。

（二）教师的常用实验技能

1. 绘制实验装置图

绘制常用仪器及装置图是教师的基本技能。教师绘制实验仪器应该遵循以下几个原则：

（1）科学性。仪器的大小、反映各种物质的量、装置的连接等符合科学原理。

（2）完整性。完整表达仪器和装置，不漏画和简化。

（3）美观大方。各种仪器的仪器图形比例、形状大小合理准确，能突出仪器的特点。

2. 设计改进实验

科学实验会因为地域、时间、仪器等差异，导致实验效果不同，甚至影响实验成败。教师应该具备一定的实验设计和改进的技能。教师需能结合实际，根据教学目标，自己找到实验成功或失败的原因，排除实验干扰，善于对实验进行改进，提高实验效率。

3. 实验记录和总结技能

教师应能高效设计实验记录表单，准确完整记录实验现象和数据；能对实验现象进行解释和总结，能对实验数据进行归纳、整理、分析，找到规律，并提出见解。

第二节 现代教学技术与小学科学教学的融合

现代教学技术与小学科学教学融合，拓展了教学模式，它将过去传统的、静态的、封闭的课堂变成了现代的、动态的、开放的课堂教学模式，使科学课堂更形象生动，更富感染力，更能激发学生的学习兴趣和求知欲。同时，为学生提供了自主学习的空间和时间，拓宽了学生的视野，优化了课堂教学质量，提高了课堂教学的效率。

一 现代教学技术在小学科学教学中的作用

（一）现代教学技术改善了教学环境

现代化教学环境分为两种：一种是多媒体教室环境，另一种是多媒体实验室环境。现代化教学环境表现形式丰富，教学资源多彩多样，课程传达的信息量相对较大，使用方便，节省时间和空间，有益于对知识进行延伸，对培养学生的创新思维大有帮助。

（二）现代教学技术丰富了教学资源

现代教育技术可以为科学教学提供丰富的教学资源。利用现代教育技术在计算机技术、多媒体技术和网络技术等方面的优势，可以为科学教学提供声音、视频、图片、文字、动画、网站等形式的教学资源，通过对教学资源的有效组织和整合，可以建立科学教学资源库，为教学提供帮助。

（三）现代教学技术改变了教学方法

在课堂教学中，有些事物的变化发展是肉眼看不见的，对其发展变化的原理，教师无法用语言准确表达，学生学得朦胧迷茫。现代教育技术就能将微观的、不可见的、抽象的、变化的教学内容，逐层形象、生动、直观地展示给学生观察，使学生从感性认识上升到理性认识，从而加深学生对科学知识的理解，效果显著。

（四）现代教学技术提供了教学工具

现代教育技术设备包括演示工具、信息获取工具、系统分享平台等。演示工具有多媒体一体机、实物投影、电子白板等；信息获取工具有电脑、数码设备、移动设备等；交流分享平台有 QQ、微信、网站、博客等；还有信息化教学评价软件、云平台等。这些教学资源应用于科学课堂，能将文字、画面、声音有效地融为一体，将教学内容形象、直观、生动地展现在学生面前，使学生在课堂教学活动中身临其境。

二　现代教育技术在小学科学教学中的运用

（一）运用现代教育技术创设科学探究情境

多媒体教学以其新颖、直观、形象、艺术化等优点可以创设现实生活中真实的情景，使学生产生身临其境的感受，激起学生探究的兴趣。例如《油菜花开了》一课，首先利用多媒体播放油菜花“种子—发芽—生长—开花—结果”的过程。接着给学生提供实物“一株油菜花”，学生动手由外而内地解剖油菜花，认识油菜花的结构。多媒体创设的问题情景与现实的学习内容联系起来，为学生创造一个和谐宽松的教学环境，激发了学生动手探究的欲望。

（二）运用现代教育技术丰富科学探究内容

科学探究中的有些信息学生无法亲身体验，例如《把种子撒播到远处》的教学，利用多媒体就能将“把种子撒播到远处”表现得淋漓尽致。用视频播放“随风飞行的蒲公英的种子”“小鸟衔着种子在空中飞行”“海水把椰子推向岸边”……利用多媒体搜索并播放“种子萌发”的视频，帮助学生看到了平时根本看不到、也无法获得的从“种子传播”到“种子发芽”的过程的感性认识，扩大了学生的视野。

（三）运用现代教育技术优化科学探究过程

科学课教学内容广泛，涉及多方面的知识，有些自然事物和现象的探究不能在课堂上完成，课外又受时间的限制，不能形成探究的连续性。小学生的观察特点是没有耐心，粗心不细致，表面而不够深入。多媒体技术的应用可以使学生不受时空限制、形象地感知材料，帮助学生在尽可能短的时间内感知。例如在教《四季星空》时，要探究星座在一年四季中的移动规律。但是这个探究过程需要经历一年多的时间，无法在课堂上观察发现。那么可以通过动画展示，同时结合学生的日常观察记录，学生就会对整个变化过程有清晰的认识和完整的理解。

（四）运用现代教育技术化解科学探究难点

在《科学》教材中，有些内容比较抽象，小学生不容易理解，这就成为教学中一个突出的难点。如日食和月食的形成，是学生难以理解和掌握的知识点，如果利用现代教育技术的功能，进行逼真的模拟，将太阳、地球、月亮之间的关系生动形象地展示在学生面前，使学生直观地感受到太阳、地球、月亮由于位置的变化而引起了日食和月食的形成，在不知不觉中就突破了探究难点。

（五）运用现代教育技术提高科学探究能力

1. 有利于学生观察能力的培养

观察能力是学生必不可少的一种重要能力。小学生的观察力存在着注意力分散、缺乏一定的目的意识支配、带有情绪性等不足。而现代教育技术为学生提供了丰富的图文资料、鲜艳的色彩、生动活泼的界面、逼真的音响效果，使学生对学习产生浓厚的兴趣，能使注意力持续时间延长。而计算机等设备的可控性，使学生能够有选择地、更仔细地观察，有利于学生的深度观察与发现。

2. 有利于学生想象能力的培养

在科学教学中，像人体细胞、内脏器官等不容易看到，而现代教育技术手段却能很好地解决这一问题。像人体内部的骨骼运动、消化道的蠕动、血液流动等部分内容的教学，教学前可以让学生进行丰富的想象，在学生充分想象之后，再利用现代教育技术手段教学，就能深深地吸引学生的注意力，调动起他们学习的积极性、主动性。变单纯知识传授为智力开发，给学生以丰富想象的天地，提高学生的想象力。

3. 有利于学生记忆能力的培养

现代教育技术在教学中全方位多角度对学生进行刺激，还可为他们提供大量的感性经验，使非常抽象的概念与学生生活经验联系起来，为学生迅速掌握知识概念架起了桥梁。例如在教学《电产生磁》一课时，由于远离生活实际，学生对电磁铁这一装置不甚了解，教师可以利用多媒体课件，将电磁铁进行动画演示，模拟电流通过时的情形，电磁铁各部分色变声响，学生形成直观认识，迅速掌握电磁铁概念，而且为后面探究“电磁铁的磁力大小与什么因素有关”和“电磁铁的磁极是可以改变的”埋下伏笔，为后续探究实验中有效地控制变量奠定基础。

4. 有利于学生收集处理信息能力的培养

信息时代，信息与知识爆炸性膨胀，更新速度极快。信息时代，谁拥有的知识越多，谁就越可能成为成功之人。在信息社会中，一方面，信息资源不断更新，不断扩容；另一方面，冗杂信息也随之增多，日益泛滥。因此，提高学生迅速地筛选和获取信息、准确鉴别信息的真伪、创造性地加工和处理信息的能力，使学生能够更好地驾驭信息、利用信息就显得尤其重要。可以利用互联网强大的搜索功能，锻炼学生收集处理信息的能力。

三 运用现代教育技术时要注意的问题

现代教育技术能够创设良好的教学环境，扩展教与学的时间和空间。在小学科学教学中利用现代教育技术，有助于激发学生对科学探究活动的兴趣，直观地为学生建构知识结构，增强教学活动的趣味性，提高教学效率。但任何事物都有两面性，现代教育技术就像一把“双刃剑”，在科学教学中既表现了有利的一面，又存在一些弊端。

（一）不能用视频代替真实的实验

小学科学课程是一门实践性课程，倡导探究式学习，探究活动是学生学习科学的重要方式。探究实验能最大限度地发挥学生的主观能动性，通过实践活动实现对研究对象的认识，证明客观事物的内部规律。在探究活动中，通过合作与探究，逐步培养学生提出科学问题的能力、收集和处理信息的能力、分析和解决问题的能力以及交流与合作的能力，同时发展学生的创造能力、批判思维和想象能力。科学探究活动在培养和提高学生的科学素养方面，是任何现代教育技术手段都无法替代的。

（二）不能用模拟仿真技术代替学生应该亲身经历的探究过程

在科学实验教学中，部分教师用动画、录像视频代替演示实验或者学生实验，学生只能从投影屏幕上看实验，而不是看老师演示实验或者亲自动手做实验，对于实验过程中的一些特殊现象未能观察到，大大限制了学生的想象力，缩小了学生思考的空间，剥夺了学生锻炼观察能力、动手能力和分析能力的机会，忽视了学生在教学过程中的主体地位。

（三）不能用演示图片代替实物观察

在小学科学观察课的教学中，如果条件允许，尽量不用演示图片代替实物观察。实物是看得见、摸得着的，观察时可以从不同方向察看物体的形状与构成，实物观察更直观更形象，符合小学生的认知特点。例如在教《校园里的植物》时，一个教师将校园里较显眼的植物拍照做成 PPT 演示给学生观察；而另一个教师提出观察目的后让学生走到校园的各个地方观察。很明显，后一种观察的效果会好很多。

（四）不能用多媒体代替教师

多媒体技术不是万能的，它不能替代教师的讲解、演示、指导、板书。不能忽视教师是教学过程的设计者、组织者、指导者，是正确行为、高尚品质的示范者。教师的话语、手势、动作、眼神、口气等都在向学生传递着带有情感的信息。教师正是通过自己的言行，把知识、能力、精神传递给学生，同时用个人的品格和魅力，教育影响学生，促使学生形成优秀的品质、良好的习惯，这是任何其他媒体无法替代的。

（五）防止网络对学生产生不良影响

现代教育技术离不开互联网，但是互联网不是一块纯洁的净土。互联网大量的信息常常让青少年应接不暇，他们的注意力往往随着信息的不断变化而转移，集中注意的时间太短。学生一有问题立即想到“百度一下”，缺乏思考，因而对培养青少年良好的思维方式和思维能力会有一定的影响。网络上还存在一些不利于青少年成长的黄色、暴力等不健康元素的信息，这些信息会影响孩子的人生观，不利于孩子健康成长。长时间面对计算机或手机屏幕，容易导致青少年生理机能失调、内分泌紊乱、神经系统正常节律被破坏等。

第三节 小学科学听课与评课

在小学科学课的教学中，听课、评课是日常教学活动中不可缺少的教研活动，是促进教师更新教学观念、交流教学经验、探讨教学方法、展示教学艺术、提高教学水平的主要手段。教师在听课、评课的过程中获取经验、自我提高。因此，听课、评课是我们每位教师研究课堂教学、提高业务能力最有效的途径，也是教师必备的素质之一，是衡量教师熟悉《小学科学课程标准》、理解教材、掌握教法的重要指标。

一 小学科学听课

在倡导开展校本教学研究的今天，积极开展听课活动、研究并改进教学中存在的问题显得尤其重要。同其他学科相比，小学科学教材的特点是概念少、活动多，教师讲授少、学生内化吸收多，大量的探究活动既是教学主要内容，又是教学重要形式。为此，必须把握课程标准，依照现代教学理念，革新听课方式和方法。

（一）听课的必要性和重要性

听课有利于了解教师的教育教学理念及水平。听课有利于总结和推广先进的教学经验和方法，促进教师专业化发展，特别是青年教师的学习提高和成长。听课有利于学校良好教学风气的形成，促进教学改革深入有效地进行。听课有利于教育管理者掌握和了解教师贯彻落实教育教学法规、政策和要求等现状。听他人的课，取人之长，补己之短；请他人听课，以人为镜，可知得失。

（二）听课前的准备

听课前要有一定的准备工作，盲目是工作效率的大敌，听课前应做好如下准备工作。首先要熟悉科学教材，了解这节课编者的意图，弄清学生要学的新知识与已有知识之间的内在联系，熟知本节课教学内容的重点、难点。要明确这节课教学的四维目标，听课时只有明确了教学目标，才能看出教师教学目标和学生学习目标的完成情况。还要了解班级和学生的具体情况。其次是要明确听课时重点应该关注什么。对于教师的教要关注：课堂教学确定了怎样的教学目标；目标在何时采用何种方式呈现；新课如何导入；导入时引导学生参与了哪些活动；创设怎样的教学情境，结合了哪些生活实际；采用了哪些教学方法和教学手段；设计了哪些教学活动步骤；渗透了哪些教学思想；课堂教学氛围如何。对于学生的学习活动，听课时应该关注：学生是否在教师的引导下积极参与到学习活动中；学习活动中学生经常做出怎样的情绪反应；学生是否乐于参与思考、讨论、争辩、动手操作；学生是否经常积极主动地提出问题。最后要注意的是听课者应把自己定位为教学活动的参与者、组织者，而不是旁观者，参与到教学活动中去，和授课教师一起参与课堂教学活动的组织，并尽可能以学生的身份参与到学习活动中，为客观、公正、全面地评价一堂课奠定基础。

（三）听课的基本方法

听课不仅是复杂的脑力劳动，而且是一种方法和技能。听课活动中一般都有听、看、记、思等几种行为的交替存在，其中记录教学过程是最主要的技能。听课者应根据听课的目的和要求，认真听讲，注意观察，分析思考，及时记录。

1. 听

主要听教师是否使用普通话组织教学，语言表达是否流畅简洁，是否有激情并有鼓励性、趣味性，是否出现科学性错误。主要听学生的讨论和答题，学生的发言是否准确。

2. 看

主要看教师的精神是否饱满，教态是否自然亲切；看教师能否根据课堂教学进展情况与出现的问题，采取有效措施，调整教学环节，保证课堂教学任务顺利完成；看教学环节的落实情况，师生活动的安排是否科学；看教师捕捉教学过程中各种信息的能力，是否能灵活利用各种教学资源；看板书设计是否科学、简洁而有条理，书写是否规范，重点是否突出，是否有利于学生的思维、记忆；看课堂气氛是否活跃，学生是否参与了探究的全过程，全体学生的积极性是否都得到了调动，学生的科学态度和科学学习习惯是否养成，学生提出问题、分析问题和解决问题的能力是否得到培养，合作探究活动是否有效。

3. 记

主要记听课的日期、节次、班级、学科、学生人数、执教者、课题；记教学的主要过程，包括情景的创设、问题的提出、合理的猜测假设、实验验证的结果、新问题的生成、主要的板书要点、师生的活动情况。记本节课在教学思想和方法的渗透、知识与技能目标的实现、情感和态度的培养、教材内容的处理、课程资源的开发等方面值得思考的要点。还包括对这堂课的简要分析和教学建议。

4. 思

听课时要全身心地投入，积极思维，认真分析。主要思考教师为什么要这样处理教材，换个角度和方式行不行。思考教师成功的关键，不足或出现错误的原因。思考如果是自己来上这节课，应该怎样设计。换位思考如果我是学生，我是否掌握和理解了本课教学内容。

每个教师在长期教学活动中都可能形成自己独特的教学风格，不同的教师会有不同的教法。听课的教师就要善于进行比较研究，准确地评价各种教学方法的长处和短处，并结合自己的教学实际，吸收他人的有益经验，改进自己的教学以达到听课的目的。

（四）听课后的分析和整理

1. 整理好听课记录

整理、记录听课内容，按先后程序以提纲的形式记录下来。记录时间分配，即各环节所用时间，教师教用的时间，学生学用的时间。整理教法学法的选择与应用、情境创设、过渡的语言、引导的技巧、激励的方法、组织活动的方式。记录教师挖掘与利用课堂生成资源的情况，记录灵活处理偶发事件，等等。

2. 做好课后分析

听过一节课后，应及时进行综合分析，找出这节课的特点和闪光点，总结一些有规律性的认识。明确对自己有启迪、能学会的环节。并针对这节课的实际情况，提出一些建设性的意见与合理性的修改建议，与执教教师进行交流切磋，以达到互助互学的目的。

二 小学科学评课

评课，即评价课堂教学，是在听课活动结束之后的教学延伸，是对执教教师的课堂教学的得失成败进行切实中肯的分析和评价，并且能够从理论的高度对一些现象做出正确的解释。

（一）评课的意义

评课有利于促进教师转变教育思想，更新教育观念，确立课改新理念；有利于帮助和指导教师不断总结教学经验，形成教学风格，提高教育教学水平；有利于信息的及时反馈、评价与调控，调动教师教育教学的积极性和主动性。

（二）评课标准

一堂好课应具有下列特征：既要促进学生的发展，也要促进教师的发展；既要关注教师的行为表现，也要关注学生的行为表现；既要重视结果，也要重视过程；既要重视知识的理解，也要重视能力和情感、态度、价值观的培养；既要注重学生的直接经验，也要注重间接经验；既要重视教师讲授，又要重视教师引领下的学生自主探究、合作交流；既要尊重教材，更要关注学生的认知规律；既要关注来自学科自身的问题情境，更要关注来自学生现实的实际问题情境；既要注重传统教学手段的运用，也要注重现代教育技术，特别是计算机技术的应用。

（三）如何评课

科学化的评课对提高课堂教学质量、提升教师教育教学素养有着很强的现实意义。那么，如何进行评课呢？

1. 从教学目标上分析

教学目标是教学的出发点和归宿，它的正确制订和达成是衡量一堂课好坏的主要尺度。首先，从教学目标制订来看，是否全面、具体、适宜。全面指能从知识、能力、思想情感等几个方面来确定；各目标的制订要以大纲为指导，体现阶段、年级、单元教材的特点，符合学生年龄实际和认识规律，难易适度。其次，从目标达成来看，要看教学目标是不是明确地体现在每一个教学环节中，教学手段是否都紧密地围绕着目标，为实现目标服务，重点知识和技能是否得到巩固和强化。

2. 从处理教材上分析

评析教师一节课时，既要看教师知识传授的准确性、科学性，更要注意分析教师对教材的处理和对教学方法的选择是否新颖，是否突出了重点、攻破了难点、抓住了关键、吸引了学生，以及和学生是否有互动。

3. 从教学程序上分析

分析教学思路是否是根据教学内容和学生水平两个方面的实际情况设计出来的；教学思路是否层次分明、脉络清晰；分析教学各环节是否结构严谨、环环相扣、过渡自然，时间分配是否合理，密度是否适中，效率是否高。

4. 从教学方法和手段上分析

教学是一个复杂多变的系统工程，教学有法，但无定法，贵在得法。教学方法好不好，就得分析教学方法是不是适合教学内容，是不是适合学生及授课教师自身的实际。

分析教师运用现代教育技术的水平。看教师教学方法与手段的运用还要评价教师是否适时、适当、高效地使用了现代化教学手段。

5. 从教师教学基本功上分析

教学基本功是教师上好课的一个重要方面，所以评析课还要看教师的教学基本功。通常，评价教师的教学基本功包括以下几个方面的内容：

（1）看语言。语言表达是否口齿清楚，抑扬顿挫，生动形象，富有激情；语调是否高低适宜；语速是否快慢适度，富于变化。

（2）看板书。板书设计是否科学、合理；字迹是否工整美观；条理是否清晰、一目了然；重点是否突出。

（3）看教态。教师的课堂教态是否仪表端庄，举止从容，态度热情，热爱学生，师生情感交融。

（4）看操作。教师运用现代化教学仪器的程度是否熟练。

6. 从教学效果上分析

苏联教育家巴班斯基说："分析一节课，不但要分析教学过程和教学方法，而且要分析教学结果。"课堂效果评析主要包括以下几个方面：一是教学效率是否高，学生思维是否活跃，气氛是否热烈；二是学生受益面是否大，不同程度的学生在原有基础上是否都有进步，知识、能力和情感目标是否达成；三是时间利用是否高效，学生学得是否轻松愉快，积极性是否高，当堂出现的问题是否当堂解决，学生的作业布置是否合理。

7. 从科学课程理念上分析

探究式学习是科学课程倡导的基本理念，要让学生像科学家一样提出问题、情况预测、动手实验、记录信息、得出结论，充分体验科学探究的过程。我们不仅要注重孩子们探究活动的结果，更要重视探究的过程。我们要关注学生是否在原有水平上获得了新的知识经验，更要关注学生在探究过程中是否积极投入、尊重事实、有独到的见解、能设法解决问题、能接纳同伴的观点、善于与同伴合作和交流等。

（四）评课注意事项

1. 评课常见问题

在小学科学教学评课中存在的问题主要表现为：听课的人多，参与评课的人少；凭主观印象的多，依据课程标准的少；肯定赞扬的多，评出不足的少；面面俱到的多，精准点评的少；注重形式的多，促进效果的少；评教师教的多，评学生学的少。

2. 评课注意事项

（1）要根据课堂教学特点和班级及学生实际，实事求是，公平地评价一节课。教学是教师的教与学生的学相结合的一个整体，在不了解学情的情况下，不要轻易地给一节课下结论。

（2）评课要以肯定成绩为主，以鼓励为主，以帮助提高为主。提出问题、提出建议不仅要客观公正，还要考虑被听课者的心理接受能力，绝不能不顾场合，不顾后果，挖苦讽刺。

（3）评课者要以虚心的态度、商量的口气与被听课教师共同分析研究，不能以检查者或老教师的身份自居，更不能把自己的观点强加于人。

（4）评课要突出重点，要集中主要问题进行评议和研究，不要面面俱到，泛泛而谈，要抓住具有代表性的典型事例进行具体分析，切忌笼统。

（5）在定量定性的分析判断中，要尽可能按照量化的数据（可采用课堂教学评价表），从整体联系的事实与实例中进行评课，这样才有说服力，才容易达到评课的目的。

总之，听一堂好课，是一种美的享受；评一堂课，也是一种美的享受。但是，只有会听、会评，才能得到这种享受。与同学科教师之间的资源共享，与跨学科教师的相互交流，以求知者的身份，在听课学习、评课学习中提高自己的专业能力，提升自己的教学水平。

本章知识结构导图

- 小学科学课堂教学
  - 小学科学课堂教学主要技能
    - 小学科学课堂教学技能概述
    - 小学科学课堂教学组织技能
    - 小学科学课堂教学情境创设技能
    - 小学科学课堂教学实验操作技能
  - 现代教学技术与小学科学教学的融合
    - 现代教学技术在小学科学教学中的作用
    - 现代教育技术在小学科学教学中的运用
    - 运用现代教育技术时要注意的问题
  - 小学科学听课与评课
    - 小学科学听课
    - 小学科学评课

知识点检测

一、案例分析题

参考答案

1. 在教学《蚂蚁》一课时，老师课前让学生带来了蚂蚁，可刚上课不久，有一个学生不小心打翻了装有蚂蚁的盒子，蚂蚁倒了一地。这时，出现了两种不同的处理：

方式一：老师对这个学生进行了批评，并且制止他抓蚂蚁，让他与其他带蚂蚁的同学一起观察，然后继续顺利地按照自己的教学设计方案进行教学……

方式二：老师没有指责，而是让学生自己去捉。这时有的学生努力地去捉东奔西跑的蚂蚁，满头大汗但一只也没有捉到；有的学生轻易就捉到了两三只；有的学生用放大镜在地上展开了观察；有的学生让蚂蚁在自己的手上爬；还有的学生和蚂蚁玩起了堵截的游戏……

这两种教学方法你认为哪一种处理比较恰当，请阐明你的观点。

2. 在教学《溶解得快与慢》一课时，通过实验得出了结论：搅拌、用热水、砸碎可以加快溶解。

师：我们知道了加快溶解的方法，如果要让溶解慢一些，有什么办法？

生 1：不搅拌。　　生 2：用凉水。　　生 3：不砸碎。

师：这些方法都能减慢溶解速度。

老师刚要进行下面的教学环节，一个学生突然站起来。

生：水放得少一些溶解得慢。

师：?

生：比如说，一滴水中我放入一麻袋盐。

师：……

如果你是这位老师，你会怎样处理这个学生的问题？

二、简答题

1. 简述现代教学技术在小学科学教学中的作用。

2. 简述在小学科学教学中如何运用现代教学技术。

3. 听课前要做哪些准备？

4. 评课时要注意的事项有哪些？

三、实操训练

课堂教学

第八章

小学科学活动

科学的大胆的活动是没有止境的，也不应该有止境。

——高尔基

学习目标

- 理解科学活动的内涵。
- 厘清校内和校外科学活动的区别与联系。
- 掌握小学科学活动设计方案的制订。

情景导入

程东到某小学去见习。指导老师请他帮小学四年级1班开展一次有意义的小学科学活动。程东犯难了，小学科学活动该怎么组织？与班会活动一样吗？程东上网查了查，小学活动有很多，但是与指导老师要求的小学科学活动有很大差距，和小学科学结合得不是那么紧密。看来，小学科学活动的组织又是一个新的课题，需要他和同学们进一步去探索。

第一节 小学科学活动设计

“活动”一词，在《小学科学课程标准》出现了167次，可见其分量。《小学科学课程标准》指出，小学科学课程实施的主要形式是探究活动。这就说明，教师需要以科学活动的形式组织教学，用科学活动搭载学习目标、学习内容，最终实现帮助学生提高科学素养的课程目标。

《小学科学课程标准》提到的小学科学活动种类很多，例如观察、实验、制作、调查等，这是按小学科学活动形式进行的划分。实践中，小学科学活动通常按照活动开展的场景，划分为校内科学活动和校外科学活动。

一 开展小学科学活动的意义

（一）小学科学活动

《小学科学课程标准》课程内容部分每个领域的后边都有“活动建议”，为教学提供必要的活动指导，帮助教师和学生进行学习。可以说，《小学科学课程标准》倡导教师应通过科学活动的形式推动教学的发生。在教学中，能设计合适的科学活动帮助学生发展科学素养，是科学教师应该具备的专业能力。当我们在网络上搜索“小学科学活动”时，会发现科技活动课程、科学实践活动、综合实践活动课程等相关内容。那么，这些内容和小学科学活动有何关系呢？它们具体的内涵是什么呢？

拓展阅读

1. 小学科技活动。小学科技活动强调科学、技术和社会的相互联系，注重指导学生将科学知识运用到生活、生产和社会发展中，将小学科学学习与社会、生活密切结合，促进学生学会运用科学。

2. 科技活动课程。科技活动课程是以学生对科技活动的兴趣与动机为中心组织的课程。实施该课程计划，旨在帮助、指导学生加强对科技活动的兴趣、爱好，并在活动中得到巩固，逐步培养学生的操作能力、创造精神和发展个性特长，使学生养成勤勉多思、追求真知的品格和习惯，从而促进学生素质的全面提高①。

3. 综合实践活动课程。2017 年 9 月 25 日教育部印发的《中小学综合实践活动课程指导纲要》指出，综合实践活动是从学生的真实生活和发展需要出发，从生活情境中发现问题，转化为活动主题，通过探究、服务、制作、体验等方式，培养学生综合素质的跨学科实践性课程。

4. 科学活动课程。教育部基础教育司制定的《九年义务教育活动课程指导纲要（试行）》中界定，科学活动课程主要是指在科学课以外，由学校有目的、有计划、有组织地通过多种活动项目和活动方式，综合运用所学知识，开展以学生为主体，以实践性、自主性、创造性、趣味性以及非学科性为主要特征的科学活动内容的课程②。

---

① 张启建. 构建小学科技活动课程体系的尝试［J］. 课程·教材·教法，1997（03）：15.

② 陈慧. 小学科学活动与指导［M］. 北京：中国人民大学出版社，2015：24.

不难看出，以上内容都关注了学生、运用和实践等关键词。可以将小学科学活动概括为以下内容：这里所说的小学科学活动是广义的，涵盖了课内外、校内外的所有的关于小学科学教育的活动项目。它是以学生为中心，在教师引导、指导下，利用小学科学所学知识，有组织、有计划地通过多种活动项目与形式，将科学、技术、社会与环境等相关领域紧密连接，以帮助学生提高科学素养的科学活动的课程。

可见，小学科学活动搭载了《小学科学课程标准》目标的实现。小学阶段，学生主要以感性认知为主，活动能够帮助学生亲身体验、经历感知。对小学生来说，通过积极地参与“实践”来学习是最有效的①，能经历感知到的更容易接受，也就能更好地习得。活动中，学生要手脑并用，需与人交流，会经历失败，将期盼成功，这一系列外在、内在的“刺激”都会有意无意地影响学生的发展。小学科学教学要实现的科学知识目标、科学探究目标、科学态度目标和科学、技术、社会与环境目标都可在“科学活动”中得以达成。学生科学素养也在一次次科学活动开展中不断提高。

（二）小学科学活动的意义

1. 小学科学课程的不可或缺的部分

《小学科学课程标准》中设置了“活动建议”，说明小学科学活动是小学科学课程的有机组成部分。《小学科学课程标准》也指出，教材包含了学生活动手册。在教学实践中，最常用的教学材料，除了教科书，就是学生活动手册了。几乎每一课都有对应的科学活动作为教学的载体。教材的文字和图片不仅展示了必要的基础知识，更多展示的是活动场景。例如小学六年级下册宇宙单元第 2 课《月相变化》，教科书的文字表述为“我们来画月相”“我们一起来贴‘月相’”“观察白天的月相”等，其用语都包含了开展科学活动的意味。图片有“两个小朋友讨论画月相的对错”“学生贴月相和讨论月相位置”等。因此，小学科学活动是小学科学课程不可或缺的部分。

2. 小学科学教学主要的载体

小学生天性好动，愿意亲力亲为。对小学生来讲，能积极参与探究活动和不断实践是更有效的学习方式。《小学科学课程标准》提出了科学知识目标、科学探究目标、科学态度目标以及科学、技术、社会与环境目标等四个方面的课程目标。在教学中，怎么才能将它们最大可能地统一为一体呢？师生共同参与的科学活动不失为一个有效的载体。实施科学活动的全过程是一个有待开发的学习宝藏。科学活动主题选择、基本原理、实施步骤、材料准备、交流分享或评比反思等一系列相关内容都可以成为小学科学教学选择的素材。以科学活动为载体进行小学科学教学，是小学科学课程实施的主要方式。

---

① 王永胜. 小学科学课活动设计［M］. 长春：东北师范大学出版社，2003：3.

3. “未来科学家”的宝贵体验

科学活动具有可重复性的特征。科学活动的可重复性有两层含义，一是科学研究活动可重复进行；二是在相同条件下，科学研究活动的结果也应该能够重复出现①。小学科学活动大都是重复和验证已有的成熟科学活动。例如观察硫酸铜溶液与铁钉的反应实验活动。不论是在教室，还是在活动室；不管是今天，还是再过十年；只要是按照实验要求进行实验，都会得到相同结果，观察到相同现象。学生在进行活动时，也会经历类似科学家的实验观察过程，甚至是心理体验。对学生来讲，这都能为日后可能成为科学家或从事有关科学研究工作提供宝贵的体验。

二 小学科学活动设计的原则

（一）科学性原则

科学性是科学活动的内在本质属性。小学科学活动是探究世界（物质科学领域、生命科学领域、地球与宇宙科学领域和技术与工程领域）运动规律的活动，是学生获得正确认知方式、追求真理的活动。在设计和实施小学科学活动时，教师和学生都必须尊崇科学性。同时，小学教育领域的小学科学教学也赋予了小学科学活动要尊重科学性的底线。小学科学活动是日常事件、科学实验的模拟或一定程度的再现，可以帮助学生训练逻辑思维，提高处理各项事务的能力，促进学生各种智能的发展。学生在活动过程中，运用知识、开展探索、面对困难，学会运用知识的方法，形成自信的态度，掌握评价、交流的技能，这都是科学素养的体现。

（二）趣味性原则

小学学生，特别是低学段的小学生，在兴趣使然下更加愿意通过参加科学活动的形式学习。组织小学科学活动的首要条件是能够将学生吸引到科学活动的现场。活动越有趣，越能保证学生学习的兴趣。组织一次好的科学活动不仅体现在“活动伊始，趣已生；活动进行，趣已浓”；还要达到“活动结束，趣获存”，始终使学生保持学习兴趣，用兴趣驱动学生沉浸在科学活动的全过程，最终学有所获，提高科学素养。所以，教师在设计开展科学活动时，需在科学活动的形式、内容和规则等方面下功夫，注重科学活动的趣味性。

（三）互动性原则

科学活动可以单独开展，也可以集体进行。在小学阶段，学生的年龄较小、知识储备较少，要单独开展科学活动有一定的难度。小学科学活动大部分都需要师生共同参与，学生以小组的形式在教师的引导或指导下共同完成科学探究。活动中，教师与学生、学生与学生相互联

① 王德胜，李建会. 科学是什么？——对科学的全方位的反思［M］. 沈阳：辽宁教育出版社，1993：257.

系，成为科学探究的共同体。一般情况下，教师是活动的设计者、前期组织者和管理者，学生是活动的承担者、探索者和活动结果的体现者。但在整个活动过程中，师生间、生生间，各种角色会不断转换，形成多维度、多形式的相互作用，进而影响活动的效果。

（四）探究性原则

科学活动的目标是探索世界的本质，以帮助学生认知世界，构建完整的科学知识体系。但是，科学知识往往是隐藏在现象之下的事物内部，不能直接看见、摸到，是未知、不可见的。小学科学活动，虽然是对前人成熟科学活动的重复或再现，但是对小学生来说，这些知识仍是未知的、不可见的，需要不断尝试和探索，才能把未知的变成已知的。所以小学生在活动的过程中，教师的主要作用是指导、引导学生有序地开展尝试性的工作，以探究科学的本质。当然，小学科学活动就是在不断探究的过程中完成学习。同时，探究性不仅要体现在活动的目标中，还要深入活动的过程，融入活动给予学生的价值体验中。

（五）主题性原则

首先，小学科学活动是有指向、有意图的教育过程。学生在小学是有学习年限的，在有限的时间内，要实现提升学生科学素养的目标，就必须系统地组织科学活动，以实现整体的教育目标。每开展一个活动，都有特定的教学目标需要达成。因为活动时间、场地等是有限的，所以需要在一定范围内开展，设置符合教学目标、教学环境和学生实际的活动主题，既便于教师围绕教学目标开展教学，又利于学生有针对性地解决问题。小学生本身精力有限、知识有限，正处于积累知识的阶段。围绕主题，开展主题鲜明的科学活动，带着问题去参加科学活动，能够更加有效率地帮助学生完成学习，促进学生高效完成学习目标。

第二节　校内科学活动设计

一般情况下，只有组织严密、流程有序的科学活动，才能获得预期的科学结果。小学科学活动亦是如此。要达到预期的学习目标，就必须有计划地实施活动。开展小学科学活动，需要学生实施活动，需要使用必要的活动资料、活动场地，采取相应的方法和步骤，是一个较为复杂的过程。教师作为活动的主要设计者和组织者，有必要安排好时间、场地、人物以及其他工作，才能保障活动正常有序进行。

一　校内科学活动设计的流程

校内科学活动是指活动场所在学校范围内进行的科学活动。虽然，学生对活动场景比较熟悉，但是能否顺利开展活动仍依赖于科学活动设计方案是否合理。小学科学活动设计方案需要有针对性的选题、设置符合学生发展的目标、准备充足的活动资料、规划活动实施的具体过程和行之有效的评价方法。教师作为科学活动的设计者，需要掌握活动设计的一般流程，才能顺利组织师生完成科学活动。

（一）选题

小学科学活动设计原则之一是主题性原则。围绕主题，选择合适的题材开展活动，有利于师生有针对性、有效率地达成学习目标。选择有针对性的主题，是设计科学活动方案的第一步。小学科学活动选题的主要依据是《小学科学课程标准》和《科学》教材，特别是校内活动，更应该结合课堂教学目标的实现。选择课题时，要满足趣味性、科学性和探究性等原则，在保证活动安全的前提下，开展小学科学活动。

（二）目标确定

小学科学活动要服务于小学科学教学的整体目标，提高小学生的科学素养。确定活动目标时，首先从课程教学目标达成出发，在本课、本节教学目标实现的前提下，确定活动目标。还要根据学生的具体情况，如学生年龄、现有知识能力水平、兴趣爱好等，使学生处于“踮踮脚，就能够着”的状态。最后，还要根据学校所处地区的地理、经济环境来设定目标，综合考虑环境对活动的影响。只有这样，活动才会不盲目、不混乱，才能正常顺利进行。

（三）准备活动资料

兵马未动，粮草先行。开展科学活动也是如此。活动的开展至少需要做好以下四个方面的准备。一是时间的准备。活动需要的时间有长有短，教师要根据活动所需，安排好活动的时长。一些活动的开展与季节有很强关联，教师要知道什么时机安排相应的活动，才能保证活动顺利开展。例如，观察油菜花这一科学活动根据地区不同，一般在 3～5 月进行，其他时间是很难开展的。二是活动场地的准备。活动可以选择在教室、实验室、活动室、操场或校园植物园等场所进行，但需要对场地做必要的准备。例如，要先与场地的管理人员做好对接，保证能顺利使用场地；提前到活动场所勘察、熟悉场地，评估活动开展的安全性和可行性；同时，还要考虑活动对场地及其周围的影响，不能对场地产生破坏和影响，不会对场地周边带来污染和隐患。三是活动资料和材料的准备。小学阶段较少使用精密仪器，教师应考虑多使用生活中常见的材料或者利用废物改造制成的仪器。除开准备充足的实验仪器和药品外，教师还要准备好学生活动时需要填写的记录表单或表格。四是邀请必要的专业人士或者学生家长作为科学活动的嘉宾。影响科学活动成功的因素很多，有时候仅靠教师引导、指导还不够。此时，可以邀请学生家长、学者、同领域专家等协助教师和学生进行科学活动，发挥科学研究共同体的作用，广泛利用社会资源建立起学校与社会、教师与家长的联系，使学生的科学活动能与日常社会生活有机地结合在一起。

（四）活动过程设计

小学科学活动过程设计是小学科学活动设计的中心任务。教师设计科学活动时，要以学生为中心，学生要成为设计和实施活动的主体。教师作为指导者、组织者和协助者，帮助和激励学生发挥自身所长，积极参加到活动设计、实施的全过程。一般说来，科学活动设计的流程如图 8-1 所示。在活动方案设计过程中，教师要不断让活动方案及活动在头脑预演执行，找到不足、不断修正方案，以期能制订出符合实际、可以实施的科学活动方案。

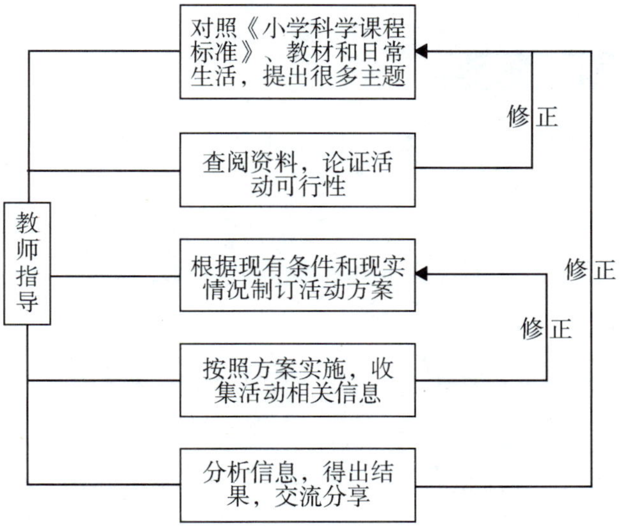

图 8-1　小学科学活动过程设计流程图

（五）评价方法

对于科学活动的评价，应该从过程和结果两个方面设计评价方式。科学活动不仅需要得到最终结论，还需要在活动过程中锻炼思维、锤炼技能、磨砺精神，所以设计评价方式需注意对活动全过程、多方面开展评价。从评价要点看，应对学生在活动过程中的操作技能（如观察、记录）、合作与交流、知识与运用等进行评价。从评价方式看，除开常见的活动报告单之外，还可以采取谈话、问卷、量表、表现评估等多种评价方式相结合。总之，在对学生开展科学活动评价时，要坚持覆盖全部学生、涵盖全部过程、发现全部优点的原则，保证为每一个学生提供活动的机会和成长的空间。

二　常见的校内科学活动

校园是学生学习的主要场所，开发、利用校园的功能，开展科学活动，既拓展了校园的用途，又便于活动组织和管理。

（一）趣味实验活动

趣味实验活动指利用科学原理，运用生活常见材料作为实验器材，通过简单操作，就能完成的科学实验。趣味科学实验有安全易行、操作简单和现象明显等特点。趣味实验有利于激发学生的学习兴趣，培养学生用科学思维解释生活常见的现象。例如，红糖变白糖实验。将红糖溶入水后，加入活性炭吸附有色物质，再过滤、浓缩、冷却后成为白糖。请阅读小学科学活动案例一，体验活动设计的过程。

小学科学活动案例一

我是小小科学家

张蓉是一名小学科学教师，今年教授四年级科学课。最近，学校安排进行“我是小小科学家”校园展示活动，要求每一个班每一个同学都要参与其中。张老师作为科学教师，更是积极组织同学们参加到活动中来。

首先，张老师想到，四年级刚刚学习了“食物”单元，食物又是同学们日常必不可少的必需品，大家对其都有了解，而且家长也不会对食物陌生。所以，张老师准备组织自己班的学生以“食物”作为主题，请学生家长一起帮助同学们选择自己的趣味实验，在“我是小小科学家”的活动现场进行展示。

然后，张老师准备了四年级“食物”单元的主要内容清单（列举学了哪些知识）、常用科学实验网站、学校可提供的实验仪器和药品、本次活动的要求等相关资料，打包后发给了学生家长。其中，张老师设计了《趣味实验实施报告单》请家长和学生填写，并且请家长拍摄科学活动的小视频一并发给她，作为帮助她指导和选择参加活动作品的依据。

趣味实验实施报告单

实验内容：

实验原理：

实验材料：

实验步骤：

观察记录：

实验结果：

最后，张老师收到了发来的《趣味实验实施报告单》和小视频，在经过与学生和家长的多次沟通后，指导学生在家完成了实验，并且选择了5个符合本次学校活动要求的趣味实验在活动现场展示。同时，这5个趣味实验由5个小组分别完成，组长由提供实验的学生担任，其余学生和他一起分工协作，在活动现场展示。其中，张老师就选择了红糖变白糖这个实验作为活动现场展示的内容。

趣味实验实施报告单

实验内容：红糖变白糖

实验原理：将红糖溶入水后，加入活性炭吸附有色物质，再过滤、浓缩、冷却后成为白糖。

实验材料：红糖、清水、滤纸、烧杯、水浴锅、酒精灯、铁架台、活性炭、玻璃棒等。

实验步骤：

取3~5 g红糖放入小烧杯中，加入30 mL水，加热，直至红糖溶解。

加入1 g活性炭，用玻璃棒不断搅拌，趁热过滤悬浊液，得到无色液体。若过滤后，溶液仍然呈黄色，应该再加入一定量活性炭，再过滤，直至过滤液呈无色。

将滤液转移到小烧杯，在水浴锅中蒸发浓缩。当滤液减少到原有体积的1/4时，停止加热。

从水浴锅中取出烧杯，自然冷却一段时间，将会有白色固体析出。

观察记录：

加入活性炭前	加入活性炭后	实验结果
红糖溶解在水中，溶液呈红棕色	不断搅拌后，溶液颜色不断变浅，直至无色	通过加热浓缩，得到白糖

实验结果：活性炭能够吸附溶液中的有色物质，红糖溶解后，活性炭将其中呈红棕色的物质吸附，所以过滤得到无色溶液，且在加热浓缩后析出了白糖。

通过以上过程，张老师进行的这次小学科学活动达到了她的预期目标，找到了合适的趣味实验在学校的“我是小小科学家”活动现场进行展示，获得了不错的展示效果。

张老师是经过深思熟虑后才开始本次活动的。一是她回顾了学生已经学习了哪些知识，选择了与学生生活联系最为紧密的内容作为活动的主题。二是合理利用了家长作为活动的协助人，帮助学生准备活动。三是提供了丰富的资料给家长和学生，帮助他们能够更好地选择实验内容。四是建立评价实验的方式，提供查看《趣味实验实施报告单》和实验小视频对实验开展情况作评估，以此了解实验的开展情况。五是不断地帮助家长和学生完善实验，最后形成可以在活动现场展示的趣味实验。

（二）校园环保大行动

生态环境保护已是全世界关注的热点问题，我国也把每年的6月5日定为中国环境日。培养孩子们从小树立保护生态环境的意识，有助于整个社会环保意识的提高。校园是学生每天生活学习的场所，学生亲身经历保护校园生态环境，开展生态环境保护活动，能激发学生有意识地、自主地进行生态环境保护。生态环境保护活动涉及范围较广，涵盖节水节能、环境卫生、主题宣传、生态科普校园行和生态环境整治等活动。开展校园生态环境活动，和上述活动一样，需要教师设计好活动方案。教师在开展活动前，要和相关人员沟通，按照管理规定安排学生开展活动，做好活动记录和评价，可以使用表8-1作为参考。

表8-1　科学活动记录表（样表）

活动地点		活动时间	
参加人员			
活动主题			
活动内容			

（三）校园动植物观察活动

动物和植物围绕在我们身边。组织学生对动物、植物进行观察，是帮助学生提高观察能力的有效手段。动植物有生命，可以进行短时间关于外在特征的观察，也可以开展长时间形态变化的观察，还可以在不同种属之间进行对比观察。植物、动物之间相互联系，是生态系统关键的构成要素。所以，教师组织好学生观察校园动物、植物的活动，能多维度地锻炼学生的科学探究能力。比如，组织学生观察校园的植物，记录植物的种类和分布，制作校园植物分布图；观察不同地点、环境的植物，感受植物与环境之间的关系；观察校园里的蚯蚓、蜗牛、蚂蚁、蜘蛛等小动物，了解动物的生活习性；到校园的草地的一角，长期观察、记录草地中的动物和植物，让学生感受生态环境的变化。

（四）校园气象观测活动

气象观测是人们日常生活中常见的举动。教师可以建立校园小小气象站，组织学生观测气象信息，帮助学生学会常用气象观测仪器的使用，培养学生严谨的科学态度，例如，开展“我是小小气象员”活动。教师组织学生建立气象观测小组，引导学生查阅资料，设计观测方案，建立观测制度，记录观测结果，形成观测报告，在气象观测中促进学生发展。例如，可以开展

“测量气温”的科学活动，以帮助学生认识如何正确测量气温。

小学科学活动案例二

测量气温

课题：如何正确测量气温

年级：三年级

一、活动目的

1. 学会正确使用温度计测量气温。

2. 能用温度计正确测出当地某时刻的气温。

二、活动准备

空气温度计，百叶箱，记录本

三、活动步骤

（一）测量教室里的气温

1. 教师指导学生正确识读温度计。

2. 分小组在教室不同位置测量气温。

3. 记录各处的气温。

4. 比较教室不同位置的气温。

5. 讨论为什么在教室不同位置气温会不相同。

（二）测量不同地点的气温

1. 讨论有哪些因素可能影响气温的测量，自己选择气温测量的地点。

2. 确定测量气温的地点，并且预测自己确定的地点的气温是多少。

3. 学生分小组到自己确定的位置测量气温，并且做好记录。例如，在草地的草皮处，在操场的树荫下，在楼梯拐角处，等等。

4. 测量完成后，全部一起汇总测量结果，各小组分析实际测得气温与预测气温是否相同，并分析原因。

5. 得到结论。测量气温需要控制条件，在相同条件下测量的气温才一致。

（三）探讨气象站是怎么测量气温的

收集气象站测量气温的方式，观察百叶箱的结构，讨论该如何正确测量气温。

（四）得出结论

在离地 1.5 米处，通风良好，且不受太阳直射，测量的气温是最接近正确气温的。

第三节 校外科学活动设计

一 校外科学活动设计的流程

校外科学活动设计流程与校内科学活动设计流程基本相似。但是，需要注意的是校外活动涉及的场地、人员等问题更为复杂。教师需要更多地介入活动，不仅要发挥指导者的作用，更要发挥好活动协调者和组织者的作用。在做好方案的基础上，教师应该关注以下三点。

（一）做好预案和材料准备

到校外进行科学活动，虽然教师在前期已经做好了活动设计方案，但是教师还要特别关注活动地点的生物因素、地理因素和天气因素对活动的影响。活动前，教师要事先查询天气情况，并且做好不同天气的不同预案。活动准备期间，列出详细的室外活动物品清单，指明要使用的个人装备、学习用品、生活必需品和常用药品。

（二）做好活动场地勘察

活动前，教师应该对活动场地做详细勘察。首先，要了解活动场地的地形地貌，排查可能出现危险的地方，例如断崖、水域、坑洼等，教师要心中有数。其次，要调查场地的生物结构，比如场地有无毒蛇、有毒植物、大型动物等。最后，教师要选择能达成活动目标的场地，又要考虑交通、安全等因素，排除不安全因素，保障学生能在相对独立的活动区域开展活动。

（三）做好安全教育

活动纪律千万条，安全纪律数第一。教师要把安全第一的思想融入每一个科学活动参加者的头脑。在活动前，做好安全第一的教育；在活动中，随时关注、观察各环节的变化，将安全隐患消除在萌芽状态。

二 常见的校外科学活动

走出课堂，拥抱社会和大自然，是科学教育的有机组成部分。室外有更广阔的天地可以进行科学观察、科学实验、参观访问等，带领学生走进社区和工厂、融入大自然，在室外开展观察、实验、调查、调研等活动，能更好地激发学生的学习兴趣。

小学科学活动案例三

观察周围水域①

课题：水域的污染和保护

年级：三年级

一、活动目的

1. 指导学生通过对本地自然水域的实地考察，认识自然水域的水是不纯净的。

2. 培养学生观察自然事物的能力。

3. 使学生受到保护环境和热爱大自然、热爱家乡、热爱祖国的思想教育。

重点：指导学生对本地自然水域进行考察，培养实事求是的科学态度。

准备：显微镜、考察工具箱、酒精灯等。

二、活动步骤

（一）课前考察，取水样

（二）实地考察

1. 观察水域所处的环境。

2. 观察水域是否有鱼虾、蝌蚪、水草等。

3. 观察水面是否有杂物，水体是否浑浊，有无颜色、气味等，作出水是否纯净的初步结论，将观察结果填入下表。

水域	所处环境	水面杂物	水生动植物	颜色、气味	初步结论
井水					
池塘水					
河水					

（三）课内观察

1. 水是否有沉淀物。

2. 水样中是否有滋生的小的动植物。

3. 实验。

（1）将水滴在玻璃片（载玻片）上，用酒精灯烘干，检验是否有溶解的杂质；

① 王永胜. 小学科学课活动设计［M］. 长春：东北师范大学出版社，2003：102.

(2) 用显微镜观察水中的小动物，使学生相信水是不纯净的。将观察和实验结果记入下表。

水域	沉淀物	滋生物	烘干后存留物	显微镜观察	结论
井水					
池塘水					
河水					

(四) 结果分析

结合以上两个表格，作出最后结论。

(五) 讨论汇报

根据课前观察和课内观察实验进行讨论，汇报考察的情况、结论、收获和感想。

(六) 作业

思考、讨论如何把自然水域中的不干净的水变成干净的水。

(一) 科技场馆的科学教育活动

进入科技场馆开展活动是小学科学教育的常见形式。科技馆拥有专业的设备和优良的条件，许多在学校无法展示的内容可以在科技馆里看到。教师组织学生进入科技馆开展教育活动时，要注意加强和科技馆的联系，邀请科技馆的员工设计适合学生的参观路线以及学习内容。在保证安全的基础上，最大限度地让学生接近设备并帮助他们获得直接经验。

(二) 校外科普宣传活动

校外科普是锻炼学生的好机会。此时，学生化身成为解说员、演讲者、导游等，向社会宣传科学知识，能全方位地检验学生各项能力。校外科普活动，重在前期准备。教师需组织学生准备好要宣传的知识内容，采用简洁的形式展现给大众，还要帮助学生预演好解说词、演讲稿等。当然，教师要和社区、单位等做好接洽工作，保证活动的顺利实施。

(三) 社区科学实践活动

鼓励学生参加社区科学实践，是体现科学、技术、社会和环境结合的活动方案。社区科学活动，要结合社区工作情况开展（例如治理环境污染、人口普查、植树造林、卫生防疫、推广新技术、防治白蚁、宣传新生活理念等），把学生带入社会。教师需做好与社区的长期合作，把学生的学习和社区实际工作紧密结合，做到有序可持续地开展社区科学实践。

（四）校外科学调研活动

调研是科学研究常见的活动。组织学生到校外开展调查研究可以帮助学生就某个专题问题进行学习。调查研究时，学生从观察者的视角考查现场情况，学生将亲身体验实物的发展变化。教师要注意将科学教育和社会周边的问题相结合，发掘其教育意义，组织学生到现场进行教学。例如，组织学生到工地、工厂、田间等场地，观察各种工厂设备工作的情景、工程机械施工作业、污水处理工程等，指导学生完成调研报告。

小学科学活动案例四

参观东河水电站活动方案

一、活动目的

（一）让学生了解发电的原理。

（二）让学生了解水电站的工作原理。

（三）增强学生的求知欲望，激发学生的研究热情。

二、活动地点

东河水电站

三、活动准备

（一）学校准备事项

1. 学校联系好水电站，商议参观活动的时间、流程和注意事项。

2. 安排教师到水电站做预参观，实地了解参观相关的安排。

3. 确定好交通工具，做好出行准备。

4. 向上级主管部门打报告。

（二）教师与学生准备事项

1. 教师做好班级学生安全教育，提出具体要求。

2. 教师将前期预参观经验总结后，结合活动要求讲解水电站的基本情况，比如水电站的位置、参观路线、注意事项、活动要求等。

3. 教师引导、指导学生做好参观活动记录，学生自己设计记录表单。

4. 将全班分成小组，选定小组长，要求学生按小组参观，大家相互监督和提醒。

四、活动安排

（一）时间安排

10 月 15 日 14：00 在校内排队，按指挥搭乘车辆。

（二）乘车安排

14：30 开始按乘车安排表依次乘车

×年级×班——1 号车　班主任：×××

×年级×班——2 号车　班主任：×××

……

（三）责任人及其职责

1. 总负责：×××

负责活动全程的组织协调，负责师生的安全。

2. 副组长：×××

负责协调水电站；负责组织按班级指挥学生乘车，汇总班级学生人数清点。

3. 成员：×××，×××，……

负责指导学生按要求完成各项安排；负责学生人数清点；负责学生参观秩序和纪律的监督；负责学生安全。

（四）参观人员

班级：×年级×班　班主任：×××　学生人数：×人

班级：×年级×班　班主任：×××　学生人数：×人

……

五、注意事项

（一）教师要时刻关注学生安全，提醒学生观察时注意保护自己。

（二）根据活动参观要求，配合好水电站工作人员，完成参观。组织好学生，按要求完成各项参观任务。

（三）及时处理突发事件，提示学生遇到突发事件不要慌张，要第一时间告知老师。

（四）及时清点人数，保证每个学生按路线、按时间完成观察。

本章知识结构导图

- 小学科学活动
  - 小学科学活动设计
    - 开展小学科学活动的意义
    - 小学科学活动设计的原则
  - 校内科学活动设计
    - 校内科学活动设计的流程
    - 常见的校内科学活动
  - 校外科学活动设计
    - 校外科学活动设计的流程
    - 常见的校外科学活动

知识点检测

一、填空题

1. 科学活动的可重复性有两层含义，其一是说，______ 可重复进行；其二是说，在相同条件下，______也应该能够重复出现。

2. 科学活动可以______ 开展，也可以______ 进行。

参考答案

二、实操训练

1. 请结合校园植物和动物情况，完成一份校内科学活动设计方案。

2. 请结合当地实际，完成一份校外科学活动设计方案。

第九章

小学科学学习评价

在科学上没有平坦的大道，只有不畏劳苦沿着陡峭山路攀登的人，才有希望达到光辉的顶点。

——马克思

学习目标

✦ 掌握小学科学学习评价内涵。

✦ 了解小学科学学习评价目标设置时评价形式的对应性、评价内容的一致性和评价方法的契合性。

✦ 掌握小学科学学习的诊断性评价、过程性评价和终结性评价。

✦ 掌握小学科学学习评价的多元主体原则、方式多样原则、信息整合原则。

✦ 掌握小学科学学习的生成性语言评价和生成性材料评价。

✦ 了解小学科学学习评价的导向性和发展性效能分析。

情景导入

一位科学教师在教恐龙这个教学单元之前，先在班上组织了一次讨论，让每个同学踊跃发言，交流自己对恐龙的了解。讨论时，教师一般不对同学的发言做任何评论，即使是一些错误的看法也不立即纠正，只是把学生们的发言汇集起来。有的同学说：“恐龙现在已经不存在了。”另一位同学说：“我在电视里看到，国外有人在海岛上看到过恐龙。”教师马上把学生的这些问题写在黑板上：“现在还有活着的恐龙吗？”同时还鼓励学生提出更多的问题。“恐龙吃什么？”“恐龙为什么会绝种？”“哪一种恐龙是最大的？”“恐龙会吃人吗？”“恐龙喜欢生活在什么样的环境中？”“恐龙能够复活吗？”……面对这些问题，教师不是马上回答，而是给予鼓励性的评价，鼓励他们提出问题。在讨论活动中，教师了解了学生的知识背景和他们的兴趣，就可以有的放矢地组织教学。①

《小学科学课程标准》实施以来，学校教育更加注重“以学生为中心”，突出情感因素在激发、维持、强化和调控教学活动中的地位和作用，更加突出学生的学习是在一定的情境下，借助他人的帮助，如人与人之间的协作、交流，利用必要信息，通过意义的建构而获得。在这个学习过程中，评价无处不在。因此，科学、恰当的学习评价无疑会成为增强学生学习动力的助推剂。

第一节　小学科学学习评价概述

一　小学科学学习评价内涵

学习评价是教育评价的一个分支，是为了进行有效的教育质量监控。

对于学习评价的研究，美国走在了世界的前列。20 世纪 30 年代，被称为“教育评价之父”的泰勒（R. W. Tyler）提出一种以目标为中心的评价模式，主张以一定的教育目标为导向，把教育目标转化为可检测的学生行为目标，并根据这些行为目标编制课程、教材或教学方案，开展教学活动，然后依据行为目标对教学活动的效果进行评价，判断实际教学效果达到预期目标的程度，人们将这一模式称为“泰勒模式”②。20 世纪 60 年代，美国学界在对“泰勒模式”的质疑与批判中提出了新的教育评价方案。美国评价专家斯塔弗尔比姆创建了一种全新的评价模式，该模式包括背景评价（context evaluation）、输入评价（input evaluation）、过程评价（process evaluation）、成果评价（product evaluation）四个阶段，简称为 CIPP 模式。1989 年，美国著名教育评价专家古贝和林肯开创性地提出“第四代评价理论”③。“第四代评价理论”关注评价相关利益主体的现实需求，并给予积极回应，将评价主体从“评价的组织者和实施者”扩展为“参与评价活动的所有人”，把人在评价中的地位提到前所未有的高度。但这种评价理论认为评价是一种人的共同心理建构，评价描述的并不是事物本真的、客观的状态，因而可能影响评价的客观性和真实性。

---

① 刘德华. 小学科学课程与教学［M］. 北京：中国人民大学出版社，2009：260.
② 胡中锋. 教育评价学（第三版）［M］. 北京：中国人民大学出版社，2016：12.
③ 卢立涛. 回应、协商、共同建构——“第四代评价理论”述评［J］. 内蒙古师范大学学报（教育科学版），2008（08）：1-6.

在我国，研究人员也将学习评价看作是教育评价的一个分支，是学校、教师客观评价学生学习过程中的总体表现及对课程知识的掌握程度，更多地倾向于从学习评价的内容方面对其本质属性进行界定①。如有研究者提出学习评价主要是对学习者学习情况的综合判断②，提出学习评价是对学生学习质量所作的测量、分析和评定，是对学生学习活动的效益所作的综合性评价③。也有研究者从学习评价的依据、内容、目的等要素入手，对学习评价做了较系统、全面的界定，认为学习评价是根据学生的发展目标，通过对学生学习活动和发展变化的价值判断，去调控和改善学生学习，从而实现最优发展的过程④。

由此可以看出，学习评价的概念有广义和狭义之分。广义的学习评价是根据学生的发展目标，通过对其学习活动和发展变化的价值判断，去调控和改善学生学习，从而实现最优发展的过程⑤。这一定义指出学习评价的依据是“学生的发展目标”，评价内容是学生的“学习活动和发展变化”状况，即学生的学习过程和学习结果，学习评价是一种价值判断，而非仅描述客观情况的事实判断，评价以改进学生学习过程，实现最优化发展为目的。狭义的学习评价是对学生学习质量所作的测量、分析和评定，是对学生学习活动的效益所作的综合性评价⑥。这一定义指出学习评价的主要内容是学生的学习质量和学习活动，评价方法是对其进行量化或定性评定。

基于以上研究及《小学科学课程标准》的要求，我们对小学科学学习评价给出如下定义：小学科学学习评价是根据小学科学课程学习目标、学习内容，通过相应的测评方法对学生小学科学学习过程及结果进行系统分析和综合评判的价值判断过程。它是课堂教学活动中的一个重要环节，评价内容以及如何评价在一定程度上影响着教学过程。

二 小学科学学习评价目标

《小学科学课程标准》指出：“学习评价的目的在于了解学生在学习过程中的表现及其存在的问题，鉴定学习的质量水平。”“学习评价必须覆盖本标准规定的各个方面的目标要求，对学生的科学素养进行综合评价。”因此，对于小学科学学习评价，要做到评价形式的对应性、评价内容的一致性和评价方法的契合性。

---

① 徐伟民，黄俊华．基于学生发展的多元化课程学习评价方式改革的理论与构建［J］．武汉轻工大学学报，2016（04）：107-113.

② 张平泽，赵振勇．高职教育学习评价现状研究综述［J］．中国成人教育，2013（15）：103-104.

③ 闻富强．学习评价方法的改革与实践［J］．南阳师范学院学报（社会科学版），2005（04）：89-90.

④ 翟乃山．改革学习评价减轻心理负担［J］．山东教育科研，2001（05）：43-44.

⑤ 翟乃山．改革学习评价减轻心理负担［J］．山东教育科研，2001（05）：43-44.

⑥ 张平泽，赵振勇．高职教育学习评价现状研究综述［J］．中国成人教育，2013（15）：103-104.

（一）评价形式的对应性

《小学科学课程标准》指出：“学生通过科学课程的学习，保持和发展对自然的好奇心和探究热情；了解与认知水平相适应的科学知识；体验科学探究的基本过程，培养良好的学习习惯，发展科学探究能力；发展学习能力、思维能力、实践能力和创新能力，以及用科学语言与他人交流和沟通的能力；形成尊重事实、乐于探究、与他人合作的科学态度；了解科学、技术、社会和环境的关系，具有创新意识、保护环境的意识和社会责任感。”由此，《小学科学课程标准》确立了“科学知识”“科学探究”“科学态度”“科学、技术、社会与环境”四个方面的课程目标。针对不同的课程目标应该采取不同的评价形式。如对科学知识目标达成情况进行评价时，可采用纸笔考试的形式，主要考查学生的知识水平和方法能力，以等级形式出现，可分为“优秀”“良好”“一般”和“要努力”四个层次；而对科学探究能力目标达成情况进行评价时，可采用量表形式，如一位教师使用过程技能评价表（表 9-1）来对低年级小学生的过程技能进行评价。他设计了几个特殊的实验操作，我们能够看清在相对可控、恒定的条件下，学生们能做什么，他们的实验操作代表了他们过程技巧的熟练程度。这种评价，可以包含不同的学习方式和智能水平，既是教师对每一个学生操作熟练性的个人判断，又是相对客观的结果，因为每一个项目又被分成了几个独立的项目进行评价。

表 9-1　可供评价低年级小学生过程技能评价表①

编号	材料	活动内容	过程技能
1	3 种或 4 种不同的蔬菜	描述每一种蔬菜的特点，告诉他人你使用了什么感官	观察
2	采集 10~15 粒种子	把种子分成两组，并为每组命名	分类
3	纸袋里的物体	为同伴描述袋里的物体，但不给出名称，让他或她能够正确地辨别	交流
4	1 块木块和 1 把尺子	测木块的大小	测量
5	1 盆水，旁边有几种物体	预测每种物体在水中是上浮还是下沉	预测
6	3 个透明的小罐，里面放有不同的物质	辨别罐里装的是什么物质	推断
7	2 个汽水瓶，里面放不同量的水，1 根木棒	当用木棒敲汽水瓶时，哪个声音更高	预测
8	3 块不同的岩石	描述每一块岩石的特点，辨别三者间的相同和不同之处	观察

① 张红霞. 小学科学课程与教学（第 2 版）［M］. 北京：高等教育出版社. 2010：214.

续表

编号	材料	活动内容	过程技能
9	采集 10~12 个贝壳	把贝壳分组，并为每组命名	分类
10	2 块木块和 1 个简单的双盘天平	辨别哪一块木块更重，告诉他人自己是如何知道的	测量

（二）评价内容的一致性

《小学科学课程标准》指出："评价的内容包括科学知识、科学学习能力和探究能力，以及对科学和科学学习的情感、态度与价值观。通过学习评价确保课程实施的质量，促进学生科学素养的发展。"因此，对于小学生科学学习的评价内容要根据《小学科学课程标准》进行。

首先，要保证"科学知识"评价内容与《小学科学课程标准》的一致性。对于"科学知识"，评价的重点是《小学科学课程标准》所规定的小学生对物质科学、生命科学、地球与宇宙科学、技术与工程四大领域最基本的知识和 18 个主要概念的理解过程和应用情况。因此，在评价时要重点考查学生对科学知识的理解和应用，强化对学生探究过程的考查，打破以"知识点"为主的记忆性命题格局；要加大考查学生创新思维的比重并注重与学生生活实际和认知特点相联系。

其次，要保证对"科学学习能力和探究能力"的评价内容与课程标准的一致性。"能力"是一个比较抽象的概念，它往往依附于知识、技术、语言等载体。因此应重点评价学生的动手动脑"做"科学的兴趣、技能、思维水平和活动能力。评价时要紧扣"提出问题、作出假设、制订计划、搜集证据、处理信息、得出结论、表达交流、反思评价"这 8 个学段目标要素，具体可以评价学生参与科学学习活动是否主动积极，是否持之以恒，是否实事求是；能否以科学的方式进行观察，提出问题，发现问题；能否根据事实进行合理的猜想或假设；能否根据假设或猜想，制订合理的科学探究计划；是否使用感官和常见的工具，规范合理的方法测量和搜集证据；能否对收集的事实资料和数据进行分析，以逻辑合理的方式得出结论；能否采用适当的方法合理顺畅地表达探究结论，进行交流，参与评议；等等。要鼓励小学生进行科学探究活动，理解科学探究过程，获得科学探究的乐趣，逐步提高他们的科学素养。

第三，要保证对"科学和科学学习的情感、态度与价值观"评价内容与课程标准的一致性。"情感、态度与价值观"也是非常抽象的概念，对它们进行评价时，要以"探究兴趣、实事求是、追求创新、合作分享"四个学段目标为依据，重点应该放在小学生的科学学习的态度。具体可以评价他们是否具有科学学习的兴趣和参与科学活动的热情，学习动机是否强烈；是否具有基于证据和推理发表自己见解的意识；是否尊重事实证据，能否大胆想象、勇于创新；是否重视人与人之间的合作与交流、勇于表达、乐于倾听、尊重并采纳他人不同的意见，乐于改进自己的学习和研究；是否对科学有坚定的信念以及对科学技术作用有正确的认识，并热心参加有关活动，形成科学的对待自然和社会的情怀和责任感。

（三）评价方法的契合性

《小学科学课程标准》提出："学习评价的目的在于了解学生在学习过程中的表现及其存在的问题，鉴定学习的质量水平。"因此，学习评价既要关注学生学习的结果，更要关注他们学习的过程，并最终能够促进学生科学素养的形成与发展。这就要求对学生的学习评价要根据不同的课程目标和课程内容采用不同的评价方法。

对于课程目标中的"科学知识"目标以及相对应的物质科学、生命科学、地球与宇宙科学、技术与工程四个领域的课程内容的学习，更多地侧重于对"科学知识"的评价。学生在对"科学知识"进行学习的过程中最容易生成过程性材料，因此可主要采用生成性材料评价。如可采用书面定量测验和考试的形式考查学生对科学知识的掌握情况和方法能力的提升情况，对学生在学习过程中生成的评价材料，可用档案袋进行收集，以便于对学生学习进行评价，称之为档案袋评价。档案袋评价在西方称为"历程档案评量"（portfolio assessment）①，在我国又称为"学生成长记录袋评价"，是有目的地将学生资料收集在一起成为一个档案，以展示学生学期或学年的学习成果。通过建立档案袋，从学生的角度看，可以督促他们经常检查自己的科学学习情况，反思自己的学习方法和学习成果，培养学习的自主性和自信心，从而有效发挥"档案袋"评价对自身发展的促进作用。

对于课程目标中的"科学探究""科学态度"和"科学、技术、社会与环境"目标，更多地侧重于方法、能力、思维、语言表达及情感、态度和价值观等方面，可采用生成性材料评价与生成性语言评价相结合。一方面，对于"科学探究"和"科学、技术、社会与环境"目标规定的课程内容中能够用测试、操作、检查作业等方法进行的，可采用档案袋收集相关生成性材料；而对于学生学习过程中无法用具体测量工具测量的、比较抽象的情感、态度和价值观等方面，可采用生成性材料评价的评价量表对学生进行评价，如那些通过交往才能体现的能力和态度可采用小组评议法进行同伴评价。另一方面，教学过程中发生的即时的、情境性的学习状态，教师可依据课程标准评价目标的要求，采用生成性语言评价。例如，那些外显的行为可以通过直接观察法进行典型性表现评价；语言是思维的外壳，通过激励性的评价语言表达间接观察，那些通过交往才能体现的能力和态度可采用小组评议法进行同伴评价。

三　小学科学学习评价的基本类型

根据评价在教学活动中发挥作用的不同，把评价分为诊断性评价、过程性评价和终结性评

① 蔡永红. 对多元化学生评价的理论基础的思考［J］. 教育理论与实践，2001（05）：34-37.

价三种类型。

（一）诊断性评价

诊断性评价是指在教学活动开始前，对评价对象的学习准备程度做出鉴定，以便采取相应措施使教学计划顺利、有效实施而进行的测定性评价。

1. 诊断性评价的作用

首先，可以确定学生的学习准备程度。所谓学习准备是指学习者原有的知识水平和心理发展水平对于从事新的学习的适合性，这种适合性既要确保学习成功，又要求在学习时间和精力的消耗方面经济合理。学习是一种连续性活动，学生当前学业的差异，多是由于前期经验的不同所造成的。如果学生具备必要的学习准备，教学又适合这种准备，则有利于学生掌握将要学习的新知识。因此，在教学活动进行前，应该诊断学习者的学习准备程度，为教学活动的开展提供决策服务。

其次，可以适当安置学生。传统的班级划分主要以学生的年龄为标准，往往无法适应学生不同的学习要求、学习准备和学习潜能等个别差异，不利于教师因材施教，容易挫伤学生的积极性。《小学科学课程标准》实施以来，分组教学再度被重视。它按照学生的能力、成绩、兴趣等差异进行分组，既不失集体影响，又有利于个人独立探究，便于教师针对学生的不同特点和学习程度采取相应的教学策略。而进行分组的基本前提，就是要准确诊断学生的学习准备程度，然后将学生置于水平大致相当的群体中，以取得更佳的教学效果。

如果在教学过程中发现，已经适当安置的学生却未能取得预期学习效果，则可利用诊断性评价寻找其学习上的困难并积极设法解决，而不必局限于仅将该评价用于学生分类。

诊断性评价作为教学活动的良好开端，一方面有利于学生获得适当安置，进行有目的、有计划的学习；另一方面也有利于教师挖掘每个学生的天赋和潜能，因材施教，避免对学生随意分组或“一刀切”。

2. 诊断手段

诊断内容一般包括前期学习中知识的储备和质量、学习新知识所必需的知识储备和质量、智能结构、认知风格、学习态度等。目前，进行诊断主要借助的手段有以下几种。

一是以前相关成绩记录。由于小学科学知识都具有连续性和相关性，诊断性评价不可避免地要借助对以往成绩的分析。但应注意，对成绩的分析也不必仅局限于小学科学科目或某一次考试分数的高低，而要具体分析分数所揭示的内涵和实质，即在不同教学目标和教学内容中存在的差异，以使诊断更为明智。

二是准备测验。如果无法从以往的成绩记录中提取有价值的相关信息，教师则需进行合适的准备测验，检查学生学习新知识所必需的知识储备情况。

三是智力测验量表。学习者在前期学习中水平不一，原因之一是其智能发展存在差异。一部分学生具备合适的学习上的发展能力，而另一部分则适应不良甚至存在先天性的能力缺失。因此必须加以诊断，以便在今后的教学中区别对待，分别给予适当的指导和培养。

四是态度、情感方面的调查量表。孔子曰：“知之者不如好之者，好之者不如乐之者。”可见，学习态度、学习情感对于学习何等重要。事实上，学生学业成绩不良，学习活动失败往往并非由于智力、能力的缺陷或不适应造成的，而更多的是因为对学校班级的不适应、对教师的消极态度以及学习兴趣的丧失等原因所致。因此，有必要使用态度、情感方面的调查量表，及时掌握学生与学习相关的态度及情感等方面的状况，并给予适当、适时的教育、影响和引导，激发学生的学习动机与学习热情。

除以上方法外，也可以采用访谈、让学生画思维导图或概念图等措施。通过各种措施得到的学情信息，具体地描绘了学生学习的出发点，是教师组织教学的重要参考。同时，学生在了解学习目标的基础上，将目标与出发点进行对比，也可以明确学习方向。

（二）过程性评价

过程性评价又称形成性评价，是指在课程实施过程中，以小学生科学学习为对象，结合小学生科学学习的认知特点，以促进学生潜能、个性和创造性的发展为目标，关注个体差异，倡导多元评价标准，采用多样化的、科学的评价方法，对学生在科学知识、科学探究和情感、态度与价值观等方面的进步与发展而进行的评价活动。

1. 过程性评价的要素

过程性评价包括评价发生的时间、空间和指向的内容三要素。

一是评价发生的时间。过程性评价分为课前、课中和课后评价。过程性评价与当前美国流行的“嵌入”式的评价非常相似，就是在整个单元中，评价被“编进”或“嵌入”内容中，这些评价不但自然地出现在每一课内容的活动中，而且自然地出现在作为整体的单元内容活动中，它们常与教学活动密不可分。

二是评价发生的空间。过程性评价是贯穿课堂内外的评价，为此把过程性评价分为课堂内的评价和课堂外的评价。课堂内的评价以口头评价和书面测试最为典型。课堂外的评价以作业反馈评价最为常见。目前往往是把课内评价和课外评价结合在一起，档案袋评价就是其中之一。

三是评价指向的内容。过程性评价指向的是学习过程。学习是一个复杂的过程，它不仅包括学生学会应掌握的知识，还包括学生根据所学知识处理他们周围的问题；不仅包括知识和能力的获得，而且包括影响他们学习成功与课外行为的价值观、态度和思维习惯的形成。由此可见，过程性评价要求对学生学习的知识、策略以及情感等都要做出评价。

2. 过程性评价的一般技术

可供采用的全面反映学生实际的学习和发展状况的评价技术主要有七个方面。

（1）教师观察。科学教师应注意观察学生的科学学习表现，据此安排教学内容，调整教学进度，改善教学方法，必要时开展个别教学指导。长期系统的观察应有记录。把教学中有特殊意义或价值的内容（如学生的超常表现、独特见解、科学创意等）及时记录在案，可供终结性评价参考。当然，观察法容易受评价者水平和情绪的影响，不够客观准确。这种方法主要应用于对学生过程技能、科学态度的评价。

（2）与学生面谈。科学教师、教育管理者和家长以平等的身份向学生提出一些开放性的问题，了解学生对这些问题的看法或想法。如果在观察的同时，提出一些能探测学生如何进行思考的问题，教师的收获将会更大。有时观察到的行为表现并不十分清晰，可以通过谈话的方法在互动中发现真实的水平和状态，帮助我们掌握学生已经了解的知识和他们的思维过程。这类问题中最有效的应该是那些开放性的而非封闭性的问题，是以学生为主而非以知识为主的问题。

（3）新型测验与考试。测验和考试在科学课程的评价中有两种用法：一是在学习开始前对学生的已有知识、经验进行摸底；二是在学习告一段落时对学生的学习结果进行总结。要改变过去以知识记忆为主的书面考试方法，注意情境的运用，针对不同的要求，创设不同的、真实的问题情境，综合运用口试、笔试、现场操作等方法，着重检查学生对概念、知识的掌握程度，提高分析、解决实际问题的能力。

（4）学生成长档案袋。学生科学学习活动过程中的一切产物都可以用来评价。例如，科学课笔记、科学观察日记、科技小制作、科学图画、科学诗文、科学概念图、科学实验报告、手抄报等，它们可以反映学生学习与发展的轨迹。将这些活动产物和记录存档，就成为可以用来评价学生学习的“学生成长档案袋”。

（5）评定量表。教师根据学生某一活动的表现，根据事先制订好的量表直接对其结果做出评定。这种评定可以是描述性的，也可以是等级的或数值的，分别称为定性量表、等级量表和数值量表。对于能力发展、态度发展、知识学习等方面的评价均可使用这种方法。

（6）作业法。教师向学生提供一项作业任务，然后从学生完成该作业的质量情况判断其有关能力的水平。作业法从形式上可分为短周期与长周期两种。短周期作业是指教师提供某一作业任务，学生当堂完成。教师通过现场观察其完成作业的速度、质量与效果，评价其某些方面的水平与能力。长周期作业是指教师布置作业任务，学生从设计、实施到报告可以经历一段时间（从几天到几个月），其间教师参与全程的观察与指导，并根据学生对指导的依赖性和表现，对其有关方面做出评价。

（7）评议法。由于课堂上人数比较多，教师不容易观察到所有的学生，故由学生按指标要求自评，然后组成小组互评，最后教师可根据学生自评的结论，参照观察记录、考试与作业情况、小组互评结果，做出综合评定。这种评议法尤其适合于涉及学生情感、态度与价值观等方面的评价。

其实，以上任何一种评价方法不可能适用于所有的教学，也不可能反映学生各方面的真实水平。

教师需要根据教学目标和教学形式选用合适的评价方法。综合使用各种过程性评价方法，把它作为教学的一个部分，既促进教师的教学，又发展学生的学习，最终实现科学教育的总体目标。

3. 过程性评价实施过程

第一，课前准备。教师备课既要备目标又要备评价，既要备教学方法又备评价方法。科学教育评价的要点多，在一节课上对所有方面予以评价是不现实的，也不可能具体评价到每一个人。科学教师每学期对学生都有一个教学目标，对于某一个项目、某一个同学都要有具体的发展目标，这些目标要分解到某一个单元、某一节课中予以实现。因此，对于一节课，能侧重开展一个方面的评价或若干个学生的评价就足够了。在制订评价目标体系时必须认清以下几个问题：一要确定评价的价值主体，即对谁进行评价；二要确定评价的视角，即就什么方面进行评价；三要确定评价的参照物，即与什么进行比较；四要确定评价的标准，即什么是好的、水平较高的。教师还必须在课前明确这节课评价的目的是什么；具体评价的内容和指标是什么，有没有评价的主要目标和重点内容；选择什么样的评价方法比较合适，怎么实施评价才是科学有效的。教师要预测课堂或课后评价情境、学生可能的反应以及可以做出的应变方法等。

第二，课中实施。明确评价目的和制订评价目标体系后，就要去获取评价信息。在课堂教学中，教师要有意识地关注学生的言行举止是否出现预期的结果，是大多数人都达到了，还是只有少数人达到了，从而及时调整自己的教学策略。这些观察有时记在脑中，有时要书面记录，有时还要及时与学生交换意见，甚至对全班做出肯定或指出问题所在，用提出希望的方式引导全班同学趋向正确的价值取向。例如，一位教师用于评价低年级儿童对某一课题或物体开展探究的项目清单如下：是否进行了一项以上的相关观察（用语言或书面文字表达）；现象的刻画或描述是否足够清楚；是否注意到现象在不同事件或不同时刻的变化；提出的问题和他们的观察结果是否有关联；是否能提出一些能够解答他们自己的疑问的观点；综合考虑各种因素后是否能解释现象；是否表现出锲而不舍和耐心细致的精神；是否能够合作开展活动。

要在教学过程中自然地、不干扰学生正常活动的情况下，收集所需的评价信息，就需要教师把握时机，使评价成为教学活动的有机组成部分，而不是节外生枝。法国“动手做”科学教育项目提倡尽量让学生记录下来个人思考的结果和小组讨论的结果、实验的过程与结果，通过记录可以发现学生在观察、测量、表达、实验、调查、倾听、制作、阅读等方面的状况和进展。学生做出的图画和笔记也可以为他们的概念发展水平提供佐证；记录中所反映的错误，也可以提示教师接下来采取哪些行动和讨论，以帮助学生发展正确的概念和理解；记录还可以在任何时候提供给教师、同伴、家长、自己做评价素材。因此，教师对于教育评价的压力不大、负担不重，多元评价也不会落空。

第三，课后反思。课后教师主要有三方面的工作：一是整理、分析和评价在课堂上收集的信息，并得出评价结果；二是对评价的过程予以分析，如评价方法是否科学、信息是否可靠，与以前评价方法相比，有哪些值得肯定的地方，有哪些需要改进的地方；三是分析是否完成教学目标，如果没有达到，要找出其中的原因，考虑如何改进今后的教学。

最后，要注意在实施过程性评价中，应特别注意尊重每个孩子都追求成功的美好愿望，适合每个孩子的学习特点，不给孩子设立他们暂时无法实现的目标，按照“最近发展区”的原则为不同的学生制订不同的教育目标，采用合适的教学策略以提高他们的学习能力。我们的评价要既有激励性又有指导性，要通过评价让学生知道该怎么做、而且愿意去做。教师的评价应紧扣学生的学习以及如何促进学习而展开。

（三）终结性评价

终结性评价又称总结性评价，是以预先设定的教学目标为基准，在小学科学课程进行一个阶段的学习之后，对学生达成目标的程度即学习效果进行考试及其价值判断活动。它的主要目的是判断学生对学期或学年教学目标的实现程度，为确定学生在后续学习中的学习起点、预估学生在后续学习中的困难程度以及制订新的学习目标提供依据。同时，也可以让家长、学校及学生本人对学习的质量和水平有一个具体、确实的了解，以确认学生学习所达到的水平。

传统的终结性评价主要着眼于小学科学课程或某个教学阶段结束后学生学业成绩的全面评价，考试或测验所包括的内容范围也比较广，评价的次数不多，概括水平比较高。学校中常见的期末考试或考查以及毕业考试都可视为终结性评价。新课程改革以来，小学科学学习的终结性评价重点发生了重大的变化，这就是评价的重点转变为评价课程目标的达成度，或者说是学生所达到的科学素养水平。反映在科学概念方面，在小学阶段不要求学生对科学概念有深入的理解，但是学生必须明确与科学概念相关的自然现象和过程，能够用科学的或接近科学的术语对自然的事物或现象进行描述和解释，能够知道某些科学概念之间的联系，以及各个科学概念的应用范围。在科学探究能力方面，对小学生探究能力的要求应该是初步的，评价所涉及的探究能力情境、知识内容、实践活动和思维推理的过程要注意简单化，探究结论的表达和讨论的方式更要简单直接。在科学态度、情感和价值观方面，要求教师、家长对学生日常行为进行观察和记录，到一个阶段后加以汇总归纳，要利用好“成长记录袋”。在评价方法方面，主张评价方法的多样化，除纸笔测验外还要重视表现性评价，即通过有组织地收集学生在学习中的成果表现，如媒体成果、小制作、科学报告、观察记录等对学生进行评价。

传统的评价重在事后检验，忽略有效信息的及时反馈，导致师生无法主动调节教学和学习过程；而且作为一种判定性活动，评价易引起学生的抵制、焦虑情绪，因此新课程实施以来学习评价更加注重过程性评价。当然，要想充分发挥学习评价的作用，绝非简单地舍此取彼，三种评价在功能上并非截然对立（见表 9-2）。诊断性评价的进行，常常需要借助相关的终结性评价结果；过程性评价除为教学提供反馈外，还可以为以学业成绩评定为主要功能的终结性评价提供参考；终结性评价除了可以确定随后教学活动的起点，还能为学生提供反馈信息，发挥类似过程性评价的教育功能。因此，在教学活动中，关于学生的学习评价应该三者并重，只不过在不同时期因目的不同而各有侧重而已。

表 9-2　诊断性评价、过程性评价、终结性评价的比较①

种类	诊断性评价	过程性评价	终结性评价
主要目的	合理安置学生，考虑区别对待，采取补救措施	改进学习过程，调整学习方案	证明学生已达到的水平，预测在后继教学中成功的可能性
作用	查明学习准备和不利因素	确定学习效果	评定学业成绩
评优重点	素质、过程	过程	结果
手段	前期相关成绩记录、特殊编制的测验观察、调查	形成性测验、作业、日常观察	考试
测试内容	必要的预备性知识、与学生学习相关的生理、心理、环境等特征的样本	课题和单元目标样本	课程和教程目标的广泛样本
试题难度	较低	依教学任务而定	中等
实施时间	课程或学期学年开始时，教学过程中需要时	课题或单元教学结束后，经常进行	课程或一段教程结束后，一般每学期 1~2 次
主要特点	“回顾式”	“前瞻式”	

第二节　小学科学学习评价的原则与方法

一　小学科学学习评价原则

（一）多元主体原则

《小学科学课程标准》提出，小学科学学习评价“不仅有以教师为主体的测评，还要有学生的自我测评、相互测评，以及家长对学生的测评”。

1. 教师评价

现代学习和教学理论强调，学生的学习是一个自主建构的过程，教师的作用在于通过与学

① 李秉德. 教学论 [M]. 北京：人民教育出版社，1991：340.

生的互动来促进和帮助学生的学习。因此，在学生进行自评和互评的同时，教师指导性的评价也不可缺少，这就要求教师在教学过程中要不断地通过评价了解学生的学习情况，及时调整教学过程，这样才能切实帮助学生建构自己的知识，及时帮助学生正确认识自己，把握学习的方向。

教师对学生评价的重点主要包括以下几方面：学生对正在进行的学习活动是否感兴趣，是否有足够的投入；学生的思考过程是否合理；学生当前的水平与学习目标之间的差距；学生存在的学习困难及导致困难的原因。

教师在教学过程中对学生进行评价的常用方法包括：对话、提问和追问、观察（实验操作、小组讨论）、检查作业（实验报告、实验设计、实验记录）等。进行评价时，教师应让学生有机会充分展示他们的想法和做法，这是提高评价效度的重要保证。教师评价中获得的信息主要用于诊断学生在学习中存在的问题，应及时将有关信息反馈给学生，以便学生对学习进行必要的调节以达成学习的目标。

2. 学生的自评和互评

学生的自评和互评指以学生为主体的针对学习过程的反思和评价。自评与互评具有多方面的功能：学生通过进行自我检讨、自我评价，可以发现自己学习中的困难；具有发展学生肯定自我、安排自己的学习过程、建立自信的作用；也是鼓励合作与交流、互相汲取经验的学习方式之一。与学生互评相比，自评更为重要，它反映出学生最真实的学习体验，是评价的第一手材料。

学生自评和互评的重点主要包括以下几个方面：对学习的任务和目标是否有清晰的认识；对学习是否有强烈的动机和足够的努力；学习的方法是否合理；是否达到预期的学习目标，是否满意自己的学习效果；其他同学的想法、做法、学习方法和效果是否更为合理有效，哪些地方值得自己学习借鉴。

自评与互评主要采用小组评议的方法进行。学生通过反思日记、个人小结、评价量表等方式完成自评，然后组成评价小组进行互评。小组互评往往采用评价量表方式进行。自评与互评的结果往往作为教师评价的参考指标。

3. 家长评价

家长评价是基于学生的综合表现，以一定的衡量标准，对学生进行直接、系统的观察和评估。一般是在一段时间的学习后，家长通过观察学生在完成实际学习任务过程中的综合表现来评估学生的学习状况，或根据学生在实际生活中的行为表现对其情感、态度、价值观进行的评估。家长评价是源自学生的“真实”生活，以学生为中心，学生不再是被动地接受书面试题的测试和机械地做出反应，而是通过学生在解决实际生活中的问题或与现实生活类似的学习过程中的各种实际表现，来展示自己的创造性和高级思维的能力。

家长评价要侧重于学生在家庭活动中表现出的对科学知识的主动获取及对科学学习的态度、情感和价值观。评价的内容包括科学学习的意志品质、对科学技术作用的正确认识、科学素养、科学学习能力、交流与合作能力五个维度。

家长评价的方法，应力求操作性强，简便易行，在追求效率和质量的同时，既要客观真实、灵活多样，又要简洁明了，通俗易懂。一般采取观察与谈话法，其中观察法是最主要的方法，观察法可以采用观察量表的形式。观察量表由教师制订，家长依照表格内容，对学生的具体表现做出与客观事实相符的恰当评价。观察量表尽量避免过多使用晦涩难懂的术语，那样会使家长产生错误理解，从而引起家长的反感与厌烦，影响家长评价的真实客观性。

（二）方式多样原则

随着评价范围的扩展，单纯的书面定量测验和考试已经不能适应科学课程的发展，运用多种评价方式对学生的科学学习进行不同目标、不同内容、不同主体的评价势在必行（见表 9-3）。

表 9-3　针对不同主体和评价内容的评价方式

评价主体	评价方式	评价内容
教师评价	观察法	科学探究能力、信息获取能力、学习常规等
	问卷、访谈法	科学探究兴趣、动机、态度与价值观等
	情境化纸笔测试	科学知识和方法、科学技术应用等
	概念图	科学概念和相关知识的建构等
	探究活动评价手册	科学探究的过程、方法、能力、探究作品等
学生自评	自我评价报告	科学探究的兴趣、态度、情感、价值观等
	探究活动评价手册	科学探究的过程、方法、能力、探究作品等
	概念图	科学概念和相关知识的建构等
同伴评价	观察法	学习的态度，交流与合作、表达与质疑能力等
家长评价	观察与谈话	学习的兴趣、对科学技术的认识等

（三）信息整合原则

小学科学课程学习评价是一项综合性评价，它包括评价目标、评价内容、评价标准、评价主体、评价方法等诸多方面的信息，涉及教师、学生、学习内容、学习方法、学习环境等诸多因素。因此，在对小学科学学习进行评价时，科学教师应对相关评价信息进行整合，如任教班级学生的整体信息及每个学生的特异性信息、课程整体内容信息和每单元每个课题的内容信息、课程评价目标信息与单元及每个课题的评价目标信息、课程评价标准信息、定性与定量信息等，只有将这些信息进行科学的整合，才能使评价真正发挥促进学生发展的功能。因此，对于小学科学教师来说，要具备信息获取、信息加工和信息利用三大能力，才能根据小学科学课程的性质、学习对象的特点、结合时代发展的趋势，迅速感知、捕捉、分析、提炼并总结出对学生学习有帮助的信息，达到改善教学效果、促进学生发展的目的。

二 小学科学学习评价方法

在小学科学学习过程中，无论采取诊断性评价、过程性评价还是终结性评价类型中的哪种评价，最终必须使评价为学生的成长与发展服务。这就是生成性评价的核心内涵——促进学生的成长，也是小学科学课程标准的核心所在。

生成性评价是基于教学过程动态生成的特点及建构主义学习理论提出的一种新的评价理念，是在课堂平等互动中，针对学生不同的学习状况"顺学而导"的动态评价。它在本质上是协商对话、互动发展，伴随着整个教学活动过程。从一定程度上说，生成性评价是促进师生、生生共进的触发点。

（一）生成性语言评价

苏霍姆林斯基提出："教育的艺术首先包括谈话的艺术。"这说明教师的语言在实施教学过程中十分重要。生成性语言评价是指教师以《小学科学课程标准》所设置的评价目标为依据，在弹性预设的前提下，根据教学实施过程中学生的不同状态和教学情状，自主而智慧地构建教学评价语言对学生的科学学习进行评价，以促进学生在不断变化、充满生机的学习过程中获取生成意义、促使自己不断进步。生成性语言评价从形式来看主要分为口头语言评价、书面语言评价和隐性语言评价三种类型。

1. 口头语言评价

口头语言评价作为贯穿于课堂学习的一种即时、情境性的评价，能灵活地点拨、引导、激励学生的学习。例如，当教师敏锐地捕捉到学生发言中的"生成点"时，用巧妙的蕴含思维引领的赞赏式评价，会使其他学生在这种引领的评价中得到"生成"的暗示，实现生成；当教师在学生学习过程中发现学生的错误表现时，适时适度地运用否定式评价，能准确地向学生传递得与失，使其明白努力的方向，从而自我修正；当教师就学生学习的某一内容或某一问题，需要一步步把学生的思维推向前进时，可以采用跟进式评价，能够使学生的理解由表层走向深入，由肤浅走向深刻；当某一个学习环节结束时，需要把问题引向深入，使学生无意识或模糊的认识清晰化、理解进一步提升时，可采用延伸式评价，促使学生自悟自省，引发他们进一步的思考。

2. 书面语言评价

在小学科学教学中，书面语言评价相对口头语言评价具有间接性、持久性与合理性的特点。

小学科学书面语言评价在撰写时要注意以下几个方面：教师要用充满感情的语言给予学生鼓励、赏识，满足学生渴望被赏识的心理需求，从而获得成功的体验，以激发学生学习积极性和主动性；评价语言要体现对学生的人文关怀，少用或慎用批评，以温和的态度和平和的语气，吸引和感化学生；评价要反映教师对学生学习境况实事求是的看法，做到“忠言顺耳，利于行”；对优等生、中等生、后进生或是男生、女生等之间的差异要注意用语的差异性，做到因人而异，用“情感的正迁移”来激发学生学习的兴趣与欲望。

3. 隐性语言评价

在教学过程中，教师会有许多隐性语言评价，如示意学生的眼神，表扬学生时竖拇指、摸头、拍肩，表示不满意时的皱眉、摇头，对学生做“OK”的手势、课件中卡通人物的“笑脸”与“哭脸”等。由此，我们将隐性语言评价分为言语类、表情类、行为类三种类型。隐性语言评价具有含蓄、幽默的特点，看其形、观其境，就明其义。看起来不经意的一句话，很可能使学生自信心大增，也可能让学生垂头丧气；而无意之中的一个眼神或手势，可能会让学生迎难而上、积极进取，也有可能会让学生心生畏惧、无法前行。因此，在小学科学教学过程中，教师需要清楚地认识到隐性语言评价的存在，才能对自己在教学中的言行进行细致的反思，从而有效发挥隐性语言评价的积极作用。

（二）生成性材料评价

在小学科学学习中，生成性材料按来源可以分为两类。第一类是直接或间接由教师提供；第二类是教学过程中由学生动手实践、自主探索与合作交流中即时生成。第二类材料具有以下特征：主要来源于学生，是学生动手实践、自主探索与合作交流的成果；是在教学实施过程中即时生成的，它没有给教师留下太多的思考、选择与调整的时空；外显形式具有多样性，可以是一个问题或问题的答案、一项任务的解决办法，也可以是一次操作活动的结果等；内容具有复杂性，教师往往无法完全预知教学中可能会生成哪些材料，无法完全预知不同材料可能会由哪些学生来生成。

生成性材料评价关注学生的整个学习过程，关注学生的发展和科学素养的养成。因此在评价时要注意以下几个方面。

第一，要注意第一类生成性材料的全面性。既要有关于学生科学基础知识和基本技能的评价材料，也要有关于科学概念的理解和科学规律的掌握的评价材料；既要有关于学生科学情感态度与价值观、科学探究的方法与能力的评价材料，也要有关于科学的行为与习惯等方面的发展与问题的评价材料。此外，还包括学生个体的差异性材料，要尊重学生的个性发展。

第二，要善于“捕捉”即时生成性材料。一是要善于捕捉学生学习过程中产生的错误性材料，加以引导，使学生的思维得到碰撞，激发他们探究的兴趣；二是要善于捕捉学生学习中发现的“问题”材料，引导他们分析问题、解决问题，培养学生的想象力和创造力；三是要善于捕捉学生在动手操作、动脑分析过程中的思维火花，在“预设+生成”中引领学生经历观察、分析、推理论断、验证等严谨的科学探究过程，促进学生的思维发展。

第三，要及时向学生反馈生成性材料评价结果，让学生根据反馈的信息调整自己的学习。这种反馈首先是建立反馈通道，即通过什么样的方式和途径将信息反馈给学生。其次评价者要有时间观念，根据实际需要选择反馈信息的时机。再次是多给予正面的、肯定性的反馈信息。最后要引导学生利用生成性材料建立自我评价系统。

三 小学科学学习评价效能分析

小学科学学习评价的效能主要表现在评价的导向性和发展性两个方面。

（一）评价的导向性

评价的导向性指评价对学生学习具有指导方向的作用。提高学习质量的关键在于对学生的学习评价能否发挥其正面的导向功能，以激发学生学习的内在动机，调动学生学习的积极性，引导他们科学、高效地学习，促进自身发展。

1. 理论层面的导向

首先，评价目的的导向。评价是否在关注学生发展的基础上，兼顾评价的甄别功能。《小学科学课程标准》提出，要“通过学习评价确保课程实施的质量，促进学生科学素养的发展”，但“学习评价的目的是了解学生在学习过程中的表现及其存在问题，鉴定学习的质量水平”，由此可以看出甄别依然是评价的一个非常重要的功能。甄别之后的评价结果，主要是反馈给学生，让其知道自己哪里存在不足，哪些需要改进。

其次，评价内容的导向。评价内容是否从单纯对学生科学知识的评价，转向既包含科学知识评价，又包含科学学习能力和探究能力以及对科学和科学学习的情感、态度与价值观的评价，是否突出了评价内容的整体性和综合性。

第三，评价标准的导向。评价标准是否在《小学科学课程标准》规定的评价标准的前提下，制订了具有一定弹性和差异化的评价标准，是否为学生的个性发展提供了充分空间。

2. 实践层面导向

首先，评价主体导向。评价主体是否多元，是否凸显了学生主体地位。

其次，评价类型的导向。学习评价是否以过程性评价为主，兼顾终结性评价，同时充分利用诊断性评价的诊断功能。

第三，评价形式的导向。评价形式是否多样，是否既有量性测评，又有质性测评；不仅有纸笔形式的测验，还要有以活动、实验、项目报告等多种方式进行的表现性评价等。各种形式的评价相互补充，全面地评估学生的学习质量和学业水平。

（二）评价的发展性

学习评价是着眼于学生的学习改进和能力提高的动态发展评价，是鼓励学生促进学习的手段。因此评价不是只得到一个客观准确的评价结论，而是将评价结果以科学的、恰当的、具有建设性的方式反馈给学生，是否促进了学生全面发展。

小学科学学习评价效能如何，其关注点之一就是评价的发展性原则。首先，是否保证了评价目标与课程目标的一致性。其次，评价体系内部各要素的规定是否眼于学生的健康成长和科学素养养成；是否排除了不利于学生发展的因素，使学生在学习中获得发展，而这种发展不是简单地用其对学科知识的储存量来衡量，而是以学生在学习过程中情感、态度、行为的变化为判断依据。

另外，学习评价的发展性也表现在学习评价是否反过来促进了教师改进教学，从而促进了教师的专业发展。教师通过对评价结果的正确解读，对教学过程形成更为客观、全面、深刻的认识，为下一步改善教学方式、提高教学质量奠定基础。同时，通过评价，教师能够更准确、更全面地认识学生目前的学习情况，发现学生的发展潜能，并根据评价反馈信息、结合学生的个体差异及时调整自己的教学行为。

拓展阅读

表现性评价

《小学科学课程标准》指出，随着评价范围的扩展，科学评价的方式也应该多样。除了纸笔测验，还要重视表现性评价。

一、什么是表现性评价

表现性评价是要求学生在一定的真实情境中完成一项任务，根据事先确定的评价标准对学生的表现或者作品进行评定，以确定学生学业成就的一种评价方法①。主要通过有组织地收集学生在学习中的成果表现，如媒体成果、小制作、科学报告、观察记录等对学生进行评价。

① 魏富山．小学科学教学中的表现性评价［J］．基础教育研究，2007（05）：39-41．

二、表现性评价的要素构成和质量标准①

（一）表现性评价的构成要素

1. 目标：设计表现性评价要从表述希望学生达成什么的高阶学习目标开始。

2. 任务：是学习者需要完成的任务、作业，所要完成的产品、作品或表现，提供指向目标达成的直接证据。

3. 评分规则：成功的标准通常以评分规则的形式出现，必须在学生创作作品或进行表现前就建立好。

（二）表现性评价的质量标准

美国斯坦福大学评价、学习与公平中心在多年研究的基础上，提出了表现性评价质量标准。

1. 清晰且有价值的表现结果。这里的“有价值”主要指应用和展示学科内容知识、深度理解和高阶思维，与小学科学课程的大观念建立关联，整合知识和技能。

2. 清晰的、连贯一致的真实性任务。任务要和目标一致，学生能在任务中展示深度学习，能够展示对知识和技能的应用；要反映出一个现实的任务或基于情境的问题；任务要值得学生去做，以一种对学生来说真实的、相关的、有意义的方式表达小学科学内容。

3. 学生要能深度参与。给学生提供选择的机会，提供学生回应任务的多种方式；要求学生自主计划和管理信息；提供自我评价、同伴评价和教师反馈以及修正的机会。

三、表现性评价的设计②

（一）设计原则

表现性评价的设计需要以《小学科学课程标准》为基本依据，以基础教育课程改革理念为引领，以国家素质教育方针为指导，必须符合小学科学教育各方面的目标要求，对学生科学素养进行综合评价；必须做到评价主体多元化和评价方式多样化；评价方式不仅要有纸笔测试，还需就综合任务、活动、实验等进行综合评价；在评价时既要重视过程性评价，还需注重总结性评价。

---

① 周文叶. 表现性评价的理解与实施［J］. 江苏教育，2019（14）：6-11.

② 韩天琼. 基于STEM教育理念的小学科学表现性评价设计［J］. 软件导刊（教育技术），2019（09）：15-16.

（二）设计流程

表现性评价设计流程如图 9-1 所示。

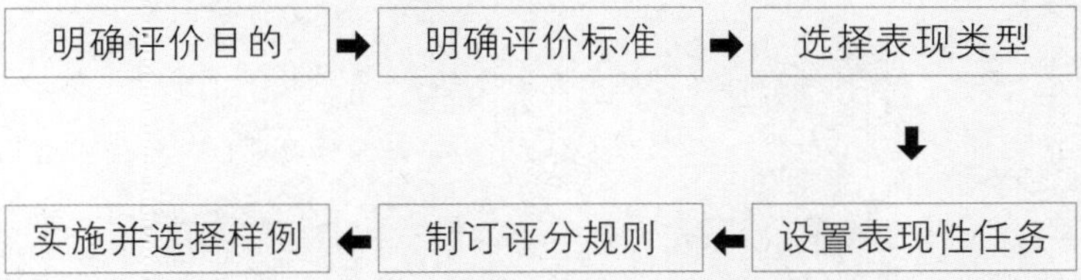

图 9-1　表现性评价的设计流程

1. 明确评价目的。在小学科学教学过程中，表现性评价主要考查学生的知识整合能力与情感、态度倾向性。根据表现性评价目的，教师可通过学生自评、互评和教师评价等多种方式了解学生的行为表现是否达到《小学科学课程标准》所要求的教学目标。

2. 明确评价标准。表现性评价标准可根据《小学科学课程标准》进行设计，也可根据教师实践经验进行总结并作出专业判断。

3. 选择表现类型。小学科学是一门跨学科的课程，特别是在 STEM 和 STEAM 教育中，更加倡导跨学科性。注重让学生从具体问题出发，运用科学、技术、工程、数学、艺术等学科知识的关联性，去制作、设计作品或完成某项任务。小学科学课程中，技术、工程和艺术领域的内容，可使学生有机会综合所学知识，体验科学技术对生活及社会发展的影响，因此可通过实验、设计、角色扮演、制作等活动对学生行为表现作出评价。

4. 设置表现性任务。在小学科学教育中，表现性任务设置要紧扣小学科学课程教学目标，让学生综合运用已掌握的各项知识与技能完成任务。在具体表现性任务中，教师要明确告诉学生任务要求与行为表现规则，同时为学生提供必要的支持与指导。

5. 制订评分规则。评分规则通常用以评价学生在完成任务过程中的行为表现与完成成果，主要有整体评分规则与分项评分规则。整体评分规则侧重于对学生行为表现与成果作出一个整体评价，并给出综合性得分或等级。分项评分规则从某项任务不同侧面，对学生各个维度知识与技能作出评价，最后将各个维度评分结果进行综合，以此反映学生完成该项目的行为表现与任务完成程度。

6. 实施并选择样例。教师从小学科学课程教学目标出发，选取典型样例，根据预置任务、规则等，将评价实施贯穿于学生完成任务的各个环节。

本章知识结构导图

- 小学科学学习评价
  - 小学科学学习评价概述
    - 小学科学学习评价内涵
    - 小学科学学习评价目标
    - 小学科学学习评价的基本类型
  - 小学科学学习评价的原则与方法
    - 小学科学学习评价原则
    - 小学科学学习评价方法
    - 小学科学学习评价效能分析

知识点检测

一、填空题

参考答案

1. 学习评价的目的在于了解学生在________过程中的表现及其存在的问题，鉴定学习的质量水平。

2. 小学科学学习评价目标设置时要注意评价形式的________、评价内容的________和评价方法的________。

3. 小学科学学习评价的内容包括科学知识、________和探究能力以及对科学和科学学习的情感、态度与价值观。

4. 从评价内容来看，小学科学学习评价确立了科学知识，________，科学态度，科学、技术、社会与环境四个方面的评价目标。

5. ________是有目的地将学生资料收集在一起成为一个档案，以展示学生学期或学年的学习成果。

6. 根据评价在教学活动中发挥作用的不同，小学科学学习评价主要分为________、________和________三种类型。

7. 小学科学的过程性评价包括评价发生的________、________和指向的________三要素。

8. 根据评价主体划分，将小学科学学习的过程性评价分为________、________和________三类。

9. 小学科学学习的________评价是以预先设定的教学目标为基准，在进行一个阶段的科学课程学习之后，对学生达成目标的程度即学习效果进行检查的评价活动。

10. 小学科学学习评价原则主要包括________原则、________原则和________原则。

11. 生成性语言评价从形式来看主要分为________评价、________评价和________评价三种类型。

12. 小学科学学习评价的效能主要表现在评价的________和________两个方面。

二、简答题

1. 简要回答小学科学学习评价的内涵。

2. 诊断性评价的主要诊断手段有哪些？

3. 简要回答小学科学学习过程性评价的主要内涵。

4. 小学科学学习的学生自评和互评的重点有哪些？

5. 小学科学学习教师评价的重点有哪些？

6. 学习评价的导向性主要体现在哪些方面？

三、实操训练

进入小学调研小学科学学习评价方式。

参考文献

［1］张红霞. 小学科学课程与教学［M］. 2 版. 北京：高等教育出版社，2010.

［2］陈焕章. 教育教学知识与能力（小学）［M］. 北京：北京大学出版社，2017.

［3］徐敬标. 小学科学教学技能［M］. 上海：华东师范大学出版社，2010.

［4］郭黎岩. 心理学［M］. 南京：南京大学出版社，2012.

［5］黄甫全. 小学教育学［M］. 北京：高等教育出版社，2011.

［6］赵静. 过程性评价在小学数学课堂中的应用［D］. 上海师范大学，2018.

［7］杨伊. 基于过程性评价的混合学习评价策略研究［D］. 上海师范大学，2016.

［8］方舒. 小学语文作文激励性书面评价调查研究［D］. 江苏大学，2019.

［9］周文叶. 表现性评价的理解与实施［J］. 江苏教育，2019（14）：6-11.

［10］张兵. 生成性评价：互生教学的触发点［J］. 作文成功之路（教育新干线），2018（08）：102-102.

［11］李志清. 生成性评价方法举隅［J］. 语文天地，2019（06）：10-12.

［12］辛继湘. 关注课堂教学中的隐性评价［J］. 教育测量与评价（理论版），2014（12）：1.

［13］郭莹莹. 小学科学生成性实验资源开发研究［J］. 小学科学（教师版），2019（02）：115-116.

后 记

2017 年 1 月 19 日，教育部发布《关于印发〈义务教育小学科学课程标准〉的通知》（教基二〔2017〕2 号），对小学科学教育提出了新要求。2018 年，普通高等学校师范类专业认证工作陆续在全国展开，要求师范类专业课程设置和教学要注重基础性、科学性、实践性，要注重师范生核心素养和核心能力的培养与提升。在湖南大学出版社的精心组织下，本着前沿、适用的原则，我们编写了与上述精神及要求一致的、面向小学教师培养专业的《小学科学课程与教学》教材。

本教材编写紧密联系《小学教师专业标准（试行）》、小学教师资格证考试大纲要求，立足小学科学教育专业人才培养目标，着眼未来小学科学教师专业素养，注重理论性、实践性和时代性，既阐述小学科学课程与教学的基本原理、实施策略和发展趋势，又注重培养学习者运用理论解决小学科学教学实际问题的能力，为学生可持续发展提供支撑。

本教材共九章，按 64 学时编写。第一、五、八、九章各 6 学时，第二、四章各 8 学时，第三章 4 学时，第六、七章各 10 学时。主要用作三年制大专和五年制大专小学科学教育专业教材，也可作为小学教育专业教材和小学科学教师教学指导参考书。建议安排在三年制大专第四或第五学期开设，五年制大专第八或第九学期开设。

本教材由川北幼儿师范高等专科学校蒲远波和淄博师范高等专科学校袁聿军担任主编，负责统筹、审稿和修订，湘中幼儿师范高等专科学校黄磊负责第一章、第二章的统稿工作和全书 PPT 的设计制作，永州师范高等专科学校李景珠负责第一章的编写，淄博师范高等专科学校王静负责第二章的编写，吉首大学师范学院李雪峰、永州师范高等专科学校李振良负责第三章的编写，川北幼儿师范高等专科学校昝彪负责第四章、第七章第一节和第八章的编写，蒲远波负责第五章第一、二、三节的编写，永州师范高等专科学校周璞负责第五章第四节的编写，袁聿军负责第五章第五节和第九章的编写，湘南幼儿师范高等专科学校何万佑负责第六章第一、

二、六节，第七章第二、三节和附录（内容详见封底二维码）的编写，淄博师范高等专科学校张晓燕负责第六章第三、四、五节的编写。本教材的编写人员均是师范院校从事小学科学课程教学与研究的一线教师，他们长期的教学实践和对相关领域的深入研究是编写本教材的坚实基础。

本教材是在湖南省教育厅教师工作与师范教育处的指导下组织编写的。

本教材在编写中借鉴、参考、引用了诸多同行专家在本领域研究的成果、观点、资料，虽在参考文献中列出，但也难免疏漏。同时，教材的编写得到了湖南大学出版社刘锋、罗红红、邹丽红编辑，首都师范大学王智秋教授，湖南第一师范学院蒋蓉教授、陈莉副教授的悉心指导，在此一并致谢。

由于编者水平有限，书中若有疏漏和不妥之处，敬请各位专家、同仁和读者批评指正，以期再版时修正和完善。

蒲远波

2020 年 6 月